缤纷人生教与学

李镇西／著

漓江出版社

·桂林·

图书在版编目（CIP）数据

缤纷人生教与学 / 李镇西著 . -- 桂林：漓江出版社，2014.10（2022.2 重印）
ISBN 978-7-5407-7331-1

Ⅰ. ①缤… Ⅱ. ①李… Ⅲ. ①教育—中国—文集 Ⅳ. ① G52-53

中国版本图书馆 CIP 数据核字（2014）第 224997 号

缤纷人生教与学

作　　者　李镇西
策划组稿　文龙玉
责任编辑　章勤璐
封面设计　石绍康
责任监印　黄菲菲

出 版 人　刘迪才
出版发行　漓江出版社有限公司
社　　址　广西桂林市南环路 22 号
邮　　编　541002
发行电话　010-65699511　0773-2583322
传　　真　010-85891290　0773-2582200
邮购热线　0773-2582200
网　　址　www.lijiangbooks.com
微信公众号　lijiangpress

印　　制　三河市嵩川印刷有限公司
开　　本　710 mm × 960 mm　1/16
印　　张　17.5
字　　数　260 千字
版　　次　2014 年 10 月第 1 版
印　　次　2022 年 2 月第 2 次印刷
书　　号　ISBN 978-7-5407-7331-1
定　　价　59.80 元

美好的瞬间，会成为很多人永远的记忆

——李镇西作品序

吴 非

李镇西老师把近年的文章汇集出版，希望我能写个序。认识镇西老师十多年了，他一直勤奋地工作和写作，令我钦佩。镇西老师热爱教育，富有激情，他的工作负担比我重，社会活动头绪多，但他精力过人，每日一文，有时清早到学校，车停在校门口，先写一阵；也常“高空作业”，在飞机上写。这类经历，我是不会有的。我不知道他何以不感到累，也许个中有乐，不以为苦吧。我患病，镇西几次到南京来看我，用句套话——我们就共同感兴趣的问题作了坦率认真的对话，广泛深入地交换了意见。之所以在许多问题上能有共鸣，是我们都为基础教育的状态感到忧虑，同时，我们都敬重常识。

很多教师有了一段教育教学经历后，可能会发现，教师的教学水平，往往在于他对常识的态度，在于他个人思考的深度和广度；不管遇到什么复杂的情况，遵守教育常识，至少不会犯错误。然而当下的教育，往往是“反常识”的处于强势，常识需要“坚守”，而且要付出代价。守护常识，也需要胆识。在《我想办一所没有“特色”的学校》一文中，镇西老师质疑“校校有特色”，认为违背了教育常识。他批评假科研，“我们现在的确有的学校是为科研而科研，有一种‘课题崇拜’情结，喜欢申请国家级、省级、市级的各种课题，似乎课题越多学校就越有档次”。确如其言，在很多学校，都有老师揭露这种“伪特色”和“假科研”造成的危害。——“特色”是上级领导要求的，故而没有也得硬造一个；“科研”则只是制造垃圾：

开题兴师动众，结题公关宣传，过程是最弱的，报告七拼八凑。这样的“特色”和“科研”把学校和教师都害了。然而这个体制逼着你，驱赶着你加入，这是很多坚守常识的校长教师最痛心的事。

镇西老师对教育界的浮躁也一直忧心忡忡，他在《名师是“打造”出来的吗》一文中所谈的，也全是常识。我们都曾质疑“打造名师”的提法。所谓名师，一定是在长期的教学实践中自然出现的，不但名师无法“打造”，“名校”也不可能“打造”，“教育模式”也不可能“设计”……推而广之，一名真正的“师”，也不可能“培养”、“培训”出来。看那些合格的教师，无一不是自己学出来的，无一不是在长期的实践中一步一步摸索出来的。现在一些教育行政部门在统计学校政绩时，会提及“培养”了多少多少“特高级教师”，这些提法，过些年有可能成为笑话。

同样，镇西老师也经常地反思教学观学生观，比如，《何必一定要有“教育意义”》一文，批评陈旧的教育观，反对动辄对学生讲“教育意义”。诚如其言，“意义”讲多了，学生不堪重负。教育是美好的生活，而不是

教育专家王栋生（笔名“吴非”）先生在武侯实验中学演讲

接受清规的忍耐。镇西老师说："如果一定要说'教育'，那我们也完全可以把教育的内涵理解得丰富一些广义一些。学生是否受到了'教育'的标志，不仅仅是提高了什么什么认识，或获得了什么什么启发，还应包括心灵更加宁静，胸襟更加旷达，眼睛更加清澈，耳朵更加灵敏，触觉更加细腻，体格更加健壮，感情更加丰富，幻想更加奇特，思绪更加飘逸，情怀更加浪漫……"也就是说，教育，面对的是活生生的人，人之所以成为人，"我"之所以成为"我"，需要的是教育开启心智和感官，而不是把人"训练"为机器。

李镇西老师能在全国有这样的影响，除了他的胆识和工作的激情，还在于他一直生活在校园里。我这样说，是想到一些教育名人的理论研究脱离了校园，脱离了课堂，脱离了学生的心灵；他们不知道课堂上发生了什么，不知道老师们在想什么，不知道学生在想些什么。而这些对镇西显然不是问题，从他的文章可以看到，他的情感和思维一刻也没有离开学校，离开老师和学生。

多年来，镇西老师以苏霍姆林斯基为榜样，从最基础的工作做起，他的每日"五个一"（上好一堂课，找一个孩子谈心，思考一个教育问题，阅读一万字的书，写一则教育随笔），看起来不难，可是多年如一日，就是难事；当了校长，更是难上加难。但李镇西做到了，这是他践行苏霍姆林斯基教育思想走出的一条路。镇西老师影响了一大批教师，正是有他们在基层学校的实践，苏霍姆林斯基教育思想的核心——教育的人道精神，在教师成长过程中有了更加积极的意义，无数的学生得到比较正常的教育。苏霍姆林斯基能记得一千七百多位学生姓名，我看镇西老师的博客，他能记得那么多学生的故事，保存学生的作文、各种照片，他长期和学生保持友情，实在很难得。这就是"把人当人"的教育。按世俗标准，镇西老师的学校称不上名校，他说："我和我年轻的同事们，面对的是好多学校不喜欢的孩子——当地失地农民和进城务工人员的子弟。"可是，我去武侯实验学校，所到之处，所有的学生都面带笑容地对我说"您好"，这是我在很多名校没有的待遇。陪同的老师说，孩子们进学校时，有些顽劣，不懂事；经过三年初中教育，他们能习惯地对人说"您好"、"谢谢"和"对不起"了。我当时就非常感慨，在当下中国，这已经是很好的教育了。

我印象很深的，还有《做一个孩子不怕的校长》，曾有位女生给他提意见，批评校长没看完各班的体操比赛就中途离场（虽然镇西的退场是因为赶去开会，但他仍然感到内疚）。学生能直言不讳，这说明学生爱学校，说明学生敬重教育。教育要培养学生的公民意识，而不是驱赶他们做唯唯诺诺的奴才。镇西有很多文章介绍学校的老师，通过他的文章，武侯实验学校很多老师的工作和创新为社会所知。《让普通老师成为学校的名片》一文中，镇西介绍了他的管理观念——“教师的成长，是我当校长成功的唯一标准”。教师应当比学生更善于学习，他们理应在教育教学中有很多发现的愉快，同样，他们可能比一般人更能体验教育的艰难。唯其如此，教师才真正地具备职业素养。一所学校有一批把教育教学当作使命的教师，比成就一名校长更有价值。

在镇西老师的博客上，经常看到教师和学生的笑脸，看到学校里的欢乐场面，我想，这些美好的瞬间，会成为很多人永远的记忆。

是为序。

2013 年 9 月　南京

目 录
CONTENTS

美好的瞬间，会成为很多人永远的记忆
——李镇西作品序 / 吴非

经历 / 001

我的中学时代 / 002
用思想点燃青春 / 010
感恩 / 028
感动与感谢 / 030
我们是一群“尺码相同的人” / 035
病中记 / 039
我的维权故事 / 044
《小崔说事·因我而幸福》的台前幕后 / 057
和勤奋无关 / 067
不想改啦 / 070

人物 / 077

贺延光 / 078
和吴非通电话 / 080
母校的光荣与耻辱 / 082
听流沙河说文解字 / 086
与班华教授聊德育 / 093
听傅国涌谈“过去的中小学” / 097
寻找袁丽华 / 100
大姐吴正宪 / 103
看望陈老师 / 105
绍华校长 / 108
张局长前传 / 115
一生清白死何求？ / 120
邱仲平 / 124
的哥罗师傅 / 128

观感 / 131

关于读书的漫想 / 132
向八十年代致敬 / 135
《南渡北归》读书笔记 / 142
人生即寻找 / 153
把生命融入教育 / 155
人性教育与幸福教师 / 158
源于情感与良知的建言 / 162

真可惜了这么好的一个题材 / 164

信仰与温情 / 170

行走 / 175

有这么一所学校 / 176

马来西亚印象 / 198

朝鲜纪行 / 217

台湾见闻 / 229

去了一趟草原 / 242

杂谈 / 245

日本大地震有感 / 246

致某报主编 / 248

关于饭局 / 250

也说“会风” / 252

说韩寒谈民主 / 256

请有点人味儿 / 259

写给 50 年以后的孩子们 / 261

这些年被我们败坏的词语 / 265

经　历

我的中学时代

一

我是1971年春节后上初中的，那正是“文革”中期。那时候，全国都是大军营，学校建制不再是“年级”和“班”，而是“连”和“排”。一个年级就是一个“连”，一个班就是一个“排”，班内的小组就是“班”。比如我所在的班就叫“二连五排”。

四十多年过去了，至今我也没想明白，为什么二连五排当时是全校闻名的烂班。几乎所有老师都无法控制课堂，因为一上课整个教室就是一农贸市场。现在的学生无法想象当年的师生关系。师道尊严荡然无存，学生批斗老师是“革命”行为，辱骂老师则司空见惯。比如，一次上数学课，老师转身写黑板，下面不知哪个男生一挥手，男同学们都跟着他溜出了教室，直奔学校附近的大渡河，游泳去了。说实话，我当时算是老师眼中的“好学生”，所以，还是犹豫了一下，但领头的说:“谁不去就是叛徒！”于是我不再犹疑，也跟着跳进了大渡河。还有一次，物理老师在写黑板，一个男生公然就走上讲台，一伸手就把老师的帽子摘下来扔了，引得全班哄堂大笑。我班的课堂对几乎所有老师都是一场灾难。

二

我刚才说的是“几乎”，因为语文课是例外。语文老师叫喻仲昆，喻老师的课让我们目瞪口呆，或者说听傻了，完全忘记了捣蛋。现在想起来，当时的语文教材无非都是社论、大批判文章之类，语言枯燥，概念空洞，大都是政治教条和口号，实在没味。但我们的喻老师却能够让这些枯燥乏味的文字变得津津有味。因为他学识渊博，随便什么课文他都能够引出许多知识来，比如有关抗美援越的课文，喻老师便给我们讲美国和越南的历史还有风土人情。喻老师写得一手漂亮的字，这也是让我们崇拜的原因。有一次我当值日生，擦黑板的时候，实在不想把喻老师的板书擦掉。我至今保存着我初中的作文本，重要的原因就是上面有敬爱的喻老师的评语。每次看到喻老师的红色字迹，我就不禁怀念早已离世的喻老师。

说到作文，这是我整个学生时代的骄傲。因为我的作文很好，喻老师也常常表扬我作文写得“确实好”。必须特别说明，这里所说的“我的作文很好”是以当时的标准，那时候同班同学的写作水平大多很差，相比之下，我就“很好”了。大约十年前，我请我读初中的女儿帮我把我当年的作文输入电脑，女儿一边输一边直说“只想呕吐”。的确，《五七指示永放光芒》《伟大的祖国，英明的领袖——国庆二十二周年有感》《记我校的一次深挖“五一六”誓师大会》……仅看这些题目就可以知道当时的“作文”是怎样。然而在三十年前，我用这些题目写的文章往往都是“范文”呢！喻老师有时候还把我的作文拿到他教的另外一个班去读。其实，现在想起来，我的作文之所以很好，是和喻老师的不断鼓励分不开的。

1974 年夏，我（前排左二）就读于乡村中学

当然，并不是我每篇作文都能够得“优”，有时候也得“良”。在一篇题为“记一次难忘的劳动”的作文中，我写了一个故事，大意是我不怕艰苦不怕累云云。喻老师给我这篇作文打的等级是“良”。他的批语是这样的：“描写劳动场景和心理活动，较真切动人，中心鲜明，思想正确。但是，缺乏必要的人物对话，笔法变化不多。”后来他还找我面谈，说我的这篇作文大多是“记叙”，而不是“描写”。他说，记叙是“简单地交代”，告诉读者“是什么”或“发生了什么”；而描写是“形象地刻画”，告诉读者

“怎么样”或“怎样发生的”。他举例:“比如,‘太阳升起了’,这只是记叙,说的是发生了什么;而‘一轮红日从东方冉冉升起’,这就是描写,说的是怎样发生的。”他还告诉我,细致地写外貌,写动作,写对话,这些都是描写。喻老师这些教诲,不但让我当时的作文得以提升,而且多年后我当了语文老师后,也经常用喻老师的这段话来指导我的学生写作文。

喻老师给我留下的印象还不仅仅是他的课堂。喻老师的家和我的家是同一方向,我有时在下午放学后和喻老师一起回家。他就给我讲故事,我现在已经忘记了他所讲故事的具体内容,但他眉飞色舞的表情至今还在我脑海里。他家比我家离学校更远,所以有一次他对我说:“你回到家,洗了澡,吃了饭,可我还在路上走啊走,走啊走。”他一边说一边夸张地做出擦汗喘息的表情,我哈哈大笑。

但有一次喻老师让我们不解。记得那一天天气特别热,那时的教室没有电扇,我们看见喻老师讲得满头大汗,便说:“喻老师,你把衣服脱了挂起来吧!”我们的意思是,让喻老师把外套脱了挂在墙上,这样不那么热。可喻老师没听清楚,大概他只听到“挂起来”几个字,马上中断讲课,弓着腰,对我们非常自卑地说:“同学们,我的确被挂起来过,我犯了错误,一定认真改造思想,重新做人……”我们当时莫名其妙,但感觉喻老师一定听错了我们的话,误会了,便重新说:“喻老师,我们请你把外套脱下来挂在墙上,这样你不那么热。”喻老师这次听清楚了,他的表情一下变得尴尬起来,一边把衣服挂在墙上,一边说:“谢谢同学们!”后来我们得知,喻老师曾被打成“右派”,曾长期劳动改造,没安排工作——当时的说法就叫“挂起来”,虽然后来让他上课,但他一直战战兢兢,小心翼翼,所以一听说“挂起来”三个字,马上便条件反射似的紧张起来,自卑起来。

这就是一位受我们崇拜的语文老师当时的处境。写到这里,我心里很不是滋味。

“九一三”事件发生后,学校恢复了年级和班的编制,不再是“连”“排”。因为我们这个班实在太糟糕,所以学校便把我们这个班打散,将学生分散到各个班。对我来说,拆散就拆散吧,我对这个班谈不上有什么感情,但我还是有些惋惜,因为喻老师不教我了。

三

"二连五排"打散后，我被分在了初73届1班，班主任兼语文老师叫陈明熙。后来我听说，我是陈老师专门挑选的，因为我成绩好，作文好，用现在的话说，叫"优生"。这个"听说"我从来没证实过，但陈老师一直对我很好，这是我切切实实感受到的。

陈老师上课不像喻老师那样眉飞色舞，但陈老师的课同样引人入胜。陈老师自有她的教学风格——温文尔雅，不疾不徐，丝丝入扣，娓娓道来。她对我的作文同样是鼓励为主，经常给我打"优"或者"良"。其实，作文获"良"，对我来说，就是没写好。记得有一次陈老师给我们布置的作文题是"给伟大领袖毛主席的一封信"——现在的读者不要笑话，在那个年代，写这样的作文是非常正常的。我分别从德智体三个方面给毛主席汇报优点和缺点，我以为我写得很好了，但陈老师只打了"良"，并且写下这样的批语："语言较流畅，思路清晰，但对自己存在的问题缺乏深刻分析。若能克服这一缺点，自己就可以通过写文章，加速自己世界观的改造。"现在看来，似乎陈老师并没有从写作上点评，而是进行政治评判，但在当时都是这样，陈老师不可能超脱于特定的时代，关键是，她是为我担心，怕我犯错误。

我读初中的时候，除了英语，各科成绩都很好——不，可以说是"特别好"——我现在还保存一张化学100分的试卷。但是，英语却特别臭。其实那时候的英语很简单，无非就是"毛主席万岁""马克思主义、列宁主义、毛泽东思想万岁"之类的口号，但我就是学不好。有一次我的英语考了个38分，陈老师对我说："李镇西，你的其他学科都学得那么好，怎么外语就学不好呢？"这话刺激了我：是呀，我就不信我学不好英语！于是，我在英语上下了很多功夫，多读多写多背，经过一个学期的努力，我的英语考试居然得了83分！我当然高兴得不得了，陈老师也为我高兴。后来我写了一篇作文《困难是欺软怕硬的》，我详细地写了我攻克外语难关的经过。陈老师给我这篇作文打了"优"，批语写道："通过自己攻克外语关的过程说明'困难是欺软怕硬的'，说服力强，使人看了受教育。"陈老师后来还让我在班上读这篇作文，让全班同学受教育。从那以后，一直到后来读大学，我的英语成绩都很好。

陈老师教我语文的时候，我渐渐喜欢上了写诗。其实，所谓“诗”也不过是分行口号而已，但那时能够把口号分行写得有那么一点点“诗意”已经了不起了。有一次陈老师布置写作文，我第一次没有写记叙文或议论文，而是勇敢地交上了一首诗。几天后，作文本发下来，我看陈老师并没有给我打分，也没有写任何评语，我正纳闷，陈老师把我叫出教室，很认真地问我：“这首诗是你自己写的，还是抄的？”我心里一阵高兴：这说明我这诗写得好，连陈老师都以为我是抄的。但我平静地回答陈老师：“是我自己写的。”陈老师大为高兴，热情地表扬我，鼓励我，还给我谈了谈写诗的一些知识。

无论是喻老师还是陈老师从不给我们布置课外阅读，这不怪老师，只能怪那个时代。那时哪有什么课外书呢！古典文学是“封建主义毒素”，世界名著是“资本主义货色”，整个中国大地，当时竟然没有一本文学刊物，包括《少年文艺》《儿童文学》早就停刊。能够公开阅读的，只有毛主席语录和诗词，还有鲁迅的几本书，再后来有了浩然的《艳阳天》《金光大道》等几本。因为我出身于教师家庭，家里多少有些“文革”前的“反动小说”，比如《烈火金刚》《草原烽火》《敌后武工队》《高玉宝》《欧阳海之歌》……读这些文字，便是我当年的文学启蒙。

四

林彪事件后，中国的教育曾经有过短暂的宁静，学校教学秩序开始走向稳定，那是1972、1973年，但很快，这两年的教育被批判为“修正主义教育路线回潮”，紧接着“批林批孔”，中国的学校又开始动荡起来，我就是在这时开始了我的高中生活。

我是在一所乡村中学读高中的。在这里，我先后遇到了邓老师、张老师两位语文老师，他们的课也上得不错，但我感到两位老师上课时的拘谨，生怕说错一句话。现在想来我不禁叹息，当时动荡的政治风云无法让老师充分展示其渊博学识和教学艺术。但无论邓老师还是张老师，对我都很关心，也常常把我的作文在班上展示。

高中最后一年，我转回了城里。在这里，我遇到的语文老师是林云阁。对林老师，我既感激，又内疚。林老师非常欣赏我，甚至有些偏爱我。比如，他知道我喜欢写“诗”，便请我在班上给同学们上了一周的语文课，专门讲“如何写诗”。虽然那时候我写的“诗句”不过是些政治口号，但强烈的虚荣心让我不但答应了林老师的安排，而且居然脸不红心不跳地给同学们真的讲了一周的“如何写诗”。说实话，现在想起来，林老师未必有多么欣赏我的所谓“诗”，他很可能不过是鼓励我而已。我应该永远感谢林老师！

我和高中班主任张新仪老师

但是，当时我在心里却并不买林老师的账，因为我觉得他的课上得并不好，觉得他也没有什么水平，的确不怎么样。一直到粉碎“四人帮”后的八十年代，林老师在当地语文界还“火”了好一阵子，是语文教学的权威，我开始还不太理解。后来我明白了，林老师其实是很有学问很有水平的，只是他教我的时候，正是“批邓反右”高潮，知识分子再一次面临灾难，他的一肚子“学问”很可能成为他的罪行，所以，他哪敢自由而舒展地上课呢？

我不买林老师的账还有一个原因，就是我觉得他对我的好朋友孙涛不好。孙涛是我转到这个班上遇到的第一个好朋友，他很有才华也很有个性，常在我面前说“林云阁没水平”，而且不止一次和林老师顶撞，所以林老师常常批评他。我那时本来就看不上林老师，同时又很讲义气，自然站在孙涛一边。

有一次，林老师又当众批评了孙涛，我比孙涛还气愤。于是，我画了一副丑化林老师的漫画——忘记说了，我读中学时喜欢画画，还画得不错呢。这幅漫画画好后，我偷偷放在林老师每天上班都要拎的黑提包里。后来林老师把漫画交给了班主任张老师。张老师教物理，是我特别特别敬爱的老师，她当时对我也特别——应该说是“宠爱”。张老师从林老师手中接过漫画，马上把我叫去。我吃了一惊：张老师怎么这么英明地就知道是我画的呢？结果，张老师叫我去不是批评我画漫画，而是出于对我的无比信任而让我帮她破案，把漫画作者“捉拿归案”。她怀疑是孙涛，要我密切注意孙涛的动向。可以想象当时我的尴尬，既不能说是孙涛画的——本来也不是人家孙涛画的嘛，也不能承认是我画的。最后这事不了了之。一直到几年后，我考上大学再回母校看张老师，终于向张老师承认那漫画是我画的，并且主动去向林老师道歉。两位老师都宽容了我。三十六年过去了，孙涛 1989 年在峨眉山自杀，林老师也早已作古。我写下这件事，心情极为复杂，不知道用什么语言表达我此刻的内心。

五

高中最后一年的 1976 年，正值“批邓、反击右倾翻案风”的高潮。我就着时事，写了许多首诗，有的诗被发表在学校的专栏上，引来许多同学和老师的观看。后来，在一次全校性的大会上，林老师还推荐我上台朗诵我的诗《用战斗迎接更美好的春天——欢呼党中央决议发表》，在露天操场，面对全校师生，我果真气宇轩昂地走上主席台，慷慨激昂地朗诵我的“诗作”，当我朗诵完毕的时候，全场响起了雷鸣般的掌声。

1976 年高中毕业前夕

写这篇文字的时候，我翻了翻我保存的“文物”，居然发现了这首诗的原件，现摘录几句如下——

……

永远为保卫毛主席战斗！／永远为社会主义祖国放哨！／前进啊，前进！／迎着阶级斗争的／激浪风暴；／沿着"高路入云端"的金光大道。／迈开战斗的步伐，／去迎接共产主义／春天的来到！

……

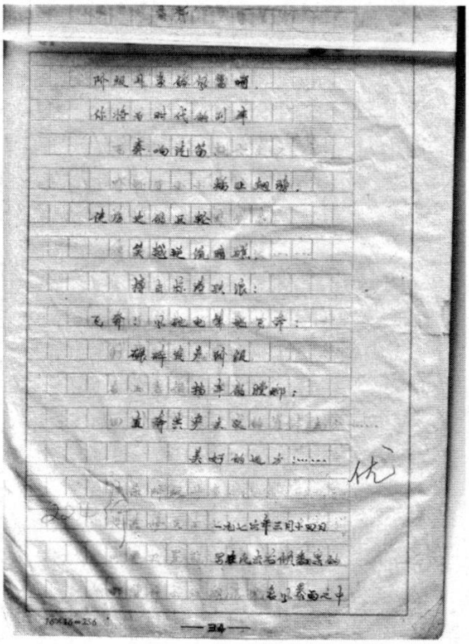

高二作文

别看这"诗"现在读起来令人作呕，但当时却让同学们佩服到了极点。三十年后，我去深圳见到一位同学，说起高中的事，她说："你不知道当年我们多么佩服你，背地里都说你是神童呢！"不但语文林老师欣赏我，班主任张老师也特别偏爱我，常常当着我的面对其他老师说："这是我班的秀才！也是我的物理尖子！"

毕业前夕，张老师又找到我，要我起草一份全班的申请书，就是向学校申请我们全班同学"强烈要求"毕业后到农村插队，建设社会主义新农村。当时的政策就是高中生毕业之后必须下乡，不要求不申请，也必须下去！可当时就得这么写申请。张老师叫我写，我觉得挺光荣，很快便写好了。这样的文章其实很好写，无非就是把当时的口号往上堆砌就是了。我现在还记得结尾几句，大约是说，亲爱的党啊，请考验我们吧！让我们到农村去，滚一身泥巴，炼一颗红心，扎根农村一辈子，让共产主义鲜红的太阳照彻全球！

这算是我的所谓写作能力在高中最后一次派上用场。

用思想点燃青春

——我与《中国青年报》

一

我至今清楚地记得，那是1978年国庆节之后没几天，我第一次见到了复刊后的《中国青年报》。当时，我不会想到我将来的人生或者说命运将和这份报纸发生联系。

我是77级大学生，但因为1977年恢复高考来得太突然，许多方面准备不及，所以我们入学是在1978年3月。那时，“四人帮”已经粉碎，但“左”的一套凭着惯性还在缓缓滑行。包括我的思想还停留在“文革”的阴影中。但中国毕竟已经苏醒，一个民族的思想正在冲破牢笼。我的整个中小学的十年刚好和“文革”十年在时间上重叠，可以想象我的血管里流淌着多少“狼奶”——我就是“谢慧敏”（刘心武成名作《班主任》中的一个深受极“左”路线毒害的中学生）。蒙昧的大脑正等待着启蒙的光芒。

对当时的我来说，“光芒”当然不仅仅来自《中国青年报》，还有《十月》《当代》《诗刊》，还有金观涛的小说（他当时以“靳凡”为笔名发表的中篇小说《公开的情书》让我和同学们激动不已）、刘心武的报告文学和北岛的朦胧诗，但毫无疑问，刚刚复刊的《中国青年报》是最强劲最耀眼的“光源”之一。作为班里的团干部——先是组织委员后任团支部书记，我不但阅读每一期《中国青年报》，而且还给同学们推荐。我由《中国青年报》感受到了一个正在苏醒的民族每一天强劲跳动的脉搏。那是一个风云激荡的年代：“真理标准问题”大讨论、“天安门事件”平反、伤痕文学的轰动、朦胧诗的崛起、陈景润与哥德巴赫猜想、科学的春天、中越自卫反击战、中国女排扬威世界、中美建交……这一系列标志性事件，几乎都是通过《中国青年报》而激动着我年轻的心。

1979 年春天，一张《中国青年报》让我流下了眼泪，以后好几天心情都十分难受，因为那张《中国青年报》有整整一版张志新的事迹，还有张志新那美丽坚毅的肖像。我思想上所受的震动是前所未有的。许多从少年时期便铭刻在脑子里的某些“神圣”的形象和“庄严”的字词开始变得虚伪而荒诞起来。经过了几个彻夜未眠的心灵痛苦之后，我写了一首题为“我和亚瑟”的短诗，表达了我与现代迷信的永远的决裂。感谢《中国青年报》把思想的光芒投射进了我的心灵；感谢那思想风云激荡的 1979 年，正是那一年，我和中国绝大多数谢慧敏式的青年一样，思想自由的潮水终于冲破了现代迷信的闸门……

挣脱束缚的精神并没失去方向，被思想点燃的青春和祖国改革的燎原之火一起熊熊燃烧。我和所有中国青年憧憬着四个现代化，憧憬着中国的富强与民主——正是在这样美好的憧憬中，我告别了大学校园踏上了中学讲台。

二

初为人师的我，开始把教育当成一首诗来写。为了让我的教育充满理想主义气息，也为了让孩子们有一个富有浪漫气息的班集体，我和学生为我们的班取了一个响亮的名字，叫“未来班”。我们设计了班徽，绘制了班旗，还创作了班歌。班歌的歌词是我和学生共同写成的一首诗《唱着歌儿向未来》，然后寄到北京请著名作曲家谷建芬老师谱上曲子。“未来班”成为我教育诗篇的第一行美丽的文字。

我无法在这里三言两语地说“未来班”是什么或者有什么，我只能简单地说，“未来班”代表着我和孩子们的理想、纯真、热情、崇高、庄严、情趣、诗意、浪漫……而《中国青年报》一直陪伴着我们的成长。

是的，当上了老师，我继续阅读《中国青年报》，并把里面的好文章推荐给孩子们。但当时学校只有一份《中国青年报》，每次需要给学生读报的时候，都要去图书室借，这显然不方便。于是我自己订了一份《中国青年报》，而且还专门请一位学生家长做了一个玻璃报栏，放在教室后面。这样，同学们下课不出教室就可以阅读《中国青年报》了。这个报栏，也成了我班独有的风景，让其他班的孩子羡慕不已，常常在中午会有不少外班的同学来我班教室阅读《中国青年报》。后来，我就干脆把报栏搬到教室外面的走廊边上，以方便更多的孩子读《中国青年报》。

我一直特别怀念“万类霜天竞自由”的八十年代，我认为那是一个难得的黄金时代。《中国青年报》书生意气，激扬文字，向我和所有青年读者传达着时代的特征与气息：理想闪耀，思想解放，激情澎湃，个性飞扬，政治开明，经济腾飞，学术繁荣……我甚至把《中国青年报》作为我的语文课外教材。比如，靳大鹰的报告文学《志愿军战俘纪事》和《谁来保卫2000年的中国》在《中国青年报》上连载后，我每天中午都到教室里去给孩子们朗读。多年以后，历届学生来看我，都会不约而同地说：“那时候每天中午我们都盼着李老师来给我们读报，那是我们最神往的时刻！”

包括报上那一张张生动的人物照片，也让人特别欣赏。这些照片的拍摄者贺延光也让我更加敬佩。说“更加”是因为早在我的大学时代，贺延光作为反“四人帮”的英雄就已经是我的偶像了。还记得《中国青年报》当时有一个栏目叫“求实篇”，我特别喜欢。邵燕祥、舒展、牧惠、商子雍、展舒（我一度竟然认为是“舒展”）、令狐锋（后来知道是吴国光的笔名）、马立诚、鄢烈山、米博华、陈小川、公今度、李庚辰、屈超耕……这些我至今还能脱口说出的作者名字让我崇敬不已，虽然除了邵燕祥老师，其他作者我从未谋面。有一天《中国青年报》“求实篇”栏目发表了邵燕祥的杂文《立什么样的志》，作者否定了“不想当元帅的兵就不是好兵”这句话，认为这话是教人向往位高权重。我马上把这篇文章印发给同学们阅读，然后展开讨论。有同学表示不同看法，于是讨论演变成辩论。课后，陈焱同学写了一篇短文《好兵、元帅及理想》与邵燕祥先生“商榷”。毫不夸张地说，那时的《中国青年报》为我的语文课注入了思想的活力。

1984年7月，我的“未来班”毕业了，这是我教育的“处女作”。我用刻写和油印的方式给孩子们编辑了一本名叫《未来》的纪念册，其实就是班级史册，里面的每一篇文章都记载着我们成长的足迹。暑假里，送走了孩子们，我想到了《中国青年报》。虽然《中国青年报》的编辑们记者们并不认识我，但我却早已把《中国青年报》当作自己精神上的师长，因而有一种发自内心的感激之情。于是，我给《中国青年报》寄了一份《未来》去，并以“未来班学生”的名义写了一封短信，信中写道——

我们班同学是《中国青年报》的忠实读者。三年来，同学们从您报上受到很多教育。毕业之际，奉送一本我们自己编印的“未来班”毕业纪念册，作为我们对《中国青年报》真诚的谢意！

我只是纯粹的感谢，并不是投稿。寄出之后我就旅游去了。没想到旅游回家，居然发现一封寄自《中国青年报》的信！信封很大，拆开一看，是一张 1984 年 7 月 26 日的《中国青年报》，打开一看，哇！《中国青年报》竟然以“分别是为了更好的相会”为题刊登了两篇《未来》中的文字，一则是我写给同学们的毕业赠言——

亲爱的同学们，我永远想念你们！

我的一切都在你们身上得到了寄托——金色的幻想、绿色的青春、红色的职业、蓝色的生命……

你们的一切也都成了我最殷切的期待——蓬勃的生机、灿烂的年华、远大的抱负、壮丽的前程……

当然，你们还小，现在不可能完全理解。没什么，就算我播下了希望的种子吧——

如果二十年后，同学们捧起这本朴素的《未来》，还能为之沉思、激动、微笑、流泪……我就心满意足了。你们会不会使我失望呢？我怀着七分自信、三分不安，等待着金色的秋天……

“未来班”班主任李镇西

这是我的名字“李镇西”三个字第一次以铅字的方式出现在全国大报上，我的兴奋可想而知。

同时发表的，还有高虹同学的文章《依依惜别的深情》。

《中国青年报》还为这组文字写了编者按——

我们读着从天府之国寄来的“未来班”纪念册，禁不住为大家的真挚情感所打动。衷心祝愿“未来班”的师生把今天依依惜别之情，化为明天生活的动力，去实现崇高的理想，开拓、创造灿烂的未来。

短短几行文字，让我热泪盈眶。我第一次感到，《中国青年报》和我的心贴得这么近，这么紧。《中国青年报》的老师们的确被我和我的孩子们打动了。当时我忍不住在心里猜测——直到28年后的今天，我写到这里时还在猜测——写下这段“编者按”的编辑老师是谁呢？

三

虽然只有短短的几段文字，但也算是在《中国青年报》正式发表了。这对年轻的我，是多大的鼓舞啊！我第一行“教育诗”虽然稚嫩，但居然在北京也找到了知音。如果说《中国青年报》鼓励着我的教育有点夸张的话，1984年7月26日的《中国青年报》的确给了我莫大的激励，这是事实。

日子一天天地流逝，我又教着新一届的学生。《中国青年报》一篇篇关于改革风云人物的报道——无论是高校的刘道玉、温元凯，还是企业的马胜利、步鑫生，都让我激动。他们的思考、激情与行动，正是中国当时改革的缩影。我想到了我的课堂我的班，也以我肤浅的想法和幼稚的行为开始了教育探索。1986年6月，我班进行班委换届选举——注意，“换届选举”这四个今天看来很寻常的字，在当时却很“前卫”。一年前我就改革了班委干部的产生机制，变由老师指定为全班“海选”（这也是两年后才出现的词，但当时我班的确是“海选”），同学们投票前，候选人还要发表竞选演说。新当选的班长必须发表“就职演说”，并举行“记者招待会”，“记者”就是全班同学。班委任期只有一学期，任期结束，又进行新一轮选举，前班委干部统统卸任——这和后来说的“高风亮节”没关系，是制度使然。1986年的这次换届选举，是以新任班长程桦和吴涛的“就职演说”和“记者招待会”画上句号的。

这些民主启蒙与训练，让当时的我再次被周围激烈争议。但我坚信我是正确的，暑假里我写了一篇特写《“就职演说”与“记者招待会”》，投给了《中国青年报》。这是我第一次主动给《中国青年报》投稿，也许潜意识里是想寻求某种支持吧。

新学期开学后不久，1986 年 9 月 26 日，《中国青年报》全文发表了我的《"就职演说"与"记者招待会"》。我的喜悦难以言表——不仅仅是因为发表了文章，更主要的是我觉得我得到了某种肯定和鼓励。那个年代人们的观念里，党报团报就代表了"中央"。既然团中央机关报都发表了我的文章，那就表明了"中央的态度"。我把那张《中国青年报》拿去给有关领导看，从此，关于我班进行民主选举的事，就不再有人说三道四了。

故事还没完。因为《中国青年报》发表的这篇文章，我收到全国不少中学生朋友的来信。其中有一封署名"山东平度县一中杨守丰"的信，引起了我的格外注意。杨守丰同学信中说："我也是《中国青年报》的热心读者，不久前读了李老师写的《'就职演说'与'记者招待会'》，感到李老师和一般的老师不一样，于是萌发了给您写信的念头，我希望和您交个笔友……"杨守丰同学的第一次来信很少涉及自己的具体情况，但我从信中谈及的内容、关心的问题以及语言特点甚至字迹上，明显地感觉到，这是一个比同龄人早熟因而很有思想也很有个性的纯朴的小伙子。

于是我们开始了文字交往。我们谈学习，谈人生，谈社会，话题往往都是从一些具体的文字引发的，比如《中国青年报》上的某篇文章，或者《傅雷家书》的某段话——我曾给他寄了一本《傅雷家书》去，因此我们通信中经常谈论《傅雷家书》。

不知不觉，我和他通了两年信。1988 年高考前夕，我给临战的杨守丰去了一封激励他的信。信很短，但我特意抄了一段傅雷的话："成就的大小高低，是不在我们掌握之内的，但只要坚强，就不怕失败，不怕挫折，不怕打击，我们就能孤军奋斗！"

然而，整整三个月，我没有收到他的回信。直到一个风瑟瑟雨潇潇的秋夜，我突然收到一个邮包，打开一看：一张清秀女孩的照片和一封泪迹斑斑的信！

"亲爱的李老师，我是杨守丰的同学，当您收到这封信时，她已不在人间了！……"猛然间，眼前一片黑暗，信在我手中颤抖。原来，那位"纯朴的小伙子"竟是一位可爱的女孩子！她家住农村，生活贫寒，而且身患多种疾病，但她以惊人的毅力取得了优异的学习成绩。更为可贵的是，疾病缠身的她却时时把爱心献给他人，以自己高尚的人格赢得了同学们的尊敬。“老师，我们每一位同学都庆幸自己能与这样一颗美丽的灵魂一起生活、进步。”高考过后，她又一次住进了医院，再没有出来，也没有看到寄给她的大学录取通知书！已经毕业的同学们又自发聚集在原来的教室，面对她的骨灰、她的遗像和她的大学录取通知书向她作最后的告别……

这封长信的结尾写道：“我与守丰同住一寝室，您给她的来信她大都给我们看过。她经常充满自豪地对我们说：‘我在四川有一位很真诚的大朋友！’几年来，她有限的生命之所以能放射出那么璀璨的光华，与您是分不开的。”

透过泪眼，我久久凝视着照片上那位美丽的女孩：一张丰润而富有青春气息的脸，正对着我也对着所有关注她的人甜甜地笑着。写到这里，我不禁算了算，如果守丰活到今天，也就四十二岁，她短短的生命并不显赫，但充满真善美的芬芳。她永远十八岁。

杨守丰的故事似乎与《中国青年报》没有直接关系，但是，如果没有《中国青年报》，我就不可能和这么一个普通而美丽的灵魂相遇。

四

在《中国青年报》的陪伴下，我继续我的教育之旅，在这过程中成长着，走向成熟。这里所谓的“成熟”，意味着我对教育已经不仅仅是浪漫的激情，还有庄严的思考。这种思考当然和当时的社会背景有关。因为八十年代从某种意义上说，同时也是一个反思的年代，特别是对“传统”的反思。《中国青年报》上也有大量闪耀着思想光芒的文字，这些文字不一定是谈教育的，但常常让我想到教育。

未来班是我至今最珍爱的教育诗篇，在具体的教育方式、手段和技巧上，无疑有许多创新，但其教育内容或者说贯穿其中的教育灵魂，却仅仅是力图继承恢复我国五六十年代的道德风尚。但时代毕竟已经进入八十年代，当时日益汹涌的改革大潮，无疑呼唤着一种既深入学生心灵又真正面向未来的教育。

1987 年底，我市一位品学兼优的三好学生因不能正视社会丑恶而自杀，成为“真善美殉道者”。虽然这位名叫宁小燕的自杀女生并不是我的学生，但她的自杀却引起了我的关注，我利用星期天采访了她的老师和同学，并得到她的作业、作文和日记。面对她“纯洁的心灵”，我不得不反思我们的——不，首先是我的“玫瑰色教育”。整整半年，我通过剖析这位女生的精神世界进而剖析中国的基础教育更剖析我自己的心灵。我写下一篇九千字的人物通讯《真善美殉道者》，既表达了我对教育弊端的批判，更表达了我对教育改革的呼唤。

我想让更多的人和我一起批判与期待。我想到了《中国青年报》。于是，我把这篇长文寄到了“北京东直门海运仓 2 号”——我至今还把《中国青年报》的地址记得滚瓜烂熟。现在写完这个地址后我去网上查了一下，居然准确无误！

仅仅过了两个星期左右，我至今准确地记得那天是高考的第二天——1988 年 7 月 8 日，我监考完毕回到家里，习惯性地打开当天的《中国青年报》，第一版的几行字就把我的眼睛抓住了——

一个十六岁的中学生自杀了

她本来希望在英雄的名单上占上一行，她始终崇尚“真”和“直”

她并未蒙受任何突发性打击，甚至没有“像样的”挫折

她给教育者留下什么“遗产”？

可是，她自杀了

这是眉题，眉题下面是一行很黑很粗的大字：

她给教育者留下什么“遗产”？

我当时还完全没有把这些文字和自己联系在一起，我只是想，哦，这儿也有一位女生自杀呀！怎么和我采访的宁小燕那么相像啊！

但当我继续往下看，看到作者的姓名“李镇西”三个字时，我惊呆了：原来这就是我的投稿啊，只是编辑将原文的题目改了。

我的文字在《中国青年报》第一版上跳跃——

宁小燕怎么也不会想到自己在欣然叩开死亡大门的同时，会给人间留下一道难解的人生方程式。

应该说，她走得格外从容而坦然。有她自杀前一天晚上写的遗书作证："我明天早晨要去远行，悄悄地、默默地、自由地。"

应该说，她去得相当冷静而周密，有她半年前一则日记作证："昨天，我给一个同学写信，撒了个谎，让她替我买二十包磷化锌，我的生命仅值四毛钱，比小老鼠强不了多少，但我很愿意，也很高兴放弃它。我将快乐无比！"

但是，面对她那安详的遗容，人们还是惊呆了！

——因为，她只有十六岁！

——因为，她是连续两届市级三好学生！

——因为，人们分析了她的各个方面：她的经历（从小学到高中一直"走红"），她的家庭（出身于干部家庭，父母很爱她），她的学习（成绩虽不算拔尖，但一直较好），她的人际关系（由于性格内向不太接触同学，但与同学并无大的矛盾）……怎么也看不出她会受到什么置她于死地的打击和挫折！

于是，人们有了重重的叹惜："这么一个品学兼优的学生死了，实在太可惜。"

于是，人们有了深深的疑惑："她这么顺当，竟莫名其妙地自杀了，真不可思议。"

……

按照惯例，出了人命案，总应该有个结论。二十多天后，经过多方调查、分析，区教育局发了"情况简报"，有如下两段——

"宁小燕在人生观上存在着缺陷，她对人生的意义、价值早就产生了消极的认识，因此，她的自杀不是偶然的。"

"宁小燕的自杀反映出加强青少年学生人生观的思想教育的必要性、紧迫性，反映出在深入地关心、了解学生内心世界方面，我们还应做很多过细的工作。"

这个结论当然是正确的，然而太简单了。

一切关心祖国前途、民族未来的教育工作者都有理由发问：作为一位

“平时显得懂事、自重”“在学校期间，遵守纪律、好学，在各种集体活动中表现较好，被选为班上宣传班委、通讯员和学校广播组播音员”（引自区教育局“情况简报”）的好学生，她的“人生观缺陷”“消极认识”是怎么产生的？她的自杀，除了她本人的原因以外，我们的教育该负什么责任呢？

宁小燕临死前，给友人写信说：“我并不希望自己就这么悄悄地告别人世，但我太累、太疲惫了，我没有勇气留下来，也没有勇气和毅力继续前进。”

一位曾经对生活充满希望的青春少女，一位由我们的教育一手培养起来的共青团员、三好学生，竟然“没有勇气和毅力继续前进”而选择了死亡，而且我们的教育者居然对此毫无察觉，直到她死后才震惊不已——这，难道不令人感到一种德育的危机吗？

不仅仅是为了解开宁小燕留下的人生方程式，更是为了更多的虽然没有自杀却同样感到“太累、太疲惫”的青少年学生，我对我们现在学校的“学生思想政治工作”进行了一些调查和思考。这些调查也许不够全面，这些思考也许还相当肤浅，但我愿把它献给所有具有社会责任感的教育者，让我们一起来剖析一下——

我们的德育已面临着怎样的危机？

……

第一版没登完，第二版继续登。如此殊荣，让我简直“受宠若惊”。

我折服编辑将我原来的标题“真善美殉道者”改为“她给教育者留下什么‘遗产’？”。的确，面对宁小燕的遗体，每一位教育者都应反思自己的教育，并从中悟出点什么。

我的观点是，教育的危机其实是心灵的危机，因为多年来，我们的教育更多的是考虑如何给心灵灌输崇高的思想和道德，却忽略了成长中的心灵需要什么。而离开了对心灵的关注与呵护，就谈不上真正成功的教育！

文章发表后，收到的反响是我没想到的。当时，《中国青年报》有一栏目叫“每月一榜”，专门评述上月读者来信反应强烈的文章。结果，《她给教育者留下什么“遗产”？》名列其中。编辑这样综述道：“反应焦点：来信认为，宁小燕的死教育者有责任，社会也有责任。一位师范学校的学生来信说，我和许多同龄人都对现在的一些社会现象感到迷茫、不解。这些社会现象深深压抑了我们的进取心和对生活美好的希望。希望宁小燕自杀这件事，对社会有所触动。”

说实话，我在文章中表达出的观点，平时在学校也和同事说，甚至向领导说，我自己也对班主任工作进行了一些关于尊重学生、尊重心灵的改革，比如，我主动给全班开设青春期讲座。但我的这些观点和做法，几乎都被认为是“偏激”。我因此而感到了孤独。

而现在，《中国青年报》以发表我的长文的方式，为我壮胆——至少当时我的确是这种感觉。我觉得我没有错——无论是反思、批判，还是改革、创新，我都没有错！

教育需要激情，但仅仅有激情是不够的；教育需要浪漫，但仅仅有浪漫是不够的。霞光满天的五十年代已经过去，我不可能老沉浸在过去温馨的梦境里，更不应该把学生也拉进这美好的梦里。时代在前进，改革开放的巨轮正一路高歌，破浪前行。我的教育也应该面对新的时代，并回答新的主题。

一方面，面对日趋复杂的社会现象和紧张的生活节奏，学生的青春期心理疾病也渐渐增多，需要教育者深入每一个学生的心灵，而过去我们的教育除了“政治思想工作”，几乎没有真正的心理辅导和心理保健。同时，社会主义市场经济（当时的提法是“社会主义商品经济”）的发展，必然唤醒人们的主体意识，并期待着公民的独立人格，法治观念和民主精神的培养则应该成为我们教育的应有内容。

可以这样说，《她给教育者留下什么“遗产”？》在《中国青年报》的发表，是我教育历程的一个转折标志，我告别了单纯浪漫的“玫瑰色教育”而转向真正面向未来的教育。后来我一系列意气风发的改革：青春期教育、社会主义商品意识教育、班级民主管理、语文人格教育、现代公民教育……都是从那时开始的。

五

一发而不可收。1988 年，国内学术界的思想自由之风正势如破竹，也鼓涨着我思考的风帆。

我结合当时学术界对传统文化的反思，剖析中国教育特别是德育危机的深层次的文化原因，写下一篇《沉重的思考》。先是投寄给四川的两家报刊，均以“观点偏激”为由退稿。于是，我想到了《中国青年报》。1989年5月22日，《中国青年报》发表了我的《沉重的思考》。那报纸我至今珍藏。

1989年过去了，国内学术界明显沉闷，《中国青年报》也不可避免地受到一些影响——但也只是受到“一些影响”，骨子里的激情与锐气是压抑不住的，它依然尽可能保持着自己的思想锋芒。

我的教育思考与改革，同样没有却步。改革的重点是培养具有民主精神的公民。我曾在我任班主任的班进行民主管理的实验。具体做法是，在教师的引导下，学生自己制定大家必须共同遵守的班规，而且这个班规对同样属于班集体成员的教师提出了规范和制约。班规一旦正式生效，便成了班级“法律”。

我在《中国青年报》发表过的文章

应该说，我的班级民主管理的实践是成功的。在我的班上，平等意识深入人心，学生们的确很尊敬我，但绝不会对我顶礼膜拜，更不会把我的每一句话当作“绝对真理”；相反，他们常常同我争论，而且不少时候是他们的正确意见说服了我。我班的班委干部绝没有高人一等的“官念”，相反，由于他们是同学投票选举而不是我“委任”的，因此他们深知自己的权力是同学赋予的，也只能用于为同学服务；而且定期投信任票，也使他们实实在在地感到自己的一言一行无不受着同学们的监督，自己的“位置”是否“稳当”也完全由同学们决定，因而唯有真诚勤恳当好同学的“公仆”方能受到同学们的拥戴。在这样的民主机制中，班主任和学生具有同等的义务，学生和班主任拥有同等的权利。在我们的集体中，谁都有义不容辞的一份责任，但谁都没有班规以外的特权！

但我的做法遭到了一些人的批评，甚至还有领导上纲上线地指责我的做法是“资产阶级自由化在班级管理上的表现”。这时，《中国青年报》再次给我有力的支持。我写的两篇文章《把教师的权威转化为集体的权威》和《用“法治”取代“人治”》均发表在《中国青年报》上，时间分别是1990年9月3日和1991年1月28日。

《用“法治”取代“人治”》是我特别看重的文章。其中有这样的论述——

> 对于一个优秀的班集体来说，教师的教育与学生的自我教育都是不可缺少的。二者不应该互相分离，而必须有机融合于一个统一体，这个统一体便是班规。教师的教育，通过班规便不再仅仅是教师的理直气壮的“要求”，对学生的“征服”，而是把合理要求转化成集体的意志；学生的自我教育，通过班规也不再仅仅是学生要求上进的自觉性，而已转化成参与班级管理的义务和权利。这样通过一定的“制度”（班规），班集体所有成员都成了管理者，又都同时是被管理者，班级管理便由“人治”走向了“法治”。

该文在《中国青年报》发表后，引起了不小的反响。我收到许多赞赏的来信。甚至还有一位河南的副校长专程来我校看我，说要向我学习。

在思考与改革的同时，我的教育依然保持着某种充满人性的温馨气息，并有不少既体现我智慧又洋溢着温情的故事，比如《安徒生帮我“破案”》《教师节的礼物》等等。这些故事发表在《中国青年报》后，我收到了上百封来自全国各地的教育同行和中学生的来信——是《中国青年报》让我和远方无数颗善良的心一起感动。

我的事业并不孤独。不仅仅因为有《中国青年报》，还有因《中国青年报》而结识的无数虽天各一方却心心相印的志同道合者。

六

进入新世纪后，我迎来了网络时代。我再一次没想到，网络让我和《中国青年报》有了更亲密的接触。

2000年7月，我在《中国青年报》上发了一篇短文《教师不是“人类灵魂工程师”》，这又是一篇我认真思考的文字，自然引起了一些反响，也再次引起争议。8月上旬，我打开《中国青年报》主办的网络版“中青在线”，想看看里面有没有对我那篇文章的反应。结果，在里面我还真看到了一些网民对我文章的回应。其中有一篇《虚拟课堂：教师是“人类灵魂工程师”吗？》写得妙趣横生，作者把莎士比亚、爱因斯坦、居里夫人“召集”在一块“上课”，让这些文化巨匠讨论教师是否是“人类灵魂工程师”。这篇文字把我逗乐了。

那以后，我开始关注“中青在线”的“青年话题”。我一开始就被吸引了——这是一片燃烧着思想激情的原野，这是一个翻卷着精神浪花的海洋。这里是真正的自由王国：没有什么统一的话题，只有着对讨论的共同兴趣；没有什么固定的主题，只有着对论坛不变的情怀。现实的关怀与历史的忧思，国际的热点与国内的焦点，“行而上”的思考与“行而下”的关注，都在这里汇聚与对话。政治、经济、军事、教育、环保、爱情、婚姻、家庭以及各种社会话题，都在这里交流与碰撞。“魔鬼教官”“三剑客”“蓝天”“欣颀儿”“阿燕”“冰睿”“三七二十八”“三糊涂”“胖新”“蝴蝶飞”“高观”……这些或刀光剑影或妙趣横生的名字背后，飞扬着一个个意气风发的灵魂！我惊喜地发现，竟有那么多比我年轻更比我有才华、有激情、有思想、有胆略的人，在真诚而严肃地思考着、关心着我们的国家、我们的民族以及国家和民族的未来！

我也开始试着在上面发帖子。第一篇是《面对张志新同志的遗像》，紧接着是《从谭嗣同到胡耀邦》，然后是我的教育故事和我对教育的一些思考：《一双无法回避的眼睛》《沉重的思考》《追随苏霍姆林斯基》……我发的其实都是旧作，但很快引起网友们的兴趣，有由衷赞同的，也有直率反驳的。我开始还有些陌生人的自卑与胆怯，如同一个刚大学毕业的小伙子突然冒冒失失地闯进了联合国会场，羞愧得连头都不好意思抬起来。但一个接一个的跟帖，让我完全忘“我”了。是啊，人家关注的是文章本身，谁知道你是谁？即使你脸红，别人也看不见啊！这就是网络的好处：它能壮人胆。

很快，我就发现了“青年话题”真有一批很认真的人。他们对我们的社会有着庄严的责任感，因而几乎一刻也没有停止思考。我曾经感叹现在的年轻人特别是大学生浅薄浮躁而自视甚高，但在这里，我至少感受到了80年代中期那种指点江山、激扬文字的特有气息。你也许可以说他们肤浅，但你无法否认他们真诚，你也许不同意他们的观点，但你不能不欣赏他们的勇气。记得一次网上讨论《生死抉择》，一个叫“陈杰人”的网友发了个帖子，谈如何根治腐败的问题。我一看就觉得他立论有误，便毫不客气地跟了一帖与他“商榷”。当时在写帖子的时候，我可以说是挟风带雷，语言十分生猛，但写到结尾，我又“文不对题”地大抒其情，向杰人表示问候——网上言语就是如此自由，真正的“意识流”。杰人看了我的回帖，也不生气，反而给我留下他的电话，叫我到了北京与他联系。观点交锋，竟交出一位朋友！

在那年8月底快开学的时候，一个叫“冰睿”的网友在论坛发了个帖子，题为“致落榜哥哥的一封信”。这是一个在京城打工的18岁的小伙子写给农村家中哥哥的信，信不长，但其中表现出来的一种挑战人生的坚韧精神打动了我和许多网友，许多人在冰睿帖子的后面跟帖，向他表示敬意。第二天，我到学校把这封信念给刚进高中的学生们听，以此作为给他们的见面礼。我的许多学生马上来向我要冰睿的电子信箱，不少学生纷纷给冰睿写信，表示要学习他那自强不息的精神。当时，我是从心底感谢冰睿的，因为他为我提供了最鲜活也最真实的教育素材。

据说，一般来讲网友是不见面的，但进论坛刚一个月，我便见到了版主李方，那是教师节我到北京参加表彰活动的时候。到北京第一天晚上，李方开车来把我接到一个茶馆，并呼来了陈杰人。虽然是第一次见面，但我们都觉得互相之间好像早就是好朋友了。在氤氲的茶香中，我们谈论的大多仍然是论坛。谈吐间，我再次感到了李方的幽默、睿智与宽容，还有杰人的稳重、朴实与纯真。后来，在中国青年报社，我还见到了卢跃刚、李大同等让我敬重的记者编辑老师。

又过了大半年，我打开信箱，看到一封来自“中青在线”的邀请函，说是邀请我到北京参加中青在线开通一周年庆典和网友聚会，于是 2001 年 5 月，我来到了北京。我下了火车，先是挤上了公共汽车，然后又是钻小胡同，最后跌跌撞撞地来到海运仓 2 号的中国青年报社时，真有一种红军长征到达陕北的感觉。

这次在中国青年报社，我第一次见到了刘学红老师、马少华老师，还有王胜春老师。见到王胜春老师，我特别激动。我从八十年代中期开始在《中国青年报》上发表文章，每次接到样报，都看到“编辑王胜春”的字样。现在我终于看到了多次为我编发文章的编辑老师，我真诚地向他表示谢意和敬意。我说：“我在《中国青年报》发了十多篇文章，可与编辑从未有过一点点文字交往。可见，《中国青年报》的确是以稿论稿而非以人论稿。我正是从自己的投稿经历中看到了《中国青年报》的正气。”

七

最近十来年，由于种种原因，我给《中国青年报》投稿的时候少了。但我和《中国青年报》的关系一直没有中断。我曾在教师节通过《中国青年报》发表《把祝福献给普通的老师们》，向全国的教育同行表达节日的问候；曾把《教师不是“人类灵魂工程师”》投寄给《中国青年报》；也曾在《中国青年报》发表《决不培养告密者》，呼吁警惕“文革”思维和做法在教育上卷土重来……总之，每当我写了自认为“有分量”的文字，首先想到的是以“思想”著称的《中国青年报》。

有一次，我见到了我特别尊敬的陆晓娅老师。当年她在《中国青年报》上的许多关于心理热线的文章我都读，有的还给学生推荐。后来，陆晓娅老师以“柳拉”为笔名写了一篇《李老师，做你的学生真幸福》的文章发表在《中国青年报》上。其中有这样的文字——

李镇西是一个普通的中学老师，与一般老师不同的是，出于理性的自觉，他对自己的教师角色不断进行反省和认识，而不是把自己摆在“永远正确”，不容学生质疑的位置上。他曾对欺负人的学生大打出手，曾在气急败坏时让学生“滚出去”，曾违反和学生共同制定的班规，这些都被他写进书里。他在勇敢地挑战自己，也挑战我们教育中的虚假——他说："言行一致，表里如一，自己不相信的决不教给学生，勇于向学生承认自己的过失，这应当是教育工作者起码的职业道德。""学生会在教师身上，看到什么叫'人无完人'，什么叫'知错就改'，什么叫'见贤思齐焉'。"他摘下"权威"的面具，敞开自己的心胸，以平等的姿态和学生互动。而学生从中学到的，正是怎样做人，做一个大写的"人"——在我看来，这才是真正的素质教育。

读了这篇文章，我感到的不仅仅是陆晓娅老师对我的理解与肯定，也是《中国青年报》对我的认可与鼓励。

今年四月，在北京举行的"李镇西从教三十周年学术研讨会"上，我见到了来自《中国青年报》的年轻记者。我说："看到你，我很亲切，因为从某种意义上说，三十年来，正是你工作的《中国青年报》陪伴着我成长起来的。"特别让我自豪的是，我见到了一直崇拜的《中国青年报》摄影大师贺延光老师。在我演讲的时候，贺延光老师一直在给我拍照。最后给了我几十张生动传神的照片。

上半年李新玲老师来我校，我谈起我和《中国青年报》的故事便滔滔不绝。她被感染了，建议我把这些故事写下来。我说"要写要写一定写，而且我早就想写了"，但因为的确太忙了，一直没动笔。前天晚上偶然上微博，看到《中国青年报》的王鑫昕和狄多华都分别提到我，邀请我参加《中国青年报》"寻找金牌读者活动"，我才想起曾经对李新玲老师的承诺。其实，能不能被选中为"金牌读者"不重要，重要的是我对《中国青年报》有太多的情感需要抒发，有太多的故事需要讲述。于是，我开始翻箱倒柜找出我珍藏的《中国青年报》。当我小心翼翼地翻开一张

荣获《中国青年报》金牌读者

张发黄的《中国青年报》时，我仿佛见到久别重逢的老朋友，我的思绪又回到了青春的时代，不禁心潮起伏，一种神圣感油然而生。

人们在谈到某某作品巨大的社会效果时，往往爱说“整整影响了一代（或几代）人”，这话几乎成套话了。但是《中国青年报》的确影响了我，因为我的青春曾经被《中国青年报》点燃。这么多年来，从青年到中年，我由中国青年报的读者，又成为它的作者。我突然发现，如果把我在《中国青年报》上发表的文字以时间为序排列起来，恰好是我从教以来教育思想发展的脉络，或者简洁地说，就是我的教育思想发展史。这不是偶然的。

这个发现让我激动。我将这十几张《中国青年报》一一展开，轻轻地摊在书房的地板上，久久地凝视着，我那一篇篇被发表的文章，正是“用思想点燃青春”的见证，我分明看到了自己的精神足迹。

附录：我在《中国青年报》上发表的文字——

《分别是为了更好地相会》	1984年7月26日
《“就职演说”与“记者招待会”》	1986年9月26日
《她给教育者留下什么“遗产”？》	1988年7月8日
《沉重的思考》	1989年5月22日
《把教师权威转化为集体权威》	1990年9月3日
《用“法治”取代“人治”》	1991年1月28日
《家庭电话：中学生如是说》	1993年5月24日
《学校应有教育“忌语”》	1995年11月22日
《教师节的礼物》	1996年9月25日
《安徒生帮我“破案”》	1997年1月1日
《决不培养告密者》	2000年11月8日
《教师是“灵魂工程师”吗？》	2000年7月3日
《把祝福献给普通的老师们》	2001年9月1日
《中青报，用思想点燃青春》	2012年12月26日

感　恩

曾经看到对我的简介："李镇西，四川乐山人……"我总要纠正："李镇西，四川仁寿人……"如果说过去说我是乐山人也算对——因为那时仁寿是乐山地区所管辖的一个县，可九十年代，仁寿就随着眉山地区从乐山划分了出来了。因此，说我是"仁寿人"才准确。当然，这不等于说我不喜欢乐山，相反，我也在乐山生活工作很多年，我非常热爱它，何况用学生的话来说，那还是作为我"教育初恋"的地方呢！

但我首先热爱我的家乡仁寿，这份热爱包含着一份感恩。

毫不夸张地说，如果没有包括仁寿禾加中学原校长李希龄在内的许多人对我的帮助，我很难有今天。

当年初中毕业，如果以成绩论，我读高中一点问题都没有，但我却恰恰"落榜"了。原因嘛，简单地说，就是被一个成绩很差的同班同学给挤下来了——他爹当时权势显赫，是"工人毛泽东思想宣传队"队长，那个年代，工宣队队长是学校的一把手。

1973 年 9 月，各学校已经开学，我却辍学了。我又住在我妈妈任教的小学，每天听着校园里的欢声笑语，我的难受可想而知。那时我才 15 岁，不读书怎么办啊！而我又特别喜欢读书。

妈妈开始为我想办法。她先到峨眉找到我父亲的一个同学许德贵，许叔叔当时是峨眉某农村中学的校长。但许叔叔说他们那里管得紧，没法让我读高中，不过，许叔叔给我开了一张假的转学证，表示我是他学校的学生。

妈妈拿着这假的转学证又来到五通桥金粟镇吉祥煤矿。煤矿的武装部长查武金是我妈妈的学生。查叔叔设法在煤矿子弟校给我办好了学籍，因为子弟校只有初中，于是我便只好以转学生的名义重读初三。

煤矿子弟校离金粟镇还有十几里路，我每天早晨天不见亮就出门，步行到山坡上的子弟校。学校的老师和同学对我都很好。后来查叔叔觉得我每天来回走二十多里路太辛苦，便给学校烧锅炉的师傅商量，让我在他的宿舍里借住。这样我就不用每天长途奔波了。不过，我至今印象很深的是，那间茅草屋子又小又黑，没有窗户，师傅又吸叶子烟，整个屋子乌烟瘴气。

读了一学期，因为我的成绩优异，表现也还不错，到了期末我被选为班长。但妈妈为了让我更有把握读高中，又在老家仁寿联系了禾加中学。这里的校长是我爸爸的同事和朋友，还是我爸爸的入党介绍人，另外，我姨妈也在这学校教书。于是，我便离开了吉祥煤矿子弟校。记得和班主任刘选良老师（不知他现在在哪里）告别时，他直叹息："唉，我这么优秀的学生转走了！"

于是，我就来到了离仁寿县城36公里的农村中学禾加中学。在这里我自然很顺利地读上了高中。在校期间，我姨妈对我好自不必说，我想说的是，李校长对我特别关心。

毫无疑问，我读高中的过程，是"不光彩"的，一来弄虚作假，二来走关系。用现在的话来说，就是"拼爹"，但这是怎样一种令人心酸的"拼爹"啊，我不就是想读书吗？而读书，不正是我最起码的权利吗？当起码的权利却要靠弄虚作假走关系来实现的时候，这个社会已经多么不正常！

前天，我应邀回老家仁寿做培训，特意去禾加中学看望了李希龄校长。去之前我听说他前些年因为中风，已经行动不便。但我见到他，他精神却很好，能够慢慢行走，头脑很清醒，思路清晰，只是说话时有些时候吐字不太清楚。第一眼见到他，我说我是李镇西，他居然大叫："李镇西啊！"声如洪钟。我很感动，他居然还记得我。

我感谢他当年对我的照顾，我说，没有你那次的帮助，我就不可能读高中，没读高中，我后来就不敢去考大学。我希望他好好保重身体。

临别时，我送他一本我的《做最好的老师》，并在扉页上写了一句话："永远感谢李校长！"他接过书，说："我一定要认真把这本书读完！"

陪我一起看李校长的我校两位老师郭继红和杨翠容也被李校长对我的帮助和我对李校长的感恩感动了。杨翠容说："李校长，以后你老了，我们也会来看你的！"这话又把我给感动了。

在我生长和成长的路上，有太多帮助我的人，我永远都不会忘记的。

感动与感谢

从北京回到成都已经好几天了，可我的心一直沉浸在感动与感激之中。

最早《班主任》杂志社提出要为我搞一个纪念从教三十周的活动时，我怕在这么一个浮躁的社会又添上一个炒作。成都市武侯区教育局雷局长也提出要给我搞一个这样的活动，我也是有顾虑的。但后来《班主任》杂志社赵福江社长说，这样的活动只是以我从教三十周年为由头而研讨一下教师成长的话题。我说，那我就提两个条件，一是不用“教育家”的称呼，二是不收会务费。赵社长说，没问题。于是，便开始筹划这次研讨会。雷局长说，这个会在成都开比较好，毕竟我是成都的教师。但后来经过商量，决定两家联合举办，研讨会还是在北京召开，这样效果会更好一些。

我要求不提“教育家”，不是我自作多情，或故作谦虚。现在在外面讲学，我常常被“教育家”，尽管说者没有恶意，但我听着不舒服。我多次写文章声明我不是教育家，还特别说“这不是因为虚心，而是心虚”。类似的纪念活动，对主人公往往会有溢美之词，“教育家”之类的标签很难不贴到我的脸上。所以我得事先打个招呼。我要求研讨会不能收费，是因为这是以我的名义开的会，必须杜绝所有商业气息，保证会议纯正的学术味道。后来有出版社知道后给我联系想在会议期间销售我的著作，我也拒绝了，原因也是如此。

非常感谢《班主任》杂志社对我的理解。赵社长想办法筹到了一笔经费，还说虽然是和成都市武侯区教育局联合举办，但因为这个会是在北京开，那经费就由北京教育科学研究院全部承担了，不要武侯区教育局出一分钱。后来，不但所有与会专家的所有费用，而且雷局长和我，还有我校何书记，包括我校教师代表的往返机票、会议期间的食宿费都由《班主任》杂志全包了。

赵社长说：“我们就把这次会议做成一次纯公益的活动，就是很单纯地以你从教三十周年这个时间为契机开一个研讨会，探索优秀班主任成长的途径与方式。”说实话，至少在我的视野中，具有如此真诚的公益情怀的教育媒体人并不多见。后来会议成功举办，证明公益的目的是达到了。

就我个人而言，并不希望参会人数太多，因为如果来的人太多，对于不收费的会议来说经济负担就会比较重。原来的会期是在周末，后来改为工作日的周四周五，这样估计有的一线老师就不能来，人数可以控制在一百人以内。赵社长同意我的想法，他说：“我们就搞一个几十个人的沙龙式的研讨，每个人发言可以比较充分。”但没想到，即使不是周末，报名参会的老师也越来越多，突破一百人之后，我就不安了，给赵社长说不要再接受报名了。但尽管一再控制，可依然来了四百多人。赵社长不得不另选会址，在京民大厦租了一个可以容纳五百人的会场。

筹备会议期间在和赵社长聊到请专家时，我说不用请那么多的专家，虽然我非常尊敬他们，但他们都很忙，不必为了我而惊动这些德高望重的专家学者。除了这个原因之外，我还担心请专家多了，弄得很张扬，这样我会不好意思。但是，我说：“两位姓朱的老师一定要请。一位是朱永新老师，一位是朱小蔓老师。”朱永新老师是我的导师，对我非常了解，对我事业的支持也很大。朱小蔓老师也是我非常敬重的老师，多年来我读她的书，还曾和她一起去朝拜苏霍姆林斯基和陶行知的墓地，应该说对我的影响也很大。我给两位老师打电话恭请他们出席研讨会时，他们都非常爽快地答应了。朱小蔓老师还说：“我一定要发言的。”朱永新老师特别忙，但他很认真地记下了会议日期，说如果没有特别特殊的事，他一定参加。

临近开会的前几天，朱永新老师给我发来了他的发言稿，有五千多字。开会的那天早晨，他又将修改的稿子发给我，说“以此稿为准”，其一丝不苟的精神让我感动。在发言中，朱老师说：“我一直非常重视今天的座谈会，早早地把今天的日子留着，所有的活动为这个日子让路。因为，这个日子具有特别的意义。30年前，包括镇西在内的77、78届大学生，毕业以后，正式走进了大中小学的校园，开始了他们的教师生涯。我本人，今年也是从教30周年。所以，我把今天的座谈会视为我们那一代人开的一个从教30年的座谈会，视为对那个时代的敬意和怀念。”他还说：“镇西是我的学生，在二十世纪初期，他曾经跟随我读博士，这是大家都知道的事情。

但我是先做了他的学生，却是许多人都不知道的事实。”结尾，他依然真诚地说：“虽然他曾经做过我的学生，但是我一直把他作为自己的老师和弟兄。向自己的学生学习，应该是我不断前行的力量源泉。”我再次感到了朱永新老师虚怀若谷的博大胸襟。而这，正是我从他那里学到的超过知识的更重要的东西。

朱小蔓老师发言非常打动人心。她说，平时有些纯属捧场的会她是不参加的，但今天她一定要来，因为这不只关系着李镇西，也关系着无数班主任的成长。为了参加这次会，为了发好言，她阅读了我的许多文字，包括著作和文章。她早早就写好了发言稿，题目是“孩子和学校教育需要什么样的班主任？——李镇西从班主任走向教育家的奥秘”，尽管副标题中有“教育家”三个字，但朱小蔓老师通篇发言的重点都是班主任如何能够走向教育家。她一个小时的发言，没有就事论事地说李镇西，而是充满忧虑更富有思考地剖析了教育的现状和教师的成长。她的思考很有理论高度，但语言却平易朴素，且充满感情。当然，朱小蔓老师对我是了解和理解的，她说：“镇西特别崇拜乌克兰大教育家苏霍姆林斯基，我俩有幸一起出席苏氏九十年诞辰纪念，一起考察帕夫雷什中学。他特别欣赏苏氏的一段话：‘如果主要教育者只是教育别人怎样教育而不直接接触孩子，他就不再是一个教育者了。’所以他总提醒自己不要疏远教学而‘行政化’起来，过去善于感动的心，变得不那么敏感。他提醒自己不能只想那些诸如‘发展模式’‘社会品牌’‘打造名校’等大念头，而忽略了每天在校园里所见到的一个一个具体的孩子。镇西的语文课也教得好，他做班主任、做校长的才华、魅力与他的语文教学水平高、人文素养好有关。他的教育家成长之路完完全全根基于、得益于他的班主任工作，得益于永远和孩子在一起。”最后，她说：“三十年，李镇西怀抱理想和激情在他可以有所作为的小环境里创造了一个又一个通向更好的教育的可能，归结起来，教育者的民主精神、人道主义情怀，直接接触学生与教师，一步一个脚印，扎实行走，不辱使命。它雄辩地证明，教师的道德成长、专业成长只能在职场，教师的幸福源泉在学生。这是总结李镇西老师成长经验再一次给我们的重要启发。”

雷局长的发言，主要是从局长的角度谈他是如何为我创造条件圆我的教育梦想的。说到六年前请我出任校长，他说：“当时我们就坚信，武侯区教育局的这一用人决策一定是正确的。因为，在那时，我们已经看到了镇西的优良品质和教育精神。六年来，镇西的教育思想越来越深刻，理论著述越来越丰富，学术活动越来越广泛，他的教育事迹在全国各地受到了越来越多的同行的认可和敬佩。六年来，我们从陌生到熟悉、从同事到朋友，他的成功着实令我们感到高兴和欣慰。”雷局长在讲话的时候，我的脑海里放电影似的浮现出六年来他对我的支持。我曾经公开在学校教工大会上说：“在我来武侯区之前，我和雷局长没有任何的私人关系，他知道我，但我对他是素不相识。我俩纯粹是因为志同道合走到一起的。这是我最自豪的一点。”我体会特别深的是，武侯区教育局对我思想的认同和对我个性的宽容。当时我的确有机会去苏州，去上海，去珠海，后来还有机会去北京，但我可以这样肯定地说，无论在什么地方，都没有在成都市武侯区享有的自由。

让我感动的，还有小学数学特级教师吴正宪老师，在这个“大师”称呼泛滥的时代，我却认为吴正宪老师是真正的大师级的小学数学特级教师。本来，她在小学，我在中学，她教数学，我教语文，似乎互不关联，但是因为我们都崇敬苏霍姆林斯基，我们便成了心心相印的朋友。吴老师在发言中，称我为“苏霍姆林斯基思想的践行者”，对此我认可，但我想，吴老师何尝不是苏霍姆林斯基思想的践行者呢？她对孩子的爱，她充满人性的课堂，无不让人想到苏霍姆林斯基。去年 12 月在哈尔滨，我听了吴老师一堂数学课，下课时许多孩子都流泪了，都舍不得吴老师。今天，吴老师拿来了她 2001 年出版的一本书，她翻开其中一页，里面引用了我在《爱心与教育》中的一段话。这让我惊讶，十多年前，我和吴老师对教育就有着许多共同的理解，这也是我们都热爱并愿意追随苏霍姆林斯基的重要原因。

湖北教育专家蒋自立的发言，也对我予以高度的评价，我觉得这是对我的鼓励。而来自蒋老师的这种鼓励，八十年代就开始了。八十年代中期，我还是一个初出茅庐的年轻人，他已经是名满四方的名师了。我读到他不少教育文章，便给他写信求教各种教育难题。蒋老师给我一封封回信，鼓励我不懈努力。后来，正是在蒋老师的帮助下，有了我的第一次面向全国的讲学。今天看到蒋老师谈到我的成长时激情依然，我感激之情油然而生。

大会发言的还有我校教师代表刘朝升老师，我的徒弟代表郭文红老师以及我 25 年前教毕业的学生荣建。我知道，为了这次会议，他们也付出了很多。我感谢他们！

我还要发自内心地感谢来参会的北京老师以及来自全国各地的老师们，赵福江社长说这是我的“号召力”，其实，我知道真正的原因是我和所有前来开会老师都有着共同的教育情怀，是理想把我们聚到了一起。“李镇西教育研究会”的老师们专程为我写了两首诗，他们本来打算在我发言完毕后上台朗诵的，但我觉得这样太张扬，便谢绝了。我实在不希望这次研讨会有一丝“个人崇拜”的色彩。但是，当他们向我献上鲜花时，我接受了，因为我接过的是他们对我真诚的尊敬。会议期间，不断有老师请我签名，请我合影，我都一一满足。那时候，我真的是受宠若惊：我何德何能，能够享受这明星般的待遇？我很清醒，李镇西个人算不了什么，老师们对我的尊重，其实是对我教育实践中呈现出来的理想与情感的尊重，是对教育的致敬。

还有一个人，我必须表达我的崇敬，那就是贺延光先生。开会前一天，这位我大学时代就特别崇敬的“四五运动”的英雄到我酒店来看我，我真是受宠若惊。我冒昧地提出请他给我拍几张照片，他说他拍人物从不摆拍，也不拍静止的肖像，说明天上午我做报告时他到会场来拍。于是，开会那一天我在台上激情发言，他在下面不停地给我拍照，一直忙了半天。赵社长说：“中国最著名的摄影家专程来给你拍照，全国不知有多少人羡慕你呢！你太牛啦！”

第二天的小型座谈会，北京部分优秀班主任和我交流也给我留下深刻的印象。这是真正的沙龙，因为有坦诚的碰撞。围绕“这个时代是不是产生教育家的时代”，我和在座的一位博士展开了激烈的争论。感谢北京的老师们，为我提供了这么一个富有思想魅力的沙龙。

要感谢的人太多。那天我的发言特别提到我成长路上的许多“贵人”。其实，这次与会的每一位老师都是我的“贵人”。我感到这次研讨会的分寸把握得比较好，没有对我过分地拔高，更没有无聊的吹捧，更多的是探索班主任如何成长这一带有普遍意义的命题。但是，毕竟大家是为我而来的，这对我是一个莫大的鼓励和鼓舞。这份鼓励和鼓舞，将激励着我继续自己的教育之旅，但愿我还能够有更多的成长与收获，以报答三十年来所有关心我支持我的人！

——我向你们深深地鞠躬！

我们是一群“尺码相同的人”

昨天，来自全国各地的五十多位“李镇西教育思想研究所”的老师们聚集成都武侯实验中学。十九位老师用充满激情而又朴实的语言讲述了他们的教育故事。这些老师大多来自农村或乡镇学校，但他们对教育的执着，对理想的坚守，让人感动。我校何书记感慨地说：“今天一天我的灵魂受到了净化！”

每一个老师讲述完毕，蒋自立老师、唐云增老师、何书记和我，都轮流做点评。蒋老师、唐老师和何书记的点评堪称妙语连珠。特别是唐老师，评价准确，语言诙谐，不断激起掌声。

在对老师们演讲进行点评时，我即兴发表了一些感想——

幸福是单纯的，孩子和我们的快乐，不应该夹杂任何功利的因素。更不应该用成人的意志去左右孩子的快乐。

这次活动是一次评比，但我希望老师们淡化评比。我们的目的是分享，而不是非要比个高下。要有游戏心态，不要看重结果。只要把自己的故事讲出来，感动了大家，就很好了。

以我的体会，教师的成长有很多因素，但最重要的因素有两点，一是目标始终如一，二是行动持之以恒。前者说的是内在的精神，是理想；后者说的是外在的实践，是行动。很多人年轻时有理想，后来渐渐没了。也有人一直都有理想，但没有持续的行动。其实，只要执着，坚持三年五年十年，你想不成功，都十分困难。

……

所有参赛老师讲述之后，唐老师以一个“李镇西的老粉丝”身份谈了几十年来他研究我的体会和成果。

最后，我讲了我的感受——

老师们，我讲三点。

第一，我们是“尺码相同”的人。

今天整整一天，听了十九位老师的演讲，老师们坚守教育的故事让我非常感动。在听的时候，我不止一次地想，这是假期，本来大家应该在家休息，又这么热的天，是什么让大家不辞辛苦，克服路途的艰辛聚集到了这里？我知道有的老师坐了几十个小时的火车，而且还是硬座。这次活动没有任何实际利益，没有任何“好处”，可大家心甘情愿聚到了一起。这是为什么？想来想去，还是那个很老套但很真实的原因——共同的追求，或者说叫“理想”。新教育对志同道合者有一个说法，叫作“尺码相同的人”。我们就是“尺码相同的人”，因此，虽然我们素不相识，但我们因理想而走到了一起。在这物欲横流的时代，这并不容易。

说到“尺码相同的人”，我想到了我的搭档何书记。他是两年前调来这学校做书记的，没来这学校之前，我们并不认识，但两年来我们合作得非常好，因为我们在教育理念上高度合拍，“尺码相同”。我们已经不仅仅是工作上的合作关系，更是一起追梦的志同道合者。我们不仅仅共享喜悦，也常常共担艰难。有时我为什么事很开心，会给他打电话让他分享；有时遇到困难了，晚上在家里比较郁闷的时候，会给他发去短信倾诉。这就是同甘共苦。我还想到我们学校的不少老师，也和我“尺码相同”。虽然平时他们从不当面对我说一些表示尊敬的话，但我知道很多老师和我是同怀理想，并心甘情愿和我一起奋斗的。有一位老师调进成都的时候，市内有一所名校要她，但她不去，她说她之所以要调进成都，就是想追随李镇西。这是后来我听区继教中心主任给我说的，我很感动，这就是“尺码相同”。

今天，从全国各地前来参加这次活动的老师们，都是和我“尺码相同”的人。虽然我们平时相隔千里，但因为共同的教育理想，我们便心心相印。我想，我们会一直这样互相激励，携手前行的。我们不是因利益而走到一起的，我们是因理想走到一起的。因利益走到一起的，总有一天会因利益而分道扬镳；而因理想走到一起的，则会走得很远很远。

第二，千万不要造“神”。

我对这次举办“中国李镇西式的教师评选活动”，心里很矛盾。其实，在蒋老师发起成立“李镇西教育思想研究会”的时候，我就很纠结。我担心过于突出我个人，同时我也很忙，没有时间投入这些事。但蒋老师说，他的目的也不是为了要突出我个人，而是想创造一个年轻老师交流和成长的平台，而且他说一切都由他来做，不要我操心。于是我也就答应了，而且还在我的博客上做了宣传。但是，我对蒋老师说，这个研究会决不能做任何牟利的事，任何活动不得收一分钱，更不能打着“研究”的幌子敛财。蒋老师说不会的，也不可能，他要我放心。我又说，研究会一定要坚持民间立场，拒绝媒体炒作。这点我们做到了，比如今天的活动，如果我要找媒体还不容易吗？但我一家媒体都没请。

不过，说实话，今天老师们的一些说法，让我不安。首先要肯定的是，老师们对我的尊敬是真诚的，是发自内心的，但有些说法，我的确不能接受。比如：“李镇西是属于世界的！”这话怎么说？谁不属于世界呢？难道你不属于这个世界而是属于火星吗？还有“这次活动，世界上就这么一次”，“这一刻必将载入中国教育史”等等，哎呀呀，这些话真让我脸红，怎么能够这样说呢？还有“震动了中国”“震动了世界”云云，这些说法太夸张，我无论如何不能接受。希望大家千万别再这么说了，一定要防止“造神运动”。我不是“神”，大家也不要造“神”。人人都是平等的，谁也没有资格凌驾在其他人之上。前段时间，我就“著名教育家”专门在博客上撰文，再次拒绝“教育家”的头衔，我也不著名。其实，真正著名的是不需要特别说“著名”的，相反不著名的才喜欢说自己“著名”。

关于“中国李镇西式的教师”这个提法我也不赞成，希望下次再搞这样的评选活动时换个名称。换个什么名称呢？我建议叫“中国好老师”，就像我们平时评价一个人，最高的评价，其实就是“好人”。现在学校的培养目标动辄就是“走向世界的现代中国人”，培养“精英”，培养“领袖”，培养“栋梁之材”，却没有人愿意培养好人。我则对我校老师说，我们学校的培养目标，就是培养好人！所以，我建议下届评选活动，我们就评选“好老师”。什么叫“好老师”？就是孩子喜欢的老师！从“李镇西式的教师”到“好老师”，不只是称呼的改变，而是表明我和各位老师之间关系的改变——在这之前，你们是仰望我，而从现在起，我们是同一朝向，向着同一个方向前进，只不过我走在前面一些。希望大家理解我，不要从谦虚的角度理解，而要从民主精神的角度理解我，千万不要造“神”。

第三，拒绝浮躁。

我多次写文章说，我们这个时代太浮躁、太功利。我们要守住自己朴素的教育心。我们聚在一起，就是为了教育本身，除此之外，没有任何功利目的。不是说你这次获得了所谓“李镇西式的教师”称号，就获得了“相当于国家级”的什么什么，回去就可以为评职称增加什么“资本”。没有的。我们也不要拉帮结派，我也不想充当什么“盟主”。胸襟要开阔，所有优秀的教育者都是我们学习的榜样，而不要说谁是谁的人，我又是谁的人。

前几年，在唐老师的鼓动下，我曾经收徒弟，当时我对徒弟们说，我们不过是用这种关系搭建互相学习的平台而已，你们不要四处声张“师从李镇西”之类，在公开场合不许说是我的徒弟，更不许以“李镇西的徒弟”的身份追名逐利。但只收了两届我就不收了。为什么？因为我感到有个别徒弟以此作为资本捞取“好处”。另外，“徒弟”这个说法我就感到有浓重的宗派色彩，也不平等。现在的确有年轻人利欲熏心，曾有这样一个年轻老师，以“某刊记者”的口吻写了一篇表扬自己的文章，居然发表了。这样追逐名利，我说他的心理素质真好！我们这个团队的老师千万不要这样，一定要坚守朴素，坚守宁静。做一个纯粹的教育人！

最后，我以我给我校老师写的两句话作为我发言的结束：“朴素最美关注人性做真教育，幸福至上享受童心当好老师。”

老师们对我的话报以热烈的掌声。

蒋老师问大家：“李老师建议明天我们的评比改名为‘中国好老师’，大家同意吗？”

所有老师都说：“同意！”

我说：“好，那就算集体通过了。”

大家都笑了。

病中记

事情是从 1 月 5 日的体检开始的。

那天，成都市教育局组织特级教师在成都军区总医院体检。做 B 超检查时，医生说我的甲状腺有几个包块，其中一个还比较大。她大呼小叫，弄得人紧张。以前体检从未检查甲状腺，这次一查就有问题，我也有些紧张。按医生的建议，我又去验血，但结果要几天以后才知道。

从成都军区总医院出来，我直奔四川省肿瘤医院。那里有我一位老朋友，姓伍，是超声科的主任。他专门负责 B 超检查，而且是这方面的权威。他亲自我给做了 B 超，很仔细地做了检查。结果和总医院一样，甲状腺的确有肿瘤。

不过，伍主任告诉我，我这肿瘤还可以再观察观察，他估计没什么大问题。

几天后，我特意再去成都军区总医院取验血结果，有个指标明显异常，我把结果电话告诉四川省肿瘤医院的伍主任，他帮我咨询相关专家后给我回话:“是有问题。”就这么几个字的回答，让我真正紧张起来。离开成都军区总医院之前，我特意去见了著名专家医生，她看了 B 超报告单和验血结果，表情严肃，说“情况不容乐观”，她用手帮我摸了摸甲状腺上的包块，说:“你得引起重视，最好再做做 CT 检查。”

从总医院出来，我直奔四川省肿瘤医院找到朋友，伍主任请一位甲状腺疾病方面的专家王主任给我看，王主任一看报告单，便果断地说:“要做切除手术。”她没有明确说肿瘤是恶性的还是良性的，只说必须切开后才知道。但她说包块比较大，有钙化点，再加上“血供丰富”，总之这几点都很不好。

晚上，女儿晴雁说要我和谈谈。在饭桌上，女儿给我三大张 A4 打印纸，上面密密麻麻的全是她手写的字迹，全是她为我抄写的有关甲状腺肿瘤的知识。女儿并非学医，但她一听说我的情况后，便开始在网上查询所有相关知识，还不停打电话问她在医院工作的同学，又让同学去问相关专家。然后在浩如烟海的甲状腺肿瘤知识中，用她当年高考“厚书读薄”的方式，将一些关键点提炼在纸上。她一边给我看，一边给我讲解，俨然就是一位专家。

她的意思是，甲状腺肿瘤不可怕，因为绝大多数都是良性的，恶性只占十分之一。而这十分之一的恶性肿瘤往往又容易出现在女性身上。即使查出是恶性，也不要紧，因为甲状腺癌是所有癌中最好医治的，既不化疗也不放疗，就是吃药。“总之，爸爸，你一点都不要紧张，没什么的！”

说实话，自从查出甲状腺肿瘤后，我还是有点思想包袱的，但女儿这么一说，让我心里的所有阴影烟消云散。我对晴雁说：“小时候你遇到困难是爸爸帮你开导，现在你看到爸爸遇到困难了，就主动开导爸爸。我又想到你小时候我送你去幼儿园的路上，你说：‘爸爸，以后我长大了，你长小了，我也要送你上幼儿园！’现在你就是在送我‘上幼儿园’。”

既然决定住院，而且还不确定住多久，我就得在博客上发个说明，因为许多老师天天都要去看我的博文更新，所以我写了一个《无限期休博》的帖子。我不愿意让老师们为我担心，所以没说生病了。写完这个帖子，我的确没把握什么时候能恢复博文更新。如果是良性的，那就耽误几天；如果是恶性的，住院时间就比较长，那就不知道何时能够恢复博客更新。

我还做了一件事，就是把给一月份过生日的老师的贺卡写完了。我把贺卡交给徐书记，我说我要住一段时间的院，我已经提前把这些老师的生日贺卡写好了，请你在这些老师生日那天代我转赠。

1 月 14 日，是周一。我去四川省肿瘤医院办入院手续还很顺利，但一系列常规检查还是有点烦琐，而且还遇到一点麻烦。胸透时，发现肺部有几块斑点，或者说叫阴影。医生怀疑有问题。我也一惊，难道我肺部也有问题？医生看了看片子，说还是做个 CT 好一些。于是我平生第一次又做了 CT。做完 CT 我急于知道结果，但医生说要下午才出结果。

下午，溜出医院去武侯区继续教育中心出席武侯区名师工作室总结会，心里一直牵挂着 CT 结果。四点过，医院打来电话，说肺部没问题，心里的石头落地了。

周二，医生说下午还要给我做一些检查，并交代手术的注意事项。那么上午呢？好像没什么事。我看天气不错，长时期的阴天终于有了太阳，便拿着相机来到医院附近的望江楼公园拍摄。望江楼公园以竹子闻名，我将镜头对准竹林深处的美景，照了一张又一张。当我用镜头对准拍摄对象时，什么都忘记了。只要健康一天，我就要热爱生活一天。

下午，负责为我动刀的王主任专门把我叫到办公室讲有关甲状腺肿瘤的情况。她非常耐心细致地给我介绍说明。尽管她用非常通俗的语言给我讲解关于甲状腺肿瘤的科普知识，但我还是听得半懂不懂。她说了好多风险，我不紧张，因为我知道手术前医生都要把风险说够。我问了两个关键问题："第一，如果是恶性肿瘤，怎么治疗？"王主任说："吃药。不会化疗放疗的。"我又问："第二，如果是恶性肿瘤，把甲状腺全部切除了，会有什么后果？"王主任说："没什么的，就是有人容易得抑郁症，如果是小孩，会影响一些发育。但切除之后，可以通过长期吃药补充甲状腺的功能。"我一听，就放心了："那我一点都不担心了！"我说这话的时候，已经做好了明天手术后发现肿瘤是恶性的结果的思想准备了——也不过如此嘛！

"快乐小荷"侯长缨老师特意坐火车赶来看我，一下火车便直奔医院，让我很感动。说起明天的手术，她安慰我说："没什么的。睡一觉，等你醒来，手术就好了！"

当天晚上，亲爱的女儿陪着我在医院聊天，很久很久。我想到她第二天要上班，强行把她叫走了。

第二天早晨七点，爱人和女儿都来了，女儿特意请了假。一小伙子就把我推进了手术室。进手术室前，我特意和女儿握了握手。因为时间还早，手术室除了我，一个人也没有。我就那么孤零零地躺在手术床上，眼睛看着天花板，想象着一会儿做手术时围着我的一张张面孔。

如果说在进手术室之前，我还有些莫名的不安，但现在我一个人躺在那里，心里居然出奇的平静。我望着空空的天花板，心里构思着《张月老师的故事》——这是我本来想在手术前写的一篇《中国教师报》专栏文章，想了一会儿，觉得大体框架可以了；然后我又开始构思《名师是"打造"出来的吗？》——这也是我前几天就打算写的随笔，现在我正好想想文章的起承转合。

正想着，几位年轻护士陆续走了进来，分别前来问我："叫什么名字？”“多大年龄？”等等问题。我一一耐心作答。一位护士走过来，让我把身上的衣服脱了，她特意强调“把所有的都脱了”，我捂在被子里把“所有的”脱尽，然后继续躺着想我的文章。

一位护士叫我把脚伸出来，给我打滞留针。我问她一会儿麻药注射在哪里，她说就在脚上注射。我又问，注射麻药后多久见效。她平静地答：“半分钟。”

完全没有过渡，有人叫我，还有人摇我，我醒来了——那一刻我才知道我刚才已经失去了知觉。“醒来了！醒来了！”有人叫道。“做完了！手术做完了！”好像是对我说。“良性的！良性的！”七嘴八舌的声音都是对我在说。

然后就是感觉被人快速推走，周围很嘈杂。一会好像是出了手术室，旁边有人在喊“让开让开”，一会儿好像是在电梯里，进去又出来……我眼睛睁开仰视，看到许多护士的脸庞和眼睛。心里在想，哦，原来我刚才没有知觉，手术已经结束了。我感觉我失去知觉就那么短短的时间，可是已经过去三四个小时了。那么，我是从什么时候失去知觉的呢？

好像有人在使劲抱我，然后我就躺在病房里的床上了。头昏昏沉沉的，但女儿说，医生说的不能睡，睡着了就醒不来了。看着围在床前的人，我才知道，表弟刘忠斌来了，学生吴文静也来了，他们都是一直守在手术室外面的。

整个下午，我的家人，还有学生吴文静都在我身边。我全身都插着管子，连鼻子里也插着输氧管。晴雁和吴文静守在我床前。不时看看我的眼睛，只要我的眼睛闭上，她们便用手戳我一下，总之不让我睡去。就这样，在很想睡但又不能睡的状况下，挨到了晚上。晚上总可以睡了吧？但医生说，不能打呼噜。可我一睡着就要打呼噜，这可不行！当晚，是我爱人和表弟在病房守候我。只要我睡着，爱人便把我拍醒。真是受酷刑啊！

第二天早晨，也是几乎一夜未眠的爱人和表弟回家休息了，吴文静很早就来病房照顾我了，巨细无漏，送水倒尿，我感动的同时，又很是不安。我说你让我压力很大呀！她说：“没什么的，我是代表所有学生来伺候你的！”她说她昨天在手术室外面时，别人问她：“李镇西是你什么人？”她说：“是我高中的语文老师！”人家都很惊讶。其实，他们还不知道，我只教了吴文静这个班一个学期。

上午，表弟游晋川来了。于是有些我觉得不方便的事，无论如何都不让吴文静做，而尽量让游晋川去做。游晋川对我也是无微不至。

同样让我感动的，还有何书记一家人。他说他就住在肿瘤医院附近，要孩子每顿都给我送饭。于是，何书记爱人在家做饭，儿子何云帆便不辞辛苦将饭菜给我送到病床前。

住院顺利，手术成功。我要特别感谢我的朋友伍主任和主刀医生王主任！

以后几天，输液打针，量体温，做雾化，然后是一拨又一拨来看我的同事、朋友，还有领导们，还有学生们——陈蓓、吴湛、刘攀、李成、衡静、沈扬眉……

在所有前来看望我的人中，最最让我感动的，是理发师傅薛师傅来看我。本来我们就是纯粹的顾客与店主的关系，我每周都去他的理发店理发。几年来，我被他淳朴的品格所感动，也从他身上看到了真正的普通劳动者的善良和幸福。因此，我俩已经情同兄弟。不过，他特意来看我，让我很是过意不去，因为他的理发店一年当中只是春节休息几天，其余每天都营业。他专门骑着电瓶车来看我，得耽误他多少生意呀！他坐了一会儿，我就催他快回去。他走了不久，特意给我打电话："李老师，我送你的那一篮鸡蛋，你一定要自己吃呀，不要送人，因为那是土鸡蛋！"我说："放心！我一定留着自己吃！"

当然，我知道在网上还有全国各地许多老师惦记着我。我谢谢你们！

一束又一束的鲜花摆满了病房。医生护士还有清洁工每次进来都要说："当老师真好，这么多的人尊敬你！"

大家都为我的肿瘤是良性而庆幸。后来我知道，甲状腺癌是所有癌中最轻微的，也是最好治的，相当于癌症中的感冒。如果一个人一生中一定要得一种癌，那就选择甲状腺癌吧！当然，何况我这还不是甲状腺癌，的确值得庆幸！

情况越来越好，输氧管拔了，导尿管拔了，引流管拔了……最后只剩下输液。输液的时间很难熬，好在医生同意我输完液就可以出去转转。昨天，我回到学校，把一些来看我的老师和领导的红包退给他们。我托徐书记将“份子钱”如数退给每一个人，同时给每一位“凑份子”的老师包括干部写了一张纸条——

在生病期间，我得到了你真诚的关心，诚挚感谢你的真情！

请理解我的举动，因为我是校长，请理解我！

但愿我没有伤害你的真诚！

君子之交淡如水。我会珍惜并愿意永远和你拥有一份君子之交。

有你做同事，我很幸福。这就够了。

我的维权故事

一 懒得打官司

以前经常看别人打官司，从来也没有想到“官司”二字会和我有什么关系。这并不是说我从来没有被侵权过，只是自己懒得管，当然也觉得管不过来。

最早感觉被侵权是我的文章被剽窃。十多年前，我看到《新华文摘》上收录了一篇语文教学论文，谈“语文生活化”“生活语文化”，我一惊：这不是我的文章吗？仔细一看，正是！但署名却是大庆师范学院的某某某。此人把我的文章拿去，几乎一字不改地发表在《大庆师范学院学报》上，又被《新华文摘》收录。而真正的作者——我，却成了读者。二十多年来，我有多少文章被人剽窃，更是无法统计。我知道自己可以“拿起法律武器”，但我哪里有那个精力？

《爱心与教育》出版不久，我就发现了盗版。那年我在湖南某县讲学，校长很真诚地说他给学校的每位老师都发了一本《爱心与教育》，希望我能够给老师们签名。结果老师们把书给我的时候，我发现，全是盗版！但我依然认真地给每一位老师签名，因为错不在老师们，相反老师们也是受害者。还有一次我在内蒙古某地讲学，也有老师拿《爱心与教育》给我签名，我一看，连封面都给我换了！当时那个心情，就像看到自己失散多年之后的孩子终于找到了，但孩子却被人打得面目全非！

虽然如此，我也没有打过官司——其实也想过的，只是嫌麻烦，懒得打官司。

二 还是忍了吧

近几年，还有一种侵权行为一次次向我袭来，就是一些社会培训机构在会议通知上写上我的名字，可我根本不知情。现在全国各地请我讲学的也不少。说真话，由于种种原因我一般是不愿意过多外出讲学的。但很多时候的确非我能够拒绝，比如朋友邀请呀，领导说情呀，有人还通过教育行政部门甚至教育部给我打电话，所以我的日程还是排得满满的。其实我很感动，全国各地的老师对我那么真诚，我和大家通过讲学见面交流也是应该的。但是，现在许多培训广告都打着我的名字，相当多的时候我根本不知道，培训机构也没有给我说过，换句话说，这些广告单上写我的名字，和我没有一点关系！但老师们却信以为真，于是风尘仆仆赶来，而实际上根本见不到我。这是对双方的伤害：听课的老师和我。

有一次，安徽芜湖（哪个单位我忘记了，反正地点是在芜湖）举办什么培训，讲学老师的名单上就有我，许多老师赶去，开会时主办方解释说："李老师因临时有事不能前来。"老师们对我的怨恨可想而知。但实际上我根本不知道有这么回事！我也是从后来给我电话抱怨的老师们口中才得知，我居然被他们写到了广告单上！

还有一次，河南省某研究会邀请我去讲学，地点在灵宝县。他们是开会前一年就给我说了，当时我答应了。但半年后我母亲生命垂危，我便赶紧给他们打电话说我不能去了，请他们谅解。注意，这时离他们开会还有好几个月。但是到了开会的时候，他们依然把我的名字列入"讲学名师"的宣传单。这是我事后在我的博客留言中知道的。一位老师写道："李老师，这次灵宝会议，我校名额有限，轮不上我，但因为有你出席，我为了一睹您的风采，自费出席了会议。但遗憾的是，没有见到您！”我当时的难受无法言说！于是，马上打电话过去追问有关人员，为什么要这样。对方支支吾吾，以“失误”来搪塞。我也无奈，只好作罢。但我打定主意，从此以后他们的活动我不再参加！

类似的事，我当然很气愤，但也没有想过要打什么官司，毕竟太麻烦。算了，还是忍了吧！

然而，我虽然“算了”，侵权者却并不“算了”，于是，不少“故事”还是找上门来了。

三 羊头与狗肉

最有“意思”的是那次“中国教育学会某研究分会”和我开的“玩笑”。因为实在“有趣”，这里容我细说一下——

一天晚上，我收到一位素不相识的老师发来的手机短信：“尊敬的李老师，您本周去合肥做报告吗？我收到您做报告的会议通知，准备前往。不知准确否？请您百忙中回复一下，不知可否？”

我吃了一惊，赶忙回复：“与我无关。”我请这位老师把主办单位的联系电话告诉我。

过后我仔细想了想，曾经有叫“中国教育学会某分会”的请过我，希望我能够参加合肥的报告会，为老师们做报告。当时，因为时间冲突，我便明确说我去不了。他们便表示理解。

会不会就是这家单位呢？

第二天我来到办公室，前一晚给我发短信的那位老师把会议通知发到了我信箱里，我打开一看，果真是“中国教育学会某分会”举办的培训班报名的会议通知。

通知上“会议日程安排”赫然写着我的名字和介绍，还有报告题目——

李镇西：成都武侯实验中学校长、博士、全国有突出贡献的优秀专家、全国优秀教师、全国优秀班主任、新教育实验专家、中学语文特级教师、全国十杰教师、享受政府专家特殊津贴（基础教育界流传着一句话：“北有魏书生，南有李镇西”)。

主讲：班主任专业素养及班主任队伍建设——追求充满人性的德育。

这段介绍不伦不类，漏洞百出。我从来就没有获得过“全国有突出贡献的优秀专家”“全国优秀班主任”“新教育实验专家”等称号。还有我的所谓“主讲题目”也不伦不类，连文句都不通，纯粹是主办方的杜撰。

再看会议通知的发出时间，是几个月前的日子。我的天！我根本就还没有答应要参加这个会，可人家已经把我的名字写上去了！

我不知道开会那天，当老师们得知我并不到会做报告的时候，主办方如何给老师们作解释。当然，他们很可能这样解释：“本来李老师答应了要来的，可是临时遇到特殊情况，李老师不能来了，特委托我们向大家表示歉意！”

可老师们并不知道，我完全是蒙在鼓里的，被人家“绑架”了。

这将极大地损害我的声誉。在这之前，已经有过一些机构就是这样欺负我的。我不止一次接到老师们的电话或电子邮件，问我为什么答应了要做报告可临时却变卦？

我拨通了给我发手机短信的那位老师的电话，他说：“我曾反复问主办方，李老师是不是真的要来？对方很明确地说，已经确定了，肯定要来的，连李老师往返的机票我们都帮他订了！”

我的天，如此撒谎居然不脸红！

于是我马上在我的博客上写了一篇博文《质问“中国教育学会某分会”》：“请问‘中国教育学会某分会’，你们对我有起码的尊重吗？你们什么时候给我订的机票？你们为什么要欺骗广大的老师？你们为什么要这样做？我要求你们向我表示书面歉意，并在你们开会那天，公开向老师们说明真相，承担责任。否则，我保留法律追究的权利。”

写完博文，我突然想，万一那位老师给我说的情况不确切或有夸张呢？于是，我按会议通知上的电话号码，以普通老师的身份给主办方打电话，问：“我想问问，李镇西老师是不是真的要来？”对方的答复果真是：“肯定要来的，你放心！”我一听，真的很生气，但我还是压抑着不满又问：“你们怎么能够这么肯定呢？万一李老师来不了呢？”对方说：“告诉你，李老师肯定要来的，连他往返的机票我们都帮他订好了！”我再也压抑不住我的怒火了：“我就是李镇西！你们什么时候给我订的机票？你们知道我身份证号码吗？”对方马上说让领导给我说，我说：“好，我等你们领导。”可等了一会儿，对方说领导不在。我估计是领导不敢接我的电话。后来我明确表示，你们必须在那天向老师如实解释清楚！对方支支吾吾，一句话也没说清楚。

后来真到了“那天”，果真有老师见我没来，便和主办方闹上了。次日《合肥晚报》还以“邀请名师讲学，名师蒙在鼓里”为题作了报道，并配了一副《挂羊头卖狗肉》的漫画。

尽管当时非常气愤，真的动了打官司的念头，但最终也是怕麻烦，所以也没去追究，此事不了了之。

经常还有不少老师打电话来问我是不是要在北京、大连、黄山、厦门等地讲学，因为他们都收到通知了，我说：“这些都和我无关！我根本不知道！”后来他们把这些“培训通知”发给我，我一看，主办方现在很精明了，他们在我的名字前，写了两个字：“拟请”。好像这样一来，就天衣无缝了：我也没有说一定要请你呀，不过是“拟请”嘛！但这对广大老师来说，无疑是一种误导，或者干脆说就是一种不露声色的欺骗。

为此，我又在博客上发了一篇文章《谢绝“拟请”》，郑重声明：第一，未经本人允许，请各培训机构不要擅自在通知上写我的名字。第二，如果要邀请我，请事先与我沟通。第三，本人谢绝任何培训机构“拟请”。

但这样的声明效果甚微，人家照样多次“拟请”我。

四 享受“部级待遇”

这样的“被讲学”总是层出不穷。

2011 年 3 月 21 日，一位网友给我在网上留言：“您真参加临沂某中学的研讨会吗？”我大吃一惊，我根本不知道这事啊！没有任何人通知我。我马上意识到，我又被某些人蒙在鼓里了——我曾经多次这样“被讲学”，明明自己不知情，可参会的老师都以为我要去，到了开会那天，主办方会对老师们说，因为临时的特殊原因，李老师不能前来参会。最后，老师们会说我不守信用，我的声誉自然受损。

我马上请这位网友把会议通知给我发来。第二天，我收到网友发给我的这份“会议通知”。

会议通知标明的主办单位是“中国教师发展基金会”还有协办单位和承办单位，均为临沂当地的有关部门和学校（这里暂且隐去其单位名称）。该通知列出的主讲专家有：中国教师发展基金会秘书长杨春茂，教育部基础教育司副司长王定华，教育部基础教育课程教材发展中心副主任曹志祥，上海市建平中学校长程红兵，全国教育系统劳动模范韩军等等。

我也被列在“出席论坛的领导和专家”名单中，但我的身份被“提升”为“国家督学”！那一刻，我甚至觉得人家并没搞错，因为人家请的是一位和我同名同姓的“国家督学”。可是我怎么不知道居然还有一位“国家督学”也叫“李镇西”呢？

收到会议通知的当天中午，有一个陌生人给我电话，他自称是“中国教师发展基金会”的，说邀请我下周一去临沂讲学。我马上就质问他们：“你们为什么不征得我同意就把我的名字写上去了？”我说：“你们早就把通知发出去了，现在快开会了才给我说这事。我不可能去！”他做出很吃惊的样子，说：“他们教育局事先没给你说吗？我不知道这个情况。”我听他的意思，是临沂教育局做错了，便说：“请你转告他们，一定要给我道歉！”

我当即决定写篇短文抨击抨击这种现象，但一看主办单位是“中国教师发展基金会”我犹豫了，因为该基金会的秘书长杨春茂老师是我非常好的朋友，而且他的名字也在“出席论坛的领导和专家”之首，在他之后是教育部基础司副司长王定华。于是，我打算先打电话问问杨春茂老师再说。

我马上拨通了杨春茂老师的手机，我直截了当地问他：“为什么你们中国教师发展基金会搞活动，也不给我说说，就把我的名字写上去了？”杨老师听了感到莫名其妙，他说他不知道这事啊！他还问我都有哪些单位参与举办，我说有临沂的哪些哪些教育机构和学校。我还说，通知上还写着王定华的名字呢！

杨老师再次说：“如果你不给我打这个电话，我真的不知道这事！”他还很肯定地说：“王定华肯定也不知道！”他叫我把通知也发给他。

结束了和杨春茂老师的通话，我又拨通了程红兵的电话，他也说今天是接到一个自称“中国教师发展基金会”的人的电话，要他下周一去临沂讲学。我给程红兵说了这个通知的内容和我与杨春茂老师通话经过后，他很吃惊，也很生气。

是呀，怎么能不生气呢？

至少有一点是明确的：我、杨春茂老师还有程红兵都被某些人利用了——我们都“被讲学”了！而且更离奇的是，此活动号称是“中国教师发展基金会主办”，可是这个基金会的秘书长居然不知道！因此，我怀疑，中国教师发展基金会也“被主办”了。那么，是谁导演了这场“恶作剧”呢？

我想起了上次“安徽被讲学”的事，决定再开一次玩笑，便按会议通知上的电话，拨通了临沂会务组联系人的手机。我问：“李镇西老师真的能去参加临沂的会吗？”答：“当然了。”再问：“你怎么知道他会去呢？”再答：“他们已经联系好了！”我说：“我就是李镇西，我怎么不知道呢？”对方马上叫另一位来接我的电话。我表达了我的惊讶和不满。对方说：“是中国教师发展基金会帮我们联系的专家。”我说：“连中国教师基金会的秘书长都不知道你们请了他！”对方也很惊讶说：“原来是这样！那我们要追究中国教师基金会的责任！”然后他们向我表示歉意，说马上和北京联系，然后一定给我一个答复。

看来，山东临沂方面也被蒙了。说实话，我多次去过山东，包括临沂。山东人的朴实真诚热情，给我以深刻的印象。连这样的人都要蒙骗，请问某些人：你良心何在？

过了几天，临沂方面来信表示歉意，并说明他们是和“中国教师发展基金会”合作，根据双方签署的“合作协议”，邀请专家、名师及与会领导是“中国教师发展基金会”的责任，山东省临沂市以外的与会人员也由“中国教师发展基金会”负责。临沂方面主要负责邀请临沂市内的与会人员，沟通本地领导，安排大会会场。所以临沂方面也是受害者。

后来我当然不可能去临沂参加这个所谓论坛，据我所知，杨春茂、程红兵等人也没有去。不过，我也没继续追究，实在是因为精力有限。此事最后不了了之。

这次和教育部官员一起被“绑架”，也算享受了“部级待遇”了。

五 被主编和被人主编

还有一种隐性侵权，就是以我的名义出版著作。某出版社说要出版一本家庭教育的书，希望我任主编，我本着以人为善的想法口头答应了，而且认真看稿。但书出来后，连书名都不是我认可的，内容更是与我的想法相去甚远，而且有许多错误。但封面却赫然写着“李镇西主编”。不知情的人还以为真是我主编的呢！其实我一没有签订主编合同，二没有拿一分钱的主编费，却承担该书质量低劣的“声誉”，我感觉我被“绑架”了。

类似的“绑架”还不止一次。某素不相识的年轻教师“主编”了一本大概是谈“优秀语文教师教学艺术”的书，将我的一篇高中语文课堂实录文字编入其中，也有上万字呢！然后要和我签合同，同意被他主编。我看了他帮我“主编”的文字说：“你先斩后奏，这不是绑架我吗？”真让我为难。最后心一软，还是签了合同，因为我想，年轻人也许急于上进，急于出成果，我帮他一把吧！但我要说，现在不少年轻人就是这样“著作等身”的，什么“听名师讲课”呀，什么“名师的99个好习惯”呀，什么“名师成长的100个秘诀”呀，反正从名师那里东一篇西一篇拿来拼凑就是了。十多年前，编这样的书还需要剪刀加糨糊，现在不用了，只需用鼠标轻轻一点，“复制”加“粘贴”就可以了。这也算“进步”了。

六 我的老照片居然还有“商业价值”

2009年4月的一天晚上，朋友吴法源给我电话说他正在济南某电影院看电影，发现电影院正在播映《高考1977》，而该电影院的商业广告上正是被放大了的我当年高考的准考证——19岁的我，正羞涩地在广告上看着影院熙熙攘攘的观众们。当时我还没在意，心想这不是帮我宣传吗？后来朋友李炳亭说这是严重侵权，并愿意帮我追究。其实，就在那时，我也没想过真要和他们打官司，这倒不完全是因为怕麻烦，而是我感到这种侵权对我的伤害并不大，所以我便委托他去找电影院协商，我的条件很简单：第一，赔礼道歉；第二，撤下广告。我根本没有想到要索赔什么的。后来炳亭帮我请的代理律师去交涉，结果人家见都不愿见！没办法，那我就认真一回：诉诸法律。感谢李炳亭兄和被我全权委托的律师，经过半年的周折，最后的结果是对方败诉，并赔偿一万元。那年 12 月我去济南拿赔偿金，手里捏着一万元钱，说实话我心里很不是滋味，心想，对方何苦呢？不就道个歉吗？

这是我第一次打官司。我最大的收获不是得了一万元赔偿金，而是知道了原来打官司并不是我想的那么复杂那么麻烦，很简单嘛！

七　光盘侵权

我还遭遇过另一种侵权。一天，我大连的一位朋友任老师给我来电话，说看了我的演讲光盘很受感动。我问是什么光盘，她说了名字，叫《骨干教师成长》。我一惊："我从来没有委托任何人出版这个光盘，而且我一直不知道我居然有这光盘！"后来一了解，原来是某机构几年前就将我的一次讲学拍摄下来，擅自做成光盘出售。

当我去电话追究的时候，对方说："你当时同意拍摄的，当时我们说要拍些资料，给边远老师。"我完全蒙了：我怎么可能同意？如果我同意了怎么没有合同？后来我仔细想了想，也许（我只是尽可能善良地猜想）按我的为人，我可能会同意他们录制内部资料，但绝不可能同意他们拿去商业制作并公开发行。如果要正式出版发行我的光盘，至少要和我签订合同，这起码的规矩我还是懂的。如此明显的侵权，对方居然根本不承认。我很寒心！在这之前，我和对方还算是朋友，我追究他们也不是为了几个钱（本来如果索赔也是理所应当的），只希望他们诚恳认错，但这点起码的要求对方都不答应。那一刻，我懂得了什么叫商人！

本来道个歉也就算了，可对方居然连侵权都不承认。我只好起诉了——真是"逼上梁山"。我委托我的学生帮我打这个官司。一听说被起诉了，对方态度马上改变，多次给我联系表示承认侵权事实，并向我表示道歉。可我依然坚持起诉，直到顺利进入司法程序。2010 年 11 月 4 日，就在要开庭的前夕，对方表示愿意调解。我想了想，毕竟原来是朋友，算了，那就调解吧。最后在法院的调解下，对方赔偿四万元（含有关律师的费用），这事也就以"和平方式"了结了。

八 向李镇西“学”什么？

2010年5月的一天，我在校园里看到同事刘朝升老师手里一本新书，便问：“什么书呀？”我看见老师们读书总是很高兴。刘老师把书给我一亮：《向李镇西学什么》。我一惊，居然有这样的书！刘老师也很吃惊：“你难道不知道？我还以为是作者和你商量后写的呢！”

我拿过来翻了翻，作者以“研究”的名义，归纳了“向李镇西学习”的若干方面：“向李镇西学”提升自我的专业素养呀，“向李镇西学”讲究育人之道呀，等等。但仔细看内容，我的疑惑却更大了：许多章节怎么都是几乎原封不动地用我《做最好的教师》《以心灵赢得心灵》《做最好的班主任》等著作的内容呢？说是“几乎”，是因为也有“改动”，比如，把人称变了，我的著作都是第一人称“我”认为什么什么，而该书改为“李镇西老师”或“他”认为什么什么；又比如，我的原文是“毋庸置疑”，该书改为“毫无疑问”；再比如，我的原文是“风格的背后是思想”，该书改为“个性的背后是思想”，等等。我认真做了统计，《向李镇西学什么》一字不差地用我原文的篇幅超过了该书总字数的三分之一还多！

这显然是打着“研究”李镇西旗号而进行的一次恶意侵权。侵权者归纳了那么多“向李镇西学什么”，唯独少了一章《向李镇西学维权》。

我后来通过各种途径找到本书“作者”的电话，并给他打去了电话，表明我的态度：第一，停止印刷；第二，赔礼道歉；第三，承担一定赔偿；第四，给我寄两本《向李镇西学什么》来。开始对方态度尚好，他表示愿意和我协商解决此事，而且很快把书给我寄来了。我们都同意继续沟通，争取以协商的方式妥善处理这件事。

后来，我一个从事律师工作的学生来看我，我自然聊起这事，我向他咨询相关事宜。我也给他说了，对方愿意协商解决。我这学生便说：“李老师的想法是对的，先不考虑打官司，最好是协商解决。这样吧，您很忙，这事就交给我了，你不必再操心了。我和他联系，与他沟通一下，商量如何解决这件事。”我说：“好，你就帮我和他沟通吧！”

几天后，后来这位学生给我打电话说，“作者”一听说他是律师就火了，态度很不好。不一会儿，“作者”直接给我打电话，也对我发了一通火，对我进行了严厉的谴责：“你李镇西有什么了不起！我还出版了很多书呢！你说我侵权，其实你要感谢我，因为我的书帮你的著作做了宣传……”还有很不讲理的话，这里就不引了。

其实，直到那时，我也没想真的要起诉他。当天，我给“作者”去了一封电子邮件——

××老师：您好！

今天我俩通话，我能感到您的激动和冲动。五月我曾与您通话，并达成协商解决的共识，因此今天您突然接到律师电话，感到突然，因而冲动，我表示理解——站在您的角度看，您还在等我的电子邮件，却突然接到律师的电话，心里自然窝火。

尽管您在电话里说了一些不太理智的话，但我理解您当时的心情。并且我也能够感到您其实还是希望能够协商解决的(不然您不会给我打电话)，因此，我先就律师找您的事解释几句——

五月和您联系后，我校正逢迎接中考、指导学生填志愿、学校招生等一系列事，我忙得焦头烂额，确实没来得及仔细思考这事，当时想的是待七月份暑假后再跟您联系。上周我一学生来看我，他是搞法律的，所以自然我就向他咨询有关问题。说到《向李镇西学什么》一书，他看到我太忙，便主动提出帮我处理此事。我给他说了您愿意协商解决的意愿，他说他代我和您商谈就可以了，叫我不必再操心此事。因此，我就答应了。

情况就是这样的。您不必再有其他误解。由于我的疏忽，未能及时与您沟通，对此，我表示真诚的歉意！

这样好不好——还是让事件退到我俩协商解决的状态，如果实在谈不好，再通过其他途径解决。您说好吗？请相信我以人为善的真诚！

侵权是无可争议的，对此我不打算多说了。但我这里要说的是，承认侵权的客观事实，这是我们协商的前提。

其实，在您之前，也有人出过类似的书，我的态度都很宽容，从未苛求过人。如果您事前与我联系沟通一下，这件事完全可以成为我们的一次良好合作。我的不满，主要在于您的书中超过三分之一的内容几乎一字不差地直接引用我的原著，而事前一点都不告知我。这无论如何是说不过去的。说实话，我从来没有想到过要以此敲诈您一笔钱，我也不缺钱，但至少对此事要有一个公道的说法吧？

我仅有三个要求：

1. 您明确向我表示道歉。不必公开道歉，但须以书面形式向我表示真诚的歉意。

2. 我不要求您停止发行《向李镇西学什么》一书，但必须停止继续印刷《向李镇西学什么》一书，也就是说该书不能以任何形式再次出版。

3. 支付我合理的稿酬和一定的赔偿金。

我不认为我的以上三个要求有什么无理和苛刻的地方，希望您能认真考虑，并及时给我答复。我们都应该算文化人，有起码的修养和教养，希望能够彼此理解，更彼此尊重。如果您能够在三天之内给我积极的回复，我会保持对您的尊敬。当然，如果事与愿违，我就不得不通过法律渠道解决了，但这实在非我所愿。

恭候您的答复。

祝

夏安！

李镇西

2010 年 7 月 5 日

这封信的真诚是显而易见的，可遗憾的是，我没有收到“作者”的回信。我想，尽管我规定的期限已过，但还是再等等吧。

但我一等再等，也不见“作者”回信。于是，我决定起诉。我委托我的朋友小万全权代理去应对。小万经过一番辛苦，做了很多前期工作，最后起草了起诉书，送达那位“作者”。

这次“作者”的反应堪称快捷，赶紧给我寄来了一封手写信，明确表示自己侵权，这让我的心又软了，犹豫着是否终止起诉他。可没几天，“作者”又来了一封长长的电子邮件，完全否认他之前已经承认的侵权事实。在这封信中，他还说：“《向李镇西学什么——李镇西教育思想在教育实践中的应用》一书不但没有损害您的声誉，而且还提高了您的知名度和美誉度，对您的教育思想起到了更好的宣传作用。所以我百思不得其解，我苦心对您的教育思想进行研究，是符合国家教研的大方针，也是您学校在大力推广的。我通过本书对您的教育思想进行正面宣传却招来了您的起诉，真是让我费解。”他还说，我请的律师很不严谨:起诉书的第二页第四行《向李镇西学什么》却写成《向李镇西学习什么》，书名都错了，可见工作是多么不认真，不严谨。我看到这里就笑了：作者前几天寄给我的道歉信中有这么一段:“由我主编的《向李镇学什么》一书中引用了您的文章，没有提前向您说明，并且引用过多，侵犯了您的权利，再次我真诚地向您道歉！”且不说几天前才向我道歉现在又不承认侵权，但看他信中“由我主编的《向李镇学什么》……”连我的名字都给改了:“李镇西”被他改成了“李镇”！其实，我知道他是笔误，所以从没在意。可他却抓住我律师所写起诉书上把“学什么”写成“学习什么”大做文章，这不滑稽可笑吗?

看来，前几天的所谓道歉并非出自诚意，我决意把这个官司打下去。后来，他和出版社都多次表示要调解，我明确拒绝了。2010年11月的一天，该书责任编辑专程到成都来我校看我，此前电话里就表示要和我调解，希望我能够撤诉。我在电话里明确表示不接受调解，然后说来看我可以，但不提“那事”，因为我要说的都已经说得很清楚了。他说不说那事，就聊聊天。于是，我很有礼貌地接待了他，没想到“作者”居然一起来了。我依然很热情地和他们在办公室聊了起来。在这过程中，双方都客客气气的，自始至终都没说“侵权案”。

2011年1月19日，本案开庭。不久，一审判决我胜诉，要求对方停止侵权并赔偿我经济损失及我为制止侵权所产生的其他开支共三万元。对方不服，提出上诉。2011年10月20日，成都市中级人民法院作出终审判决:“驳回上诉，维持原判。”

九　不做“叶公”

记得我曾经在博客上写我依法维权的事，绝大多数网友对我表示理解和支持。但也有少数网友（我想他们同时也是老师）不太赞同我的做法，他们觉得我不必这么认真，要我“得饶人处且饶人”，要我宽厚一些。有了几次维权经历，我坚定了自己以后继续依法维权的决心。

因为，前面我已经说过，其实依法维权并不麻烦，委托一位律师，自己基本上什么都不用管了。为什么不去做呢？多年来，被侵权者的一再忍让，正是侵权者肆无忌惮的原因，换句话说，是我们的宽厚纵容了这些人的猖獗。我还想特别强调的是，关于民主与法制，知识分子说得最多，可为什么一些知识分子（包括过去的我）一遇到有悖甚至有损民主与法制的现象，就"宽容"起来了呢？这不是叶公好龙又是什么呢？我们写一万篇呼唤法制社会的文章，还不如拿出一次维权的行动！要知道，我们每一次身体力行的维权，都是在点点滴滴地推动中国法制的进程。

《小崔说事·因我而幸福》的台前幕后

一

六月中旬，突然接到一个电话，话筒里面传来的声音陌生而甜美。对方自我介绍是中央电视台《小崔说事》节目组的编导，叫林卉，听说我校的民主管理成效突出，想邀请我去中央电视台做节目，让我去讲故事。

当时我说快到期末了，我很忙，可能没有时间；马上学生也要停课期末考试了，找学生拍摄也不太容易；再说，我校的做法很不成熟，也没什么可以讲的。我这样说的目的，其实是委婉地表示不想做。

林卉说，从什么角度拍，他们也没考虑成熟，让我也考虑考虑。

说实话，我的确不太想做，真实的想法是我已经够张扬的了，中央电视台都去过好几次了，包括《读书时间》《实话实说》等节目。而我校上半年出了点事，我的心情还没完全调整过来，现在就这么高调地上中央电视台，我的心理素质还达不到。另外，我们学校也说不出什么新东西，我们学校做的别人都这样做，非要把芝麻说成西瓜，我也不习惯。

走进《小崔说事》

因此，当时我想，如果林卉不再来电话，那这事就算了。

后来雷局长知道这事了，通过办公室主任告诉我，雷局长要找我谈谈。于是我和我校何书记便去了雷局长办公室。雷局长非常明确地说："做，一定要做！你就实事求是地谈你们做了的，不用夸大其词，实实在在地讲就可以了。这不是展示你一个人，而是展示你们学校，同时也是展示武侯区教育的形象。"

好多人都认为我有个性，能够我行我素，其实，我承认我还没有"特立独行"到完全不听教育局话的程度。而且雷局长说的也有道理，我不能只考虑我个人，要考虑到我们学校和武侯区的教育形象。

于是，我主动给林卉打电话，问具体什么时候做节目，而且我提出不是我一个人讲故事，最好是去一个团队，我带着几个老师和学生去讲。

林卉很爽快地答应了。

二

这年头，各种媒体的有偿报道太多。经常接到办公室座机电话："您是李校长吗？"

"是，我是李镇西。请问……"我总是很警惕而客气地应对。

"哦，是这样，听说李校长您的教育理念非常先进，学校办学成绩也非常突出。我们想给您做个报道，帮您提炼提炼……"

多年的经验，让我马上问："你们这是要收费的吧？"

"不，我们不收采访费，也不收版面费。"对方说，"只是后期有一点点制作费。"

我马上斩钉截铁地说："对不起，我们不做。"

“李校长，你听我说，听我说……”对方急了。

“告诉你，我当校长有一个刚性原则，凡是有偿的报道决不做！请理解。”我把电话挂了。

有了这些媒体做衬托，中央电视台至少在这一点上堪称风清气正。十多年来，每次去中央台做节目，从来没有“制作费”一说，而且连往返机票都给我报销。

这次林卉说她们一行三人要到我校做前期采访，我便问：“需要我们给你订机票吗？”

电话那头林卉赶紧说：“不用不用，你不用管了。我们自己解决！”

这就是中央电视台，这就是《小崔说事》节目组。

三

林卉一行在学校待了几天，充分走访老师和学生。我很忙，不能全程陪同，但林卉非常理解：“你忙你忙，不用管我。你只给我留出一个小时和我聊就可以了。”

于是，她自己去和一些老师座谈，和李青青老师聊天，和邹显慧老师聊天，和王露霖聊天……

她对我说，邹显慧老师的故事让她特别感动，李青青老师让她觉得特别有趣可爱。我给这两位老师的情况做了补充。我说——

邹老师是一位神奇老师。武侯实验中学的老师都知道，邹老师有一绝，那就是带“差班”，她转化后进生有令人佩服的本领和成就。她所带的班级有两个特点，一是“烂”，也就是我们常说的“糟糕”，班风差；二是中途接班，常常当“后妈”，别人带不好的班，她便接了下来，然后这个班必然发生神奇的变化。

邹老师把一般老师看来非常艰苦的工作当作了自己自然而然并且富有情趣的常态生活。转化后进生，是一项相当艰巨的工作，需要付出很多很多，但邹老师却做得那么轻松愉快，那么游刃有余，那么潇洒自如。当然不是说邹老师在转化后进生的过程中没有遇到过困难，我想所有转化后进生的老师遇到过的问题，邹老师都遇到过，邹老师转化后进生的过程也相当艰难，问题是她把这一切都看成是生活的常态，是生活的组成部分，以从容的心态面对，于是，转化后进生便成了一种充满乐趣的生活了！

关于李青青，几年前我真不敢相信她会变成这样。那时，经常会有家长举报，说李青青“侮辱学生自尊”呀什么的；学校也不时有人给我反映李青青这样不好，那样不对；我亲自收到过一封学生的信，要求撤换李青青。我也的确为她感到过头疼。有一次教育局接到关于李青青的举报，便要我严肃“处理”她。虽然李青青倒没有和我直接顶撞过，但我感觉得到她心里对我是有抵触情绪的。

李青青的转变开始于我安排她当班主任。我为什么会让她当班主任呢？因为即使我在大会上公开批评她的时候，我内心深处也从没把她当作不可救药的“坏人”，相反，我一直认为青青其实很单纯，单纯到把什么都看得很简单，她那次被家长举报“侮辱学生自尊”，其实就是她和学生开玩笑过分了一些，学生倒不觉得什么，家长却“引起了重视”。这份单纯，有时候会让她犯了错却浑然不觉。当然，不是没有一点风险，但可以给她找个“师傅”随时指点她提醒她呀！后来，年级主任郑聪老师成了她的师傅。

信任，有时真能产生奇迹，无论对学生还是对老师都是如此。后来青青的变化确实令人惊讶，青青忘我的投入简直“骇人听闻”。但她的付出换来了回报。开学第三个月的常规检查，她的班以全部合格的结果完胜。开学第四个月的元旦节假期，当她宣布，大家回家好好休息都不做作业的时候，大多数同学表现出的却是迟疑和失望——要知道这些孩子曾经是那样的厌恶作业啊！期末考试，同学们以全科进步，总评进步 6 个名次的成绩回报学校，回报老师，回报父母，也回报了他们自己！

林卉即定下让邹老师和李青青老师去北京演播室做节目。

四

我对她说，我们学校有故事的老师还有很多，我给她讲了潘玉婷老师的故事——

有一年，潘老师班上转来了一个成绩不好，患有严重抑郁症的女生，十分令人头疼。我提出将这个女生退回去，但潘老师不同意：“这女孩是很令人头疼，但也很可怜。我接触才一个来月，但是她已经非常信任我了。她说她不愿和爸爸妈妈说话，但特别信任我，什么话都愿意对我说。她还说，自从她的父母离婚后，我是她第一个信任的人。这样的孩子，她好不容易信任我，我却把她推走，她会绝望的，她以后会怎么样，我实在很担心！”

就这样，这女孩留在了潘老师班上。

对于一个“问题孩子”，潘老师从建立感情与信任入手赢得她的心。她告诉女孩：“你有什么话都可以对我说，我会为你严守秘密的。”当然，建立感情并让孩子信任自己，绝不只是靠一句话就可以成功的，更重要的是行动。潘老师对她倾注了太多的爱。那年“三八”妇女节那天，潘老师还邀约女孩一起去看电影。

平时，潘老师对她的关心更是无微不至，包括督促她去找专业医生治疗抑郁症。潘老师在她身上倾注了许多心血。总之，最后的结果是，这个女孩后来发生了可喜的变化，性格开朗了，成绩也有了惊人的提升——刚来的时候，她的成绩在全年级900多学生中名列最后几名，但到了初三，居然提升到了四五百名，最后考上了高中。

女孩的母亲来见潘老师，竟然给潘老师跪下了，她说：“我对这个女儿早就绝望了。曾经去算命，算命的人对我说，你的女儿以后会遇上一个贵人的。我没想到，女儿转到武侯实验中学果真遇到贵人了！贵人就是您潘老师啊！”

潘老师的故事感动了林卉，她说一定要说服潘老师去北京，而且把那个女孩也一起带上。但我给潘老师打电话时，潘老师正生病住院治疗，输着液呢，实在无法长途奔波。

只好作罢。这让后来播出的《小崔说事》少了许多催人泪下的故事。

五

在和林卉聊天的过程中，我还谈到许多老师的成长，比如拜我为师学做班主任的刘朝升老师。讲到刘朝升，我自然谈到一些案例，而这些案例又引出了一些学生。

王露霖，因从小面部受伤而毁容，但在我和刘老师还有全班同学的关心下，她快乐而阳光地成长着。李俊，刚进初中曾经因一时糊涂而拿了班上其他同学的钱，但在我的巧妙帮助下，他不但改正了错误，而且以后三年非常关心集体。

林卉被这两个孩子的故事打动了，很想把他俩也请到北京，但有一个难题绕不开——如何保护孩子的尊严与隐私？

是呀，王露霖受过伤的容貌能够上电视屏幕吗？李俊犯的错误又如何在节目中呈现？

我当时想，宁肯牺牲节目的所谓“精彩”，也不能伤害孩子。林卉也同意我的想法。我们几乎都要放弃让他俩一起去北京做节目的念头了。

但是，我还是在心里想，有没有两全其美的办法呢？

关键是两个孩子怎么看这个问题。

我找到王露霖，试探性地问她愿不愿意在电视里讲自己的故事，她不假思索地说：“可以呀！”其实，她的表态我并不意外，因为三年来，她从不在乎别人怎么看她的面容。她曾经在班上演讲时说：“人的美丽在心灵，人的高贵在精神！”所以她赢得了全班同学的尊敬，因此曾被评为“阳光之星”。

李俊也很爽快：“我初一犯的错误，都过去很久了，而且我也改正了。给大家说说没问题的，谁不犯错误呢！”

呵呵，我们以为很难的问题，就这么简单地解决了。

于是，武侯实验中学“进京团”的成员敲定了：我为团长，团员有邹显慧、李青青、刘朝升、王露霖和李俊。

来回交通费全由《小崔说事》包了！当然，我的交通费自己解决——因为北京有人请我讲学，来回的机票费就给“小崔”节省了。呵呵！

一行六人，浩浩荡荡，开开心心，向北京进发！

六

我一直认为，如果只说男性主持人，中央电视台只有两个人令我敬佩，一位是白岩松，一位是崔永元。

如果硬要将两人比个高下，那我更欣赏崔永元。不只是他的幽默和机智，也不只是他主持节目的风格，更主要的是他的纯粹与正直。其实，我从没见过他。那年我应邀去做《实话实说》节目，他刚刚离开这个栏目，主持人换成了和晶。但我看他的节目，看他的文字，总觉得透着一股正气。在我们这个时代，说真话难，但他说了。而且他疾恶如仇，经常可以听到他对一些社会丑恶发出的抨击之声。

还在成都，林卉和我聊了几次之后，便说："你和崔永元有很多共同之处，肯定很谈得拢。"

我很有自知之明，自己哪能比得上崔永元，但林卉这样说，我认为这是对我最高的评价。

崔永元的《电影传奇》，我是每期必看，绝对是忠实粉丝。他比我小几岁，但还算是同时代的人，所以我们有着共同的时代记忆。看《电影传奇》，我感到是在重温我的童年和少年。

听说崔永元患了抑郁症，睡不着觉，我特别着急，因为我年轻时也曾失眠，所以能够体会那种痛苦。但我帮不上忙，而且因为不认识他，连对他说句安慰话都不可能，只能在心里默默祝福他。后来听说他的病好多了，我竟然莫名地高兴起来。

那天，做节目前在化妆室第一次看见真人崔永元，我没有感到他有什么特别，毕竟在电视里见得太多了。但我有点意外的是，他个子居然那么高，至少一米八。平时在电视里看不出那么高啊！

和他简单聊了聊，感到他朴素而朴实。我说："我那年去做《实话实说》，你已经离开了，没见着你，很遗憾。但今天总算见到你了。注定要见到你的。"

他笑了。

我问他的睡眠怎样，他说现在还好。

他对两个孩子，那种亲切是发自内心的，而不是作为主持人的故作姿态。

正直而善良，我认为这是崔永元特别突出的品格。联想到他利用自己的影响筹集巨资帮助贫困失学儿童，资助山区教师，一切都很自然了。

我把拙著《我的教育心》签名赠给他，他回赠我一本他的《我的抗战》。

另外一位主持人王雪纯，我也不陌生。很多年前，我就看过她主持的《环球》节目，是一档谈国际时事的。她不算美丽绝伦，但无论她甜甜的笑容，还是浑身上下散发出的迷人气质，都有一种属于她的特别的美，让人看上去觉得特别舒服。尤其她的声音，特别悦耳柔和，真如银铃一般。但她一笑起来，又特别肆无忌惮，暴露了她的天真无邪。她对王露霖的呵护与爱怜，让人看到她自然而然流露出的善良天性。

开始做节目了。就像以前做《实话实说》一样,《小崔说事》绝不排练，事前两位主持人也不给我们说任何关于访谈的事，一切都是即兴发挥。这也体现了崔永元求真的品格与风格。

正如大家已经在节目上看到的，访谈是从我开始的。我的确有一点点紧张。紧张什么呢？其实，我紧张的原因，可能大家猜不到。我就是怕我说话太快。因为我这个人说话包括讲学演说，有一个毛病，就是语速很快，说着说着就把每一句话最后几个字给吞了，人家听不清楚。所以，我出场前反复在心里提醒自己，说话一定要从容，要沉稳，不要急促。这样一来，我说话就不够自然了，因为老要提醒自己不要说快了。

不过，总的说来，我觉得自己说得还不错，只有一点点紧张，也不特别严重。

本来，雷局长希望我在节目中要说到政府对武侯实验中学的支持——这本来也是事实，但我担心怎么把这有些像套话的语言很自然地说出来，嘿，真好，正好崔永元问我：“你们学校是重点中学吗？”我自然便回答：“不是，相反我们学校以前是农村学校，但市政府对我校非常支持。”就这一句，够了。呵呵！

我之所以希望多带一些老师来做节目，就是因为我不想多说我的故事，而让老师们多说。因此，我没说几句，便过渡到邹老师了。

邹老师的故事很感人，她说着说着流泪了，现场的观众也感动了。但邹老师有两个不足，一是她普通话不太标准，比我还不标准，所以影响了她的表达，不然她会讲得更精彩；二是有一个地方她出现了“硬伤”，她说还有学生带毒品到学校来。她说的本来也是事实，但这是十多年前的事，那时候武侯实验中学还没兴办，她说的事是在原来工作的学校发生的。但是，观众很容易认为是我校现在还有学生吸毒。我着急死了。其实，包括她讲的带蛇和瓦斯到学校，都不是我们现在学校发生的事，是她过去在其他学校遇到的学生。她在讲的时候，我特别着急。

李青青讲的时候，我一点都不担心，她很有个性，案例很精彩。听她讲述的时候我特别舒服，因为她的转化和成长，正是我的成就感。看着她眉飞色舞讲故事的时候，我觉得她特别可爱。

崔永元总有些出人意料的即兴发挥，让节目生辉。比如，青青说到某“差生”，突然停下，问:“可不可以说名字？”崔永元说:“不行！可以用赵本山代替！”全场爆笑。青青反应也很快，马上改说“崔同学”，其机敏由此可见一斑。

朝升朴实憨厚，我曾经说他还没有被社会污染，但他有个缺点，就是说话太啰唆，这点学生给他提过很多次。这次面对崔永元，他又暴露出这个毛病，在讲王露霖的时候，他说了几句，也许怕自己又啰唆，便说:“还是李校长讲吧！”本来我不想多说，结果他这一说，我只好讲王露霖了。后来说李俊拿钱的事，他说了好多好多都没切入正题，连下面的观众都急了:“究竟要说啥嘛！”最后，我给他圆场，总算把李俊的事说清楚了。后来节目播出的时候，我注意到，刘朝升的讲述很多都被剪辑了，所以在节目中他说话不多。

两个孩子表现非常好。其实王露霖是很紧张的，但怯生生的表情恰好表现出她的单纯可爱。特别是她主动说唱班歌，这很让我意外——绝对是她的即兴发挥。这个环节不但增加了节目的生动性，而且节目播出后，唤起了很多当年未来班同学的记忆。李俊也有些紧张，但他在读那封信的时候，感情真挚，让我和在场的人都感动了。

节目录制了约两个小时，最后崔永元要我吹奏口琴，我一曲《我们多么幸福》结束了访谈。

七

节目录制完毕后，我一直纠结邹老师说的学生吸毒的事，我多次给林卉打电话说，希望一定要把这个内容剪辑掉，不然观众会有误解。

后来便是漫长的等待，原来以为是八月播出，结果没有。因为电视台安排节目播出有很多程序很多规矩，我们便从九月，十月，一直等到十一月。

播出的时候，我在火车上。但我不断接到朋友的手机短信，有几条短信都说是“含着眼泪”看的。我有些吃惊，同时在回忆是哪个部分会让观众流泪。

昨晚我从网上看到了节目，感觉很好，我的表现也比我想象的好。我特别高兴的是，邹显慧老师说的“吸毒”完全被剪辑了，当然这样一来，带蛇和瓦斯也很容易被误认为是我校的学生，但即便如此，也比观众认为我校有学生吸毒要好。

我特别赞赏编导的是，两个小时的内容被剪辑成了五十分钟，居然内容非常完整，所有精华都保留了，而且镜头那么流畅自然，观众很难看出被剪辑过，还以为是现场直播呢！

只有我知道哪些被剪了。刘朝升老师被剪得最多，几乎没有什么他的话了。我的口琴演奏剪了，但我一点都不怪林卉。因为两个小时，要剪辑成五十分钟，很不容易，我那口琴演奏本来和节目主题不是太吻合。

网上，朋友们好评如潮。其实，我知道，我们这一期节目，笑点并不多，也不够热闹，戏剧性不强，但我就是希望这期节目朴实朴素，就如我校所追求的教育。是的，这期节目我和我的同事，一点都没说这种“先进理念”，那种“创新模式”，连“素质教育”“平民教育”“新教育实验”之类的标签都没贴。我们就是那么朴素地讲爱，讲尊重，讲“让人们因我的存在而感到幸福”……这正是“素质教育”“平民教育”“新教育实验”的根本和精髓。

去掉脂粉，回归质朴，就是真教育。

今天中午，雷局长给我来电话，语气非常激动和兴奋:“我刚刚看了《小崔说事》，做得相当好！代我问候你们学校的老师们！教育局将发文，要求全区学校都组织老师观看这期节目的录像！”

其实我就担心又来一次“农业学大寨”式的学习运动——老师们也很反感呢。但雷局长的欣喜还是让我高兴，他对我对我校的关心支持那是真格的，尤其是对我个性的宽容，我一直铭记在心。说实话，除了雷局长，恐怕还没人敢让我做校长呢！

这期《小崔说事》的题目取得非常好——“因我而幸福”。这题目显然出自我校校训："让人们因我的存在而感到幸福。"这句朴素的话，将随时提醒着我和我的同事们，继续将朴素的爱洒向我们的孩子，注入我们的生活。

和勤奋无关

上周五晚上六点过，我所乘坐的成都至呼和浩特的班机起飞。

起飞后的十五分钟，是不能用电子产品的，于是我拿出《南渡北归》第三部读了起来。不知不觉十五分钟过去了，我拿出笔记本电脑，开始一边回忆一边写上午在"武侯区名师工作室成立大会"上的讲话和会后给弟子们的讲话，因为是边回忆边写，所以写得比较慢。但这样一来，觉得时间过得很快。不知不觉，两个多小时过去了。飞机开始下降，我关上笔记本，又拿出《南渡北归》读了起来。读了二十分钟，飞机降落呼和浩特机场。

多年来，我在飞机上都是这样度过的：读书—写作—读书。

周六在呼和浩特讲学之后，晚上七点五十，我从呼和浩特机场起飞，前往杭州。起飞后十五分钟，我照例读书，飞机平飞之后，我拿出笔记本，开始写我校许忠应老师事迹的文章，一个多小时，我沉浸在许老师的故事带给我的感动中，不知不觉飞机又要下降了，我还没写完，但我只好关闭电脑，又拿出书来读。

出了机场，浙江省武义县壶山小学校长来接我。他让我坐副驾驶，我说，不，我就坐后面。因为后排宽敞些，方便做事。当时已经是九点三刻。他说从机场到武义得两个小时左右。我说我要做点事，便拿出笔记本继续写许忠应老师，我把题目定为"许忠应：追求幸福完整的教育生活"。写了大概一个小时，终于写完了，一看字数统计，总共6046字。而这时电脑的电也耗尽了。在关电脑的那一刻，我非常有成就感。

还有一个小时左右才到武义，既不能写作，又不能读书，干什么呢？

我便拿出手机上网，读网上的文章，读了两篇政论文章，颇有收获。这样，不知不觉一个小时多过去了，武义也到了，时间刚好 12 点。

因为在车上听接我的李校长说，他去年在丽水听过我的报告。于是，回到房间，赶紧重新调整明天的讲学提纲，我把本来打算讲的内容全部换了，重新做 PPT。做完已经是深夜两点十分。

睡得太晚，反而睡不好，五点就醒来了。我马上起来，修改 PPT。上午，参加全国班集体研究会的活动，做报告，效果还行。

午后乘车赶往杭州机场，四点过一点，飞机从杭州机场启程，飞往成都。我依然是先看《南渡北归》，等飞机平飞之后，我拿出笔记本，开始写胡鉴老师的事迹，题目是“胡鉴：放不下的教育心”。因为特别熟悉胡鉴，几年来她的成长过程在我脑海里闪现，所以我打字飞快，很快便写完了，共 3512 字。

我一看时间，离飞机降落还早呢！杭州到成都要飞三个小时呢！便乘胜进军，开始写范景文的事迹，题目是“范景文：不断给校长以成功感”。范景文可以说是我看着成长起来的，她的故事让我感慨，所以写起来非常顺利。

不过，我“怪异”的行为，引起了邻座一位中年男子的好奇：“你是非常勤奋啊！我从来没见过你这么勤奋的人！”本来不想理他，但他老问我是做什么的，是作家吗，等等。我只好停下来，和他聊了一会儿。

他看我的电脑上写的文字，说：“哦，你是搞教育的？”我点头。

他又惊叹：“你打字怎么这么快？神了！我还以为你是作家呢！”

我不置可否地笑了笑，心里想：本来我就是作家，早就加入了四川省作家协会。只是我不太愿意别人说我是作家，更愿意大家说我是教育者。于是我说：“我是教师，中学教师。”

他说：“我从来没有看见过这么勤奋的人！在飞机上还写文章。”

我说：“这与勤奋无关，只不过是我的生活习惯罢了！一个人只要对什么有了兴趣，并养成了习惯，那和勤奋是没关系的。”聊了大概十几二十分钟，他可能怕影响我，便结束了聊天，拿着我身边的《南渡北归》读了起来。

我又接上刚才的思路继续写。就在空姐说飞机要降落了，要大家关闭电子设备的时候，我写完了关于范景文的文章，一看字数统计：6069 字。

我习惯性地想看书，可是书被邻座拿去看了，我只好拿出上午《德育报》张社长送我的合订本看了起来。我主要是看该报的用稿特点，以便我以后好组织老师们写稿投给《德育报》。我现在特别热衷于帮老师们改文章发文章。

飞机着陆了。邻座男子把书还给我，冷不丁说了一句："你刚才说的那个观点太精辟了！"

我一愣："我说的什么观点？"

"就是你说'一个人只要对什么有了兴趣，并养成了习惯，那和勤奋是没关系的'，我越想越觉得你这话说得太好了！"

我笑了："本来就是嘛！你看我们成都人喜欢打麻将，有人通宵打麻将，如果你赞美他勤奋，那不是很滑稽吗？人家兴趣在那里，熬通宵哪是什么勤奋呢？人家快乐着呢！"

他一拍大腿："哎呀！说得真好！"

我继续说："我有一个朋友，从小就喜欢下象棋。小时候他曾对妈妈说，妈妈，以后长大了我上班也能下象棋就好了。他妈妈说，你不吃饭了？上班要挣钱嘛！下象棋只是业余爱好嘛！结果，我这朋友后来成了职业棋手。上班做的事，和下班做的事，都是他最喜欢的下棋！你不能说他勤奋，连下班都在下棋吧？呵呵！那是人家的兴趣嘛！你也不可能说一个长期吸烟的人'有毅力'，'坚持不懈'地吸烟，一刻都不中断，那是人家的习惯嘛！"

他已经满脸崇敬了，不住点头，宛如鸡啄米："对对对！对对对对！精辟！精辟！太精辟啦！"

我说的真是心里话，而且是我的切身体会。我并不是一开始就特别喜欢教书，当然也谈不上不喜欢，反正当时就是工作吧。但慢慢地，我喜欢上教书了，现在我可以说是特别喜欢教书，上课简直就是享受，看着孩子们被我逗得哈哈大笑，我就有陶醉感；我又喜欢读书，只有读书能够让我的心灵宁静，让周围的一切纷繁都远离我；我还喜欢写作，写作时我就感到心灵的自由与精神的飞翔。所以，常常有人夸我勤奋，我觉得哭笑不得。别人老认为我坚守教育"有毅力"，"坚忍不拔"，这些人都不理解我。一个人最关键的，是找到自己感兴趣的工作。当然，不是每一个人都能找到自己感兴趣的工作，但是工作后可以慢慢产生兴趣。一个人只有把工作当成自己的兴趣，并养成了习惯，才有不倦的动力，最终才会有幸福。

不想改啦

我多次说过，判断一个人是不是你真正的好朋友，就是看你们彼此之间能不能当面说“不”。

第一次明确意识到这一点，是在1999年5月6日，成都市教科所为我组织了一个“李镇西语文素质教育观摩会”，上海建平中学的语文特级教师程红兵特意赶到成都。那天上午，我上了两节作文评讲课和一节阅读教学课（讲《拿来主义》），受到了老师们的好评。但红兵发言时，在对我的课进行了积极的评价之后，直率地提出了批评，说我在阅读教学时为了教学进度便扑灭学生已经燃烧起来的思想火焰，说我在作文教学中，侵犯了学生的隐私，云云。他说：“李镇西老师是一个革命者，但还不是一个彻底的革命者！”我当然并不完全同意他的看法，比如说我的作文教学侵犯了学生“隐私”，我就觉得他有点“上纲上线”，但他有的观点确实击中了我这几堂课的某些要害，比如说我为了完成自己的教学计划不惜中断学生的思考，把学生的思维纳入自己的思想框架，这话说得真好！我心悦诚服。

更重要的是，我特别钦佩他公开质疑的勇气。于是，我即兴作了一个简短的发言：“程红兵老师的直言，这本身就说明了我与他的关系达到了一种境界！”

在那之前，我和红兵已经有些交往，但只是到了他当面给我说“不”的那一刻起，我才把红兵当作我肝胆相照的朋友。思想的碰撞，使我们互相都为拥有对方的真诚而自豪。我们都认为，只有能够与自己碰撞思想的人，才是真正的朋友。

我还想到了万玮。十年前，万玮作为一个年轻的班主任，在我所主持的论坛上推出了一个专栏，连载他正在写作的《班主任兵法》。当时我没见过这小伙子，但我依然直率地发帖质疑：“教育不是军事，把班主任工作比作兵法是不妥当的。”他当时好像不以为然，和我争论了几句。十年后，万玮将《班主任兵法》由网络帖子变成了著作，畅销一时。我在一次讲学时遇到他，我依然不改我的观点，当面对他说了我对《班主任兵法》这个书名的看法（注意，不是否定他的班主任智慧），这次万玮表示同意我的观点。去年我写了一篇文章《班主任:“兵法”用来对付谁》，我一点弯都不拐，更不会委婉含蓄，开篇便直率地说本文是有感于《班主任兵法》的书名而写。写完后，我让万玮看看。他很快给我发电子信件，说这本书是他十年前的作品，现在他也在反思过去有不成熟之处云云。

最近和万玮在网上联系比较多，我感到他不但有智慧，而且真诚朴素，平和淡定，胸襟宽厚，为人谦逊。尽管和红兵相比，我和万玮见面的时候不多，但和红兵一样，我和万玮同样是心心相印的好朋友，或者说，我们都是君子——值得赞美就真诚赞美，应该质疑就大胆质疑。而且一旦质疑，就单刀直入，指名道姓，一针见血，坦荡磊落。绝对就学术论学术，而不会有半点人身攻击。更重要的是，争鸣时勇于坚持真理，也乐于随时向真理投降。这就是我追求的学术品格，更是我推崇的人与人之间的纯净关系。

当然，争鸣双方保持同一的逻辑规范特别重要，这就包括要看清对方说的是什么。有时候连对方的文字都没认真看——网络阅读很容易一目十行，就劈头盖脸地“干”了起来，就让我有点哭笑不得了。

是的，我指的是最近我那篇《“阶级斗争一抓就灵”》和后来的修改版《请把教育当作教育》。我看了看后面的评论，无论是大多数同意我观点的朋友，还是少数表示不同看法的朋友，几乎都认为我是在批评卢望军老师，包括卢望军老师曾经也这样认为。这是典型的连真相都没弄明白就“闹开了”，呵呵！

实际情况是，那篇文章是我对“校长杂志”微博上一段话有感而发，但我没就事论事，而是由那段话说开去，联想到一些班主任在最根本的教育观念上的偏差，我就强调了教育首先要讲爱，讲人文，讲尊重与平等，在这基础上要讲智慧；无论如何，不能把教育当战争，把学生当敌人。

写完之后也没想到会有一个叫卢望军的老师会来“认领”那段话，然后卢老师贴出了她长长的文章。于是，很多老师便说卢老师很讲爱心云云。“校长杂志”也说要卢老师谈谈“受李老师教育后的感想”等等。结果，我有感而发的一篇谈班主任工作观念的文章，就被演绎成了我和卢老师争鸣的“公共事件”。真有意思！

后来我和卢老师直接通话，我们都感到没有那么严重的火药味。她也明白了我的文章并非专门针对她的。于是我给那位本来要刊载我的文章和卢老师文章的“校长杂志”编辑老师说，文章不发了，我不愿炒作这么一场糊里糊涂的所谓“争鸣”。还是回归沉静吧，各自把自己的事做好就是了。

当然，这里要特别说明和感谢的是，这场所谓的“争论”对我来说也有收获，就是那篇《请把教育当作教育》(原稿《“阶级斗争一抓就灵”》)是我即兴而作，在博客贴出后，我很快意识到我在批判别人有“文革”思维的同时，自己不也是以“文革”思维在上纲上线吗？后来果然有不少老师对我提出了真诚而直率的批评。我接受了这些批评，马上对文章做了修改，调整了语言，包括对“校长杂志”的一些揶揄嘲讽的语言（我觉得很不妥当），都做了删除，将文章修改成了《请把教育当作教育》。

遵循争鸣的规范，还包括讨论和争论时，双方无论语言多么尖锐，都应该就问题本身说事儿，也就是通常说的“就事论事”。有老师和我争鸣时，不是谈问题本身，而是强调“我是一线教师”或者“农村小学一线教师”，言语之间表现出一种悲情，好像只要说自己是“一线教师”就占领了道德高地似的。同时，老说我是“校长”，我只要说自己的观点，他就说“不愿听校长教训人”，真不知道我说的是什么！这是争鸣的正常逻辑吗？你是讨论问题还是讨论身份？我阐述我的观点时，从来不管你是谁我是谁，我只说观点。你老要把我当作“校长”那是你的事。何况，我虽然做了校长依然长期担任班主任，去年还送走一批学生，本学期因为办了小学，实在忙不过来，可我还担任了副班主任，经常找学生谈心，从这个意义上说，我难道不是“一线教师”吗？争鸣就争鸣，只认真理，不认身份。

如果老想到对方的身份，那样的争论还能做到真正的平等吗？

写到这里，我不禁想到了2001年，我刚刚上网在K12教育论坛主持班主任论坛的时光。开坛不久，我发了第一个帖子，是反思“教师是人类灵魂工程师”的文章。我的观点是，“人类灵魂工程师”的称号，无疑强调了教师应有神圣的社会责任感和使命感，并且应该有崇高的人格追求，但不能因此就以为教师在各方面都比学生高尚或高明，可以居高临下地不顾学生个性而随心所欲地去塑造他们。我进而提出在师生关系上，应该倡导陶行知所说的“师生互相学习，共同进步”，与孩子一道成长。帖子一发出，马上就引来了一个叫 iamhestory 的网友的排炮般的“轰炸”，他发出长帖与我“商榷”，强调“人类灵魂工程师”的光荣称号“不容亵渎”，强调教师就应该是有着崇高精神境界和高尚道德的人，等等。开始只是我们两人舞枪弄棒、短兵相接，接着各路豪杰纷纷披甲上阵，或替我助威，或为他呐喊，一时间，论坛刀光剑影，硝烟弥漫。但这一切都没有半点意气用事，更没有丝毫人身攻击，为真理而战是我们一致的信念，向真理投降是我们共同的勇气。试想，如果不是在网上论坛，现实生活中哪有这样铿锵有声的思想磨砺，如此酣畅淋漓的精神游泳？从那以后，围绕“绝不培养告密者”“教育究竟是什么艺术”“什么是真正的爱国”“班主任工作的信念从哪里来”“质疑三好生”“班主任的崇高与平凡”“解放班主任”“后进生的提法是否妥当”等等热点话题，论坛上掀起了一阵又一阵论辩的风暴。透过这些激烈的论辩，我深深感受到，在中国有一大批班主任同时又是严肃的思想者，他们或许现在仍然默默无闻，但他们的确是中国教育的骄傲！可以说，论坛的魅力在很大程度上就是思想的魅力。后来我告别了 K12，自己创建了“教育在线”论坛，这种良好争鸣风气依然延续着。

偶尔我也遇到过一些谩骂，对此我一般是不理睬。如果继续谩骂，那我毫不客气地“咔嚓”，一删了之。我不怕有人说我“专制”——的确也曾有谩骂者说我“假民主”，我的态度是，论坛不是垃圾桶，绝不给骂人者提供场地！

网络相对比较自由，谁有话都可以说，只要不涉及敏感问题，网管都不会删除的。因为可以匿名，似乎就可以肆无忌惮。所以，我说过，常听人说网络最不真实，我倒认为网络能真实地展示一个人平时不敢示人的一面。这就给我们每一个人一个挑战：如何表现出我们的良知？苏霍姆林斯基说过大意是这样的话，一个人只有独处的时候不做坏事，才是真正的人。我想，网络上可以匿名，彼此之间不见面，这就相当于是“独处”。哪怕观点针锋相对，彼此尊重人格也应该是双方共同的道德底线。

何况，我在网上是真名，许多朋友是网名。并不是说不能用网名争论，但是，如果要骂人，请还是露出真名为好，这样你至少显出了自己的磊落。躲在暗处，匿名骂人，这算什么呢？只能算小人。

还有，我认为，大家的时间都有限，既然要争论，就要讲道理，这里说的“道理”不是我持的观点，而是我前面提到的大家都应该遵循的“规则”，比如遵循同一逻辑，又比如要争论有价值的问题。写到这里，我想到前不久在一个群里和一位老师的所谓“争论”，他上来就问我，你早就知道《班主任兵法》有问题，为什么十年前不说现在才说（实际上，我的《班主任：“兵法”用来对付谁》里面对此说得很清楚了，他没认真读）？而且为什么不给万玮说，让他自己写这样的文章？我真是哭笑不得：我写文章还要你同意吗？而且这个问题显然不是质疑我文章的观点，而是质疑我写文章的动机。这是典型的“非学术问题”。我当然不回答，因为我不想纠缠类似的无聊话题。可对方老要纠缠这样的所谓“问题”，我只好明确说：“我只和讲道理的人讨论问题。”

以后遇到这样的所谓“争鸣者”，我还这样说。因为我赔不起时间。

其实，最近几年，每当我与人争鸣时，不是没有顾虑的。虽然我自己并不把自己当成什么，可别人总爱把我当作“著名”的什么什么——在不少老师眼里，我是“名师”是“专家”。因此一方面，并不是每一位老师都愿意和我平等讨论的，另一方面，我也很尴尬，我说的每一句话都可能被放大，被“神圣化”，随便一句话都会被认为“精辟”，同时如果我率性而言，直率批评，有老师会感到压力，因为他不会感到这是一种平等的争论，而会认为被“专家”批评了。这真让我为难。我本来也可以表现出不少“专家”那样的“稳重”，说话宏观空洞、滴水不漏，善于打哈哈，一副宽厚（实则城府很深）的样子，这样有人会说我“变了”“会打官腔了”；如果我保持本色，表现出真性情，面对不同意的观点提出批评，有人又会说“缺乏长者风度”“是不是怕年轻人超过自己了”“嫉妒压制新生代”，等等。

其实，“玩深沉”谁不会呀！比如，我也可以用鼻子说话的：“嗯，嗯……”也可以打着哈哈说：“这个，这个，呵，呵呵，你说呢？呵呵呵……”还可以说：“当然啰，你的观点基本上是对的啰，是不是啊？一方面……另一方面……这个这个，如果再那个什么……就更好啰！”这样说话，累不累啊？

但是，江山易改，本性难移。我的性格是不可能改变的，所以我也早就放弃了变“成熟”变“稳重”的想法。否则，我就不会写下《浮躁种种》

《我想办一所没有“特色”的学校》《遍地“教育家”》这样的麻辣文章。有人读了我这三篇文章说，第一篇把不少年轻教师得罪了，第二篇把许多校长得罪了，第三篇把所有局长得罪了。这话有些夸大其词，但让不少人读了不舒服这是事实。其实，我完全可以很世故地装聋作哑，那样既显得有“涵养”，又表现出“宽厚”，而且还显得很“深沉”，但那不是我。在这样一个充满虚假并且几乎人人（包括我有时候）都在自我欺骗的时代，一定要有人出来说话。我觉得自己就应该是这些应该站出来说话的人中的一个。客观上我现在有了一定的所谓“影响”，我不说，一般的老师更不敢说了。同时我又不怕失去什么，反正我也不想当（当然也当不上）局长厅长部长了，那干脆代表部分老师（不敢说代表所有老师）说点真话吧！如果真得罪了谁，那就得罪吧！管不了那么多啦！难道他还会到成都来把我“特级教师”称号给撤了？如果真的撤了，那更无所谓了，反正我都“一无所有”了，还怕什么呢？哈哈！

我就这样，不想改啦！

十多年前，我就有感于某些人总是“拔高”我而写下《请把我当李镇西》的帖子，结尾有一句话，我今天愿意重新说说——

我不过是李镇西而已，而不是什么“星”；我从不担心我会“坠落”了，因为我原本就是在地上。

亲爱的老师们，你们是愿意看到一个敢笑敢怒敢说敢做的本色朴素的李镇西呢，还是没有喜怒哀乐被层层包装包裹起来的“专家”？

人　物

贺延光

"贺延光"这个名字，我估计现在好多年轻人不知道。

即使有人知道也只是知道他是中国著名的摄影家。是的，他的确是中国最著名的新闻摄影家，他的人物摄影绝对代表了当今中国摄影能够达到的最高水平。

但他让我崇敬，首先不是因为他的摄影作品，而是因为他在"四五运动"的英勇。早在大学时代的70年代末，他和"四人帮"斗争的事迹通过《人民日报》传遍全国。可以毫不夸张地说，以他为代表的一代"四五英雄"是少年李镇西的思想启蒙者。

后来我看到《中国青年报》等媒体，有许多作者署名为"贺延光"的摄影作品。开始我还以为是同名同姓的另外的人。当我得知就是那个英勇的贺延光之后，对他的敬佩又增加好几倍。

一晃三十多年过去了，我已经从一名少年到青年，再到中年，可对贺延光们的敬佩依然没有丝毫减弱。

去年我在新浪微博发现了贺延光，便试着给他发私信，没想到他很快给我以回复，并表示如果我到北京，可以见一面。后来我去北京讲学，便决定去见他，我还带上相机，准备向他请教。结果那次时间太短，没能见到我心中的英雄。不过电话里，我问他，我想买个比较上档次一点的相机，什么机型好，他说："佳能，无敌兔。"

有一次我和一个摄影高手聊起相机，他建议我买尼康D600，我说贺延光建议我买无敌兔。他马上睁大眼睛看着我："啊？贺延光！"他的眼神似乎在说，买个相机你居然咨询中国第一流的摄影大师，你太牛了你！

这次来北京开会，我在微博上提前告诉贺延光老师，并表达了一个愿望，请他为我拍几张肖像，用于我的新著封面。他很爽快地说："没问题！"

今天下午，我们约定见面。本来他是长者，应该我去看他，可他说他过来看我。于是，他专程来到我住的酒店。我知道他到了酒店后，赶紧下到大厅。一出电梯，就看到一位很有书卷气的中年男子在大厅中央站着，好像在等谁。他的肩上还挎着两个相机。

我和贺延光先生

我早已在照片上熟悉了他儒雅潇洒的形象，大步走过去伸出手：“你好！贺老师！”

他紧紧握住我的手：“你好你好！”他问过我年龄后，说：“我比你大几岁，不过都是五十年代的。”

虽然是第一次见面，但俨然是非常熟悉的老朋友。

在我的房间，我们靠窗而坐，海阔天空地聊了起来。阳光透过窗帘洒在我们的肩上。

话题自然从刚刚听到的“薄熙来同志严重违纪”有关新闻开始，然后是国家发展、改革前景、民主进程、教育现状……滔滔不绝，侃侃而谈，我们一见如故。

我们谈到他当年参加“四五运动”的情况，谈到当代中国，我们表现共同的关心与忧虑……

说实话，眼前的贺延光兄举止儒雅，谈吐从容，我一边和他聊着，一边想象着在 1976 年 4 月清明的天安门广场，年轻的他是怎样叱咤风云，参与着推动中国的进步。

我终于也问了问有关摄影的事——其实我一直想问，但就是鼓不起勇气，人家是大师啊！我再次问到相机的问题，他说：“其实，照片好不好，相机并不是决定因素。有人照不好就老怨相机。一般的小相机也不错。”

他看我拿着一个傻瓜相机，说：“对，这相机就很好，我经常也用这样的小相机。”

我说："你当然了！大师级的摄影家，对相机自然不再特别看重。我们哪敢和你比啊！"

他问我要他给我照什么相，我说主要是用于著作封面的肖像。他说他不喜欢静止地摆拍人像，而喜欢在活动中抓拍人像，这样自然一些。他问我明天是不是要大会发言，我说是呀，明天我有个一小时的报告。他说："那我明天来，你别管我，你做你的报告，到时候我给你抓拍。"

我说："那太好了！只是又要麻烦你跑一趟。"

"没事儿！"他轻松而亲切地说。

这时候他的手机响了。在他接电话的时候，我拿着小相机给他拍了两张。

告别时，我说一直想和你合影，但现在只有我俩，没人给我们照相。他说那我们下去，请个人帮我们照。

下到大厅，我们来到会场，李爱丽老师为我和贺延光老师照了一张珍贵的合影。

然后他说："明天见！"就自己开车离开了酒店。

我早已过了追星的年龄，但在我的心中，贺延光兄永远是我心中的英雄。但愿中国像贺延光这样的有风骨的知识分子越来越多。

和吴非通电话

我在外面讲学谈到读书时，往往要提到吴非："吴非本名王栋生，但我更喜欢叫他'吴非'，因为在我看来，前者只是一名中学语文特级教师，而后者更能体现知识分子的风骨与良知。"我这样说的时候，下面反应不大。于是便做调查："请读过吴非的举手！"如果举手者寥寥，我会退而求其次："请知道吴非的举手！"我认为，作为当代中国的中小学教师，如果不知道吴非，真的不应该，很不应该。如果真的不知道，我建议这些老师赶紧去他博客看看，并找他的书来读读——从读《致青年教师》开始。

很久没有联系吴非兄了。晚上给他打了个电话。我说五一到了问候一声。电话那头依然是爽朗的笑声，然后是滔滔不绝的“杂文”——每次和吴非聊天包括通电话，我都像是在读杂文。我实在佩服他的思想随时都在燃烧。这次通话，我们“就共同关心的问题广泛地交换了意见”：对薄熙来事件的看法、对“文革”的否定、对网络五毛党的反感与嘲笑、对温总理由衷的支持……他特别给我推荐“喷嚏网”，这个网我真的是从没听说过。“你一定要看，非常值得看！”他说。

当然，谈得最多的还是教育。我说我最近写了一篇关于师生关系的博文《学生回来看你吗》，里面还以你为例谈纯正的师生关系应该是怎样的。我谈了我的基本观点：教育本来就是一种服务，教师领工资吃饭，该给的都给了，学生来不来看，不必看得那么重——商店营业员会在乎顾客来看他吗？学生不回来看你没有什么关系，如果他回来看你了这是一种意外的惊喜。他同意我的观点：“嗨，我以前写过一篇谈师生关系的文章，意思是说老师对学生谈不上什么恩不恩的，学生也就说不上感恩。文章发表后引起争议，幸好我是教师，所以质疑者还比较客气。”我说：“是呀，如果是学生写这样的文章，或者是家长写这样的文章，那不被人骂死？”

我说：“其实，优秀学生都不是老师培养的！”他说：“我的观点比你更极端，优秀老师也不是培养出来的！如果有人要问我，我是谁培养的，我真还说不出。我读书时，思想另类，很叛逆的，不受老师欢迎。”我说：“你就是没有受老师‘培养’，所以你成了吴非！”然后我又说：“刚好我前段时间在武侯区名师工作室成立大会有个发言，观点就是自己培养自己！我认为，任何优秀的教师，还有一切杰出的人，都是自己培养自己的！现在动辄就说‘培养’，我不相信所谓教育家是能够‘培养’就出来的！还有一词叫‘打造’也很滑稽，好像有一个模具，把人放在里面，哐当一声，名师就打造出来了。当然，现在政府愿意在这方面投入资金，这是好事，但关键是要营造适合于教师成长的宽松环境。政府对教育家的诞生，要提供一个条件，那就是自由。”

我们越聊越来劲，结果我把最重要的事给忘记了，趁他说话有一个间隙，我赶紧插进去：“你身体现在怎样？”“还行！”我问：“眼睛没恶化吧？”他说：“还比较稳定。现在要命的是耳朵，老是耳鸣。”我问：“去看医生了吗？”他说：“医生说是动脉血管的毛病引起的。”我说：“要注意啊！多保重呀！尤其不要多上网，这样你的眼睛会更糟糕的。”他说，你也要多保重，身体是自己的。

我又说：“前段时间还有网友问我，吴非的博客为什么不能评论？”他笑了：“本来我就想减少上网，眼睛不好嘛！想关闭博客，但不少老师都爱看，于是，我就先关闭评论功能，这样一来我可以少看一些字，二来作为一种过渡，不能评论来的人自然就少了，慢慢我就把博客关了。”我说：“你这个办法好，我也可以试试。”他又说：“关评论还有一个原因，就是老有人来问各种问题。”我说：“哎呀，我也不堪其烦啊！前段时间，我不断写博文请大家谅解我。”他说：“比如有人问我，班上孩子打架怎么办？我想这个问题还要问我？后来知道，这个老师已经有20年教龄！我的天，20年教龄的教师居然不知道如何处理孩子打架！”我说：“是呀，不少老师向我请教也有类似的问题，让我哭笑不得。”

又说到领导应该如何管教育。我说我的观点还是那句话：“给学校以自由！”我说现在各级领导有时候对教育管得太死太细，反而不利于学校教育。他说：“是的。我经历了好几位校长，其中有一位我特别满意。他当校长时，从不管语文组，他说语文组有老王，他是内行。结果我们语文组搞得很好。”我笑了：“那是因为有你这个老王嘛！”

不知不觉，聊了四十分钟，我们依然意犹未尽，但又不得不挂电话。我请他保重身体，说下次我去南京看你去。他也让我保重身体。

母校的光荣与耻辱

今天下午，我特地前往四川师大杜道生老师家，向他致以百岁生日的祝贺。

杜老师是我本科时的老师，关于他，多年前我曾写过一篇《杜老师》。

毫不夸张地说，杜道生现在是我国国内健在的为数不多的真正的大师之一，特别是在古汉语文字方面，造诣极高。但人们尊敬他，还在于他高尚的人格，中国传统知识分子的道德文章在他身上自然而然地体现着。

下午，我手捧鲜花走进他的房间，他看到我很高兴，从里屋出来紧紧握着我的手，连连说“谢谢”。虽然已经百岁，但他精神尚好，听力不错。

我说：“杜老师，您一百岁了，祝您生日快乐！”

他笑了，有几分憨厚地说：“我活了这么大岁数，可没有给人民做什么事。”

我说：“还没做什么事？您太谦虚啦！”

我们闲聊着，回忆着三十年前我和杜老师的交往，聊着我们77级大学生的一些事。我说再过两个月，明年一月，我就本科毕业三十周年了，杜老师说，是呀，时间过得真快啊！

杜老师虽然很有学问，但著述却不多。曾经写有《论语注译》，用蝇头小楷抄写，然后复印若干送与友人，我有幸得到过他手迹的复印本。今年，在他的一些学生的努力下，这本著作终于由中华书局出版了。杜老师特意拿出一本送给我。

我迫不及待翻开，看到其弟子周及徐先生写的序言中有这样的描述——

1934年至于1937年之间，杜先生先后考入北京辅仁大学、北京大学就读，曾先后受教于陆宗达、胡适、钱穆、朱光潜、唐兰等国学名师。后又作为北京大学中文系研究生受业于沈兼士先生，研读段玉裁的《说文解字注》。先生不轻言自己的经历。然而一次在先生家，杜先生谈起往事。他缓缓地说：“我走上这条道路，至今五十多年了。当年在北大，与同学一起参加‘一二九’运动，上街游行，被军队的水龙冲散，棉衣湿透，时值寒冬，结了冰，藏在路边的一个门洞里，冷得打战。回去以后，发烧生病在床。沈兼士先生派同学来问候。病愈后去见沈先生，沈先生对我说：‘道生啊，中国的传统文化几千年了，需要人来继承。你来跟我学习吧。’我从此走上了这条路。五十多年了，我记着沈先生的话，一直走这条路。今天想起来，我一点不后悔。”

……

杜先生毕生从事汉语言文字教学，孜孜不倦，乐此不疲。熟读经典，能背诵《说文解字》，于段氏《说文解字注》犹熟，学生称为“活字典”。一次到先生家请益，问到《说文解字》中的一个字，先生当即说出这个字在《说文解字》第几卷、属于何部的第几个字，并要我从书架上抽取大徐本《说文》翻看，他在一旁讲解，不看书，诵说该字的说解和注释，分毫不差。先生的书屋里放着好多册大徐本《说文》，在屋里的任何一个座位都可以伸手取到，以供随时翻阅。在“文革”中，杜先生和许多大学教授一样，被视为没有改造好的旧知识分子，下放劳动，关“牛棚”。学校一切的教学和研究活动都被迫停止了，连个人读书也受严格的限制。对于这些一生与书相伴的人来说，如何才能打发这令人窒息的长夜？杜先生不齿去读那些风行时下、以势压人的大批判文章，便在衣兜里揣一本《新华字典》，晚上和劳动间歇时，便一人偷空默读。《新华字典》体积小，很像当时人手一册的《毛主席语录》，不易被发现。就是在旁监视的造反派发现了，见是《新华字典》，也难归入“封资修黑货”，奈何不得。杜先生一面读，还一面用小纸片悄悄地记下什么。“文革”结束后，杜先生把自己读《新华字典》的积累，写成一封长信，指出《新华字典》中三百余处应该修正或补充的地方，寄给主持《新华字典》编撰的魏建功先生。不久后杜先生收到魏老回信，热情地肯定了杜先生的意见，并允诺在下一次《新华字典》印刷时参考杜先生的意见进行修订。

……

我的大学本科老师杜道生教授，今年101周岁了

杜先生起居有节，生活俭朴。居于四川师范大学校园中一陋室，二十多年如一日，怡然自乐。学校分配新房给他，他多次拒绝，不肯迁出。直到2008年春，趁他生病住院，才“强行”给他搬了家。先生不慕荣利，慷慨助人，经常以自己节俭下

来的薪水帮助一些生活困难的人。而先生自己节衣缩食，在公共食堂打饭，穿着和工厂里的工人一样的粗布工作服，抽自己卷的“叶子烟”(烟叶)。新入学的同学不知，以为这是学校的一个老工友。四川师大中文系主任张振德先生曾讲起一段往事：1949 年解放之初，先生的表妹夫，一位国民党军官以国民党战犯之身入狱，一家数口孤苦无依。杜先生与这位表妹结为夫妻。尽管长期分居两地，一在陕西蒲城，一在四川成都，杜先生始终每月按时从自己不多的薪水中寄去生活费，供养这一家的生活及子女读书，前后几十年。直至二十世纪八十年代，战犯特赦，政府释放全部在押的原国民党县团以下军政特人员，那位国民党军官出狱，杜先生选择了退出，让原来的一家人重聚。杜先生仍旧是孑然一身，独自生活，以读书、教书为乐。

……

我捧着这本书，感到了一种沉甸甸的分量。

毫无疑问，杜道生老师是母校的光荣。每次坐在杜老师身边，我都感到他身上散发出的一种魅力，这是真正知识分子的魅力。我隐约担心，这种魅力，将随着他们这一代人的离去而消散得无影无踪。

告别杜老师时，我真诚祝福杜老师身体健康：“我明年再来看您！”

杜老师再次握着我的手，依旧用笑眯眯的眼神目送我离去。

出了杜老师的家，我在师大校园转了转，想到三十多年前，风华正茂的我在这里学习、生活，便觉得这里空气都是那么亲切。

我特意来到当年我上课的教室——第一教学楼二楼第一间教室，里面空空的，我把门推开，除了增加了一些投影仪等电教设备，一切都还没变，木质地板依然如昨日。我找了一个位置坐下，便回到了三十多年前的课堂。

外面路过几位女学生，我叫她们：“同学，能帮我在这里照张相吗？”

她们有些诧异。我赶紧解释：“我三十年多年前曾在这里上课，这就是我当年的教室。”

她们立即用充满敬意的眼光看着我，很认真地帮我照了两张相。我说：“谢谢啊！小师妹！”

她们走了，我还在教室里徜徉。当年，“文革”刚刚结束，我们有幸成为恢复高考的第一批大学生。就在这间教室，我们是那么如饥似渴地学习，用当时的话来说，是“要把‘四人帮’耽误的时间抢回来”。那时，真的是拼命学习啊！我坐在靠窗的位置，看着窗外，楼下的梧桐树还和当年一样。

突然，我看到教室墙壁上有不少小字，密密麻麻的。仔细一看，内容乱七八糟，淫秽下流。这些留言特别刺眼，我不知道说什么，只感到痛心。我知道现在中国不少大学教室墙上都有类似文字，写这样污秽之语的人并非多数大学生而只是极少数，但面对母校这触目惊心的耻辱，我非常难受。我知道我不应该公开说出我的难受，因为可能会损害母校的声誉。为了我爱的母校，我似乎应该歌颂母校，但我还是如实写出这一丑恶现象。真希望我的小师弟小师妹们能够理解我的难受。写到这里，我在心里喊道：我的亲爱的小师弟小师妹们，未来中国的人民教师啊，你们难道就不为此感到耻辱吗？

出了教学楼，我坐在草坪上的一尊陶行知塑像前，陶行知似乎也忧心忡忡地看着眼前的一切。半天之内，我感受了母校的光荣与耻辱。再次想起杜道生老师与墙上的留言，我不寒而栗：难道老一代知识分子纯粹洁净的灵魂，真的要成为我们民族的绝唱吗？

听流沙河说文解字

一直想请流沙河先生到我校做一次文化讲座。当我试着向他提出这个请求时，电话那头他爽快地答应了，我向他表示感谢，他说：“谢啥子哦！你放弃了优越的条件去城郊搞平民教育，这是功德无量的事，我也应该帮你们做点事。”

今天上午我给他家里打电话约定具体去接沙河先生的时间，接电话的是沙河先生的夫人吴老师。吴老师告诉我，今天沙河先生胃病犯了，中午饭都没吃。但她马上说：“沙河老师还是坚持要去，问题不大，你不要让他讲久了。”

我特别感动，同时不安。

下午两点半，我把车开到沙河老师住所时，他已经在街边坐着等我了。

上了车，沙河老师就给我闲聊起来。我说，沙河老师，我第一次听你的名字，是和“大右派”联系在一起的，那时候我小，一听说“右派”，就认为是青面獠牙的坏人，但长大以后和许多“右派”接触，比如邵燕祥、钱理群等人，发现一个个都那么有学问有修养，平易近人，和蔼可亲。

我问沙河先生那时写《草木篇》究竟是想表达什么，他说就是表达做人的品格，要正直，“哪想过要‘向党进攻’啊”！然后他谈到刚解放的时候，发自内心拥护新政权，拥护共产党，很积极，也很有激情的。“但1957年初就开始批判《草木篇》了，那时‘反右’还没开始，‘反右’后当然更跑不脱了。划成‘右派’后，我留在作协机关图书室工作，同时做勤杂工，机关所有的杂活我都干，属于就地劳动改造。但‘文革’之初，造反派们说单位的头头包庇大右派，居然还把流沙河留在机关，于是，领导赶紧把我弄回老家劳动改造，所以1966年我就回老家劳动改造了。”

我说：“你回金堂老家还好些，相对安全一些，如果你留在成都，说不定会像老舍一样被批斗被毒打。”

他说：“是的。小地方的人对我很好。我主要是锯木头，这是当时工资比较高的活，一个月可以领四十多元钱呢！”

“你当时没想过以后还会平反翻身吧？”我问。

他说：“没有。当时我就想的是平平安安地过一辈子。”

聊到教育，我们谈起“绿领巾”事件，他说：“不好，这样做不好。搞教育就老老实实地把学生教好，尊重每一个学生。”

我说到现在一些教育是鼓励孩子告密，鼓励学生投机，像大学的学生干部，已经有人说某些大学学生会是“藏污纳垢”的地方。问题是我们现在的一些制度就是在鼓励人投机，因为投机能够得到种种好处，比如想方设法地成为“优秀学生干部”“优秀大学生”，这样在找工作时就能够享受很多“优惠”。

沙河先生同意我的说法，他说：“过去的教育，就是要人做好人。不许背后说人是非，如果别人做得不对，应该当面说。包括家庭教育，弟兄几个，如果有孩子到爸爸妈妈面前说，爸爸，二哥怎么怎么不对。爸爸会说，那你应该当面批评他，不应该背着二哥来告状。我们那时的教育就是这样的。”

我说，现在老一代知识分子身上那种善良纯正，温文尔雅，还有风骨良知，都是当时教育的结果。教育的力量和影响是巨大和深远的，这些品质至今还存留于老知识分子身上。然而这些品质在现在的知识分子中已经不多见了。

我对沙河先生的学历很感兴趣。我问:“你好像在四川大学并没毕业？”他说:“只读了几个月，所以我连川大的肄业证都没有。”

“那你的文凭就只是高中毕业生了？”

他笑了:“也没有。我高中只读了五学期，便直接考大学了。因为我当时各科成绩都很好。所以，要说文凭，我只有初中文凭。”

“你当时怎么想到考四川大学农业化学系呢？怎么不报考中文系呢？”

“当时的川大中文系没有新文学，而我一直喜欢新文学。所以我没报中文系。”

看到眼前这么和蔼的老人，我不太理解他年轻时代的遭遇。我想，这么温文尔雅的文人，当年怎么会惹那么大的事呢？我又问:“你的性格从年轻时起就一直这么平和吗？”

他说:“除了偶尔激动，我一般还是很温和的。”

如此温和的人，为什么还有人怕呢？因为他的温和是一种自信，在和蔼外表里面有一种思想的力量，文化的力量！

我又问他身体还行吧，他说还好，就是有老胃病，还有一只眼睛不太好。我请他多保重。他说他每天都要散步健身。

说着说着，学校到了。本来我想陪他在校园转转，但因为天气比较冷，我就和他直接到了我的办公室。还有一会儿讲课时间才到，我们继续聊。

说到我岳父的《如此人生》，他说:“我是认真读了的。绝大多数内容，我都很熟悉，因为我也是那个时代过来的人。但是有一个细节，我很意外。就是你岳父大学毕业刚到一个小县城当法官，晚上不出门，几个年轻人关在屋子里面打麻将。为什么？因为他们不愿接触当地人，怕关系好了之后，影响判案的公正。我读到这里流泪了。多么可爱的年轻人啊！那个社会那么黑暗，他们只能用这种方式保持自己的纯正。”

我说我岳父当年考石室中学没考上，他说：“这不奇怪，当时石室中学招考非常严格，上千人报考，只收七十多个人，第二学期还要淘汰一半。”我问他当时读的哪所中学，他说：“省成中，就是四川省立成都中学。我们那时候，学校风气非常好。我读高中时，每次考试学生都交叉坐，就是你的座位四面都是其他年级的学生。没有监考老师，不用监考。只有教室门口有一个工友负责收试卷。”

我很吃惊，想到现在的所谓“诚信考试”，其实那时候就有了。我问：“没人作弊吗？”他说：“没有人作弊。我在高中阶段只经历了这么一件事。一位郫县的姓杨的同学，成绩好得不得了。那次化学考试，当时是出五道题，选做四道，每道题 25 分。这个同学成绩非常好，很快便做完了四道。看到还有时间，便把第五道题也做了。做完后提前交卷就走出了教室，刚走出最多 10 步，但已经走出教室门了，突然想到第五道题有一个错误，就是这道题是要求计算容积的，因此单位应该是立方，可他粗心写成平方了。但他想起来了，便回教室把试卷翻开将 2 改成了 3。就这个举动，被认为是作弊。一部分学生去找校长，一部分学生帮他捆铺盖卷。当天便开除了。”

我说：“这事如果放到现在，肯定很多人来帮着求情。”

他说：“那时谁敢求情？还有一位县长的儿子，经常欺负同学被老师批评体罚，回家不敢告诉父亲。因为如果父亲知道了，这学生还要挨一顿打。”

我说到网上不少人骂沙河老师，他笑了：“我知道，骂我‘汉奸’。那是因为我在抗战胜利 50 周年的时候写过一篇文章，说我 12 岁曾经在广汉为抗战援华美军修飞机场，实事求是地说了美国人几句好话。”

于是，沙河老师又兴致勃勃地给我说了起来：“二战胜利 50 周年我就写了一篇文章，叫《二战我修飞机场》。这篇文章是台湾‘中央日报’的约稿，后来占了一个整版。‘中央日报’还加了个‘编者按’，文章发表后就发生了一件意想不到的事情。有个名叫林达的美国女士，到成都后通过各种关系找我，最后由一个考古队的朋友带到我家里。她问我：‘你是不是写过一篇文章《二战我修飞机场》？’我说：‘是的。’她说：‘你这篇文章是不是发表在台湾“中央日报”某年某月？’我说：‘是。’然后她出示一张照片，一言不发盯着我。我一看那是我最熟悉的‘超级空中堡垒’B–29。

我就告诉她：‘这是B−29，但是你们已经把它背上的炮塔拆掉了。它的腹部还有一个炮塔，像锅一样凸出来的也没有了。’她说：‘是的，是我们拆掉的。’我说：‘还有最重要的，它尾舵上有一根天线一直拉到头部，你们这架飞机没有了。’她说：‘对，你说得完全正确！’”

我再次惊叹：“你记忆力太好了！”

沙河老师继续说：“林达回去一年后给我打来电话，说他们美国有一个‘B−29协会’，美国全国还有400多个B−29飞行员在，他们要建立一个B−29纪念馆，美国政府给了他们一架飞机，相片上那架就是。这个纪念馆中心砌了一个台子安放这架B−29，周围砌墙用的每一块砖上都刻着一个名字，凡是跟B−29有关的人员——飞行员、地勤人员等等全都有份。她父亲说：‘那个12岁的年轻人为B−29修过跑道，我出钱！’她父亲出钱订了一块砖，上面用英文拼的是流沙河的名字。这件事使我深深感到美国人的认真。这么多年了，别人还记得起太平洋这边一个12岁的娃娃，修过7天飞机场！”

四点钟到了，我陪沙河老师来到阶梯教室。沙河老师一进去，掌声就响了起来。

我对在场的全体老师和部分学生这样介绍道：“今天，你们面对的是成都市的文化名片。流沙河先生出生于1931年，上个月才度过他的八十岁生日。他说他的生日没什么好过的，因为是光棍节，11月11日。”

老师们都笑了。

我继续说：“流沙河老师原名余勋坦，功勋卓著的勋，为人坦荡的坦。但因为他的笔名流沙河太著名，单位的同事包括门卫都叫他流沙河，所以后来人们把他的本名给忘记了，连他的身份证上也是‘流沙河’。但这也给他带来麻烦，每每有人问他哪个liú，他都不好说，因为他想，我总不能说是‘流氓’的‘流’吧。”

老师们又哈哈大笑起来。

“今天，沙河老师身体不是太好，但他之所以要来，是因为他被我们学校的老师感动了，他说我们搞平民教育，是功德无量的事。他也愿意来做一点事。好，让我们用掌声欢迎沙河先生给我们做讲座！”

沙河老师平和地开始了他的讲座：“老师们好！同学们好！我今天讲座

的主题是:‘汉字常识’。”

他从汉字的起源讲起，甲骨文，篆文，讲汉字在人类史上的地位，讲汉字的文化内涵。讲着讲着，他拿起粉笔板书他要讲的汉字。他的讲述，不是抽象枯燥的文字学，而是故事，一个个的故事，给我们展现汉字的无穷韵味。他不温不火，娓娓道来，语言幽默，妙趣横生，不时激起大家的快活的笑声。

比如，他抨击当年第三批简化字的荒唐，便转身在黑板上写了“旦”和一个草头下面一个“才”(这个字电脑无法打出来)，说:“这就是当时的简化字。你们也许会说，那个‘旦’没有简化呀，注意，他把‘鸡蛋’的‘蛋’废除了，就用那个‘旦’！你们仔细看，这是哪个鸡生的蛋？哪个鸡的排泄孔是方的，生了个方蛋，中间还有蛋黄，生在地上的？”下面的老师和同学们爆笑。

流沙河先生为我校师生“说文解字”

他不笑，等大家笑完了，继续说:“还有这个字，你们不认识，一个草头，下面一个‘才’，是每天三顿都要吃的菜的菜的简化。这个简化的字的意思是，你再有才，也不过是一份菜！”爆笑再次响起。

什么叫“大家”？什么叫“有学问”？能够把枯燥深奥的学问讲得如此通俗易懂，平白如话，且趣味无穷，这才叫“大家”！这才叫“有学问”！

沙河老师的讲述又不是简单的故事，而是有充沛的感情和隽永的思想。下面是我记忆中的沙河老师的片段话语——

我们今天使用的汉字，是一种非常奇妙的文字。古人类全部经历过象形文字的阶段，无论哪个民族，最初都是象形文字，但是到现在依然使用象形文字的民族，除了我们，在这个世界上再也没有了。

汉字是世界上最悠久而唯一还在使用的文字。

讲同样的意思，单位面积内，汉语最简洁，说起来最从容。

联合国各个国家的文件里面，中文文件最薄，因为用的是汉字。

林语堂发明了汉字打字机，一群新加坡的华人年轻人发明了汉字的电脑输入，这证明世界上最古老的汉字具有自我创新的能力，具有与时俱进的品格！

有人会说，你是不是喜欢国学？我说我不喜欢国学这个说法。一些人推行的那个国学，喊学生娃儿去背点《三字经》之类啊，唉，没啥意思！因为那些东西里面还有许多糟粕，瞎灌输给学生，本人不赞成。

文化上应该是开放的态度，引进一切先进文化，我们要学外语，还要精通，但我们万万不可丢了我们的母语。我们的母语，形成我们的文化，我们的精神，我们的灵魂，只要汉字还在，汉语还在，中国永远不会亡！我感到我们幸福，我们能够把古老的东西留下来，其他民族不行。

我是热爱这个祖国的，什么叫“爱国”？我就是爱国，爱国就爱国，爱国不是学说，就是一种感情。我爱国，是爱我祖国的文化，爱我祖国的历史，爱我祖国的山川，爱我祖国的文物，爱我祖国的文字，爱我祖国的语言，爱我祖国的同胞！我不是什么狭隘的“国学”，自己的意识形态破了产，赶快去抓一点孔孟来抵着，那都抵得住吗？世界潮流是怎么形成的？德先生和赛先生，必须要接受它们！我是赞成它们的。我不拥护那种向后转的所谓“国学”，还有像某些人，穿着那些古人的衣服，跪下去，又爬起来，那是什么国学？那是糟粕！

中国文字多么美丽，多么灿烂，我们的祖先造字的那种思维，是如何地幼稚天真，带有人类童年的那种趣味，嗨，我只能说，我们的祖先聪明！造出了这么有趣的文字，而且到今天我们还在用。所有的汉字都能解释，有的汉字还能解释出一段很有趣的故事来。

汉字对于我们中国人来说，是和阳光、水、空气同样重要的，是我们每时每刻都在使用的，这四样对于我们来说缺一不可。但凡是我们最熟悉的，我们反而不去思考它，是最陌生的。我们每个人都在使用的名字，又有几个人知道这几个字代表的意义呢？

人要学会感恩，感谢大自然的恩，感谢阳光、水、空气，在中国的文化中，要感谢汉字，中国人中有一句话‘大恩不报’，是因为这个恩太大了没有办法去报，但也是因为人的惰性，认为享受这四样是应该的。对于汉字不了解，这是一种危机。

……

一个半小时不知不觉过去了，大家用热烈的掌声感谢先生给我们的精神大餐。

我总结道："沙河先生是真正的爱国者，因为他爱我们的汉字。现在网上不少人骂他‘汉奸’，但这些人一定没有他热爱并了解我们祖国的文化。我们这批小同学多幸运啊！全国的中学生都在语文课上学习了流沙河先生的诗，可唯有你们这么幸运地和沙河老师近距离接触。让我特别感动的是，沙河老师到现在还没吃午饭，一直强撑着病体为我们讲汉字。我提议，我们全体起立，向我们敬爱的沙河老师致敬！"

全场起立，长时间的掌声再次响起了。

与班华教授聊德育

认识班华教授已经很多年了，但见面深谈的机会并不多。南京去过多次，每次都来去匆匆，没有时间去看望班老师。夸张点说，班老师在我心中一直是一尊神，令我敬仰。这次在南京刚好有半天空档，我决定去看望班华老师。

那天下着雨，我打的来到班华老师居住的小区大门前。面对一大片楼栋，我有些眼花缭乱，我撑着伞问门卫师傅："请问 17 号楼怎么走？"师傅又很有礼貌地指了指里面："往前走，然后左转，就到了。"说完，他又问了一句："17 号楼多少号房间？"我说："701。"他马上格外热情起来："是找班老师吧？我带你去！"他走到了我前面，一直带我走到 17 号楼前的一个单元门前，对着按门键说："就这儿，你按701，再按一个#，就行了。"我很感动，连一个门卫师傅都那么尊敬班老师！门卫师傅也许不知道班华是当今中国最著名的教授之一，是中国教育学会德育专业委员会主任，是南京师大博士生导师，但他知道班华是一位善良的老人。我知道我是沾了班老师的光，门卫师傅是把对班老师的尊敬转移到我身上了。

见到班老师，他依然那么儒雅，慈祥，淡泊。我说看起来你气色很好啊，然后问他身体怎样，他说还好还好，没什么大问题。寒暄之后，很快切入我们都关心的教育，特别是德育。

说起这个话题，班老师不住叹息："现在的教育啊，只注重分数、成绩，忽略了对学生进行做人的教育。"

我很有同感："分数再高，能力再强，不会做人，有什么用？药家鑫的音乐才能不高吗？最后却残忍地杀人；那个赴日本留学的中国学生的成绩不好吗？最后却用刀子捅自己的母亲！"

班老师说："药家鑫和那个留日学生只是两个极端的例子，还有更多的孩子虽然没有杀人，但冷漠，自私，缺乏责任感，没有修养。"

我对班老师说："我现在越来越觉得，教育是做什么的？说朴素一点，教育其实就是教会学生爱——懂得爱，并传递爱。"

班老师说："对的，是这样的。"

我说："现在学校其实很重视德育，但是现在的德育往往成了知识教育，而不注重学生良好习惯的养成，说和做分离。还有一些教育，只图形式的新奇，不管实际效果。比如，为了对学生进行感恩教育，就叫孩子一个星期都把书包背在前胸，体验母亲怀孕的感觉；还有叫孩子回家给妈妈洗脚。我不是说这样的教育就不好，而是说不要夸大这种教育的效果。一个星期装孕妇，孩子觉得有趣，当游戏了；偶尔一次为妈妈洗脚能有多大的效果，孩子可能天天都给妈妈洗脚吗？真正有效的教育，应该是引导孩子在平时点点滴滴地体验父母的爱，周围人对自己的爱，并学会报答。"

我说："最有效的德育，是教育者本人言行一致，自己怎么对学生说的，就应该那样去做。不能对学生说一套，自己在行动上又是一套。而现在的德育往往正是这样的。"我举了两个例子，一个是很多教育学生要有礼貌的老师，面对学生的问好却很冷漠，甚至理都不理。还有一个例子就是，一些学校的升旗仪式上，学生站得很端正，老师却站得稀稀拉拉。而这些老师到了教室里却可以庄严地给学生进行爱国主义教育！我说："最好的教育，莫过于感染。教师的行为是最好的教育。"

班老师深有同感，他说："是呀，孩子都看着我们呢！"

我听任小艾老师说过，几年前班老师曾经出过一次车祸，但班老师对肇事者非常宽厚。我问班老师这事具体是怎样的。班老师说："2006 年 12 月的一天，我在人行道上走，结果一辆小车突然倒车把我撞倒，头上都出血了。当时我的头非常晕，司机把我扶起来，问我去不去医院，那时候我觉得头脑已经清醒，没有什么大问题，便说不用了，我自己回去。我看那司机也很老实，他也不是故意的，我觉得自己没什么问题，何必为难人家呢？然后我去坐公交车，结果坐了两站，我开始呕吐，头晕。马上被送到医院，一检查，脑袋里面出血，医院发病危通知，立刻抢救。住了四十多天院，总算保住命了。"

我说："你后来没给那司机联系吗？"

他说："联系了。后来警察还专门做了鉴定，结论是司机负全责。司机后来承担了医疗费。但是，这次车祸造成我彻底失去嗅觉，这是终身残疾。按理可以向司机索赔，但我想算了，人家做生意也不容易，人也老实，所以就算了。"

我非常感动，并感慨万千："班老师您，还有朱小蔓老师，都是搞德育的，但你们本人都是非常高尚的人，总是那么善良、宽容，你们就是道德的化身。所以你们讲道德，讲德育，就有说服力，有威望。而现在一些中年或青年学者教授，真难让我尊敬，因为他们说做分离。现在许多学术腐败，都是一些道貌岸然的教授学者制造的，他们在公开场合，那是很'高尚'的。"我举了一个在中小学教师中都颇有声望的中年教授的例子，"他的书那么受中小学老师的追捧，可他在生活中的言行却让人不齿，说的一套，做的一套，如果他的粉丝知道了，真是不敢相信的。"

他说："现在教育上很多问题，其实是社会问题。整个社会都很功利，很物质，也很假。有一次，我给老师讲课，一位来自新疆的老师问我，学校迎接检查，我们不得不弄虚作假，学生就问我，老师你为什么要让我们弄虚作假？请问班老师怎么看这个问题。我当时对这老师说，你要表扬这个孩子，因为很多孩子都习惯了作假，甚至认为作假是正常的，这孩子还敢于说真话，应该表扬他。另外，这事你没有责任，你不过是奉命行事，不必背思想包袱。但是你要给学生明说，这样做是不对的。”

听到这里，我给班老师说了一件我经历的事。很多年前，我所在的学校为了应付上级检查，不得不弄虚作假，作为班主任我也参与其中。事后我对学生说：“大家看到，今天李老师作假了，还叫你们作假。这样做是不对的。尽管我不得不这样做，但是我还是希望大家有起码的是非判断，这样做是不对的，甚至是可耻的。这是我要说的第一点。第二，希望大家长大后当了局长厅长，千万不要让下面的人弄虚作假！唉，这些都是假教育！”

“你这样对学生说是对的。”班老师说，“但你说是假教育却不完全对。这不是假教育，而是反教育！因为它造成的危害，是对学生心灵的毒害，让孩子失去了起码的是非标准，把不正常的当作正常的。其实我们很多老师都无奈，不但作假，还要给学生说是为了学校荣誉，太可怕了。”他又说，“关键是现在社会也是虚假成风啊！”

我说：“是的是的。每次上级领导甚至中央首长来调研工作，下面的干部中有多少人愿意给首长说真话呢？我曾经参加过一次有中央领导参加的调研座谈会，要我发言，结果我的发言稿不断被审查被修改，最后剩下的全是好话。如果都这样，中央首长下来调研能够调研出什么真实情况！”

班老师只是叹息：“是啊是啊！所以，教育有很多问题很多时候是社会大环境的原因。”

我们谈到一些优秀的班主任，都认为，对老师来说，还是爱是第一位的。我说：“一个老师善良，爱学生，就会为了孩子去研究去探索，这样班主任的智慧就越来越多。就像于漪老师曾经对我说的，对孩子的爱，能够让一个老师变得聪明起来！”

“是的，首先还是爱。”他说到一位他熟悉的班主任，“她爱学生，非常投入，学生毕业后多年还来看她，连学生家长在大街上碰见她，还非要送东西给她。注意，家长并不是孩子在她班上读书的时候送东西，如果那样，可以理解为是为了让老师照顾自己的孩子，不，那是孩子毕业多年之后送东西给老师。这就非常真诚，完全是发自内心对老师的尊敬和感激。有了这样的关系，智慧、办法自然会有的。”

我说到刚才进小区时那位门卫师傅的表现，我说：“连门卫师傅对您都很尊敬啊！”他说：“我是教授，别人是门卫，但我们是平等的，平时我对他们都非常尊敬，你尊敬别人，别人自然会尊敬你。”

不知不觉过去两个小时了，我起身告别。班老师要留我吃晚饭，我说：“不了，我还要赶火车呢！班老师，您多保重身体，我以后再来看您。”

虽然外面还下着雨，但班老师依然坚持把我送到了楼下。

听傅国涌谈“过去的中小学”

前不久，我在成都见到了傅国涌先生。对于“傅国涌”这个名字，我是很熟悉的，不但读了他大量关于民国知识分子的文章，还曾买了他的《1949年：中国知识分子的私人记录》一书拜读。真的算是久仰。

他这次来成都给校长们做培训。我前去聆听了他的讲座“过去的中学校”。这里的过去，指的是“民国时期”。

民国时期当然不是什么都好，但教育有比现在好的地方。当然，要论校舍论设备论硬件，那时肯定无法同现在比，但论所培养的大师级人物的数量，现在同样无法与那时比。

秘密何在？

我认为是两个字：自由。

用傅国涌先生的话来说，教育应该让人的生命充分展开。什么叫“生命的充分展开”？他以金庸为例。金庸一生成就非凡，无论办报还是写小说，都达到了生命所蕴含的创造力的巅峰。这就是生命的充分展开。

傅国涌以那时一些小学的校歌和校训为例，谈当时学校对人的教育，是一种有文化高度有人性温度的教育。他说，无论一个时代有多么败坏，总有一些人会看到未来。

他这样概括那时教育的特征：第一，是人的教育。第二，教育具有独立性。在谈到“人的教育”时，他引用了爱因斯坦的一句话：“用专业知识教育人是不够的。通过专业教育，他可以成为一种有用的机器，但是不能成为一个和谐发展的人。”

他说，教育是建造一个一个的“器皿”。教育永远没有复数，而只有单数，必须面对一个一个具体的人。教育也不能只考虑“有用”，他以让自己的孩子学笛子为例：“我让孩子学笛子，虽然对考试没用，但对他的生命有用。”

那时的教育是自由的教育，尊重人个性的教育。傅国涌讲了一个故事，这个流传很广的故事虽然很多人都已经知道，但重新听这个真实的故事，我还是感慨万千——

1941 年，重庆南开中学举行毕业考试。面对物理试卷，学生谢邦敏一筹莫展，虽然他极富文学才华，但数理化成绩一直很糟糕，最后他不得不交白卷，可是他又心有不甘，便在试卷后面赋词一首，调寄《鹧鸪天》：“晓号悠扬枕上闻，余魂迷入考场门。平时放荡几折齿，几度迷茫欲断魂。题未算，意已昏，下周再把电、磁温。今朝纵是交白卷，柳耆原非理组人。”

这事放在今天，除了给零分还有什么结果呢？何况当时判卷的物理老师是魏荣爵，其教学水平之高、教学态度之严谨都有口皆碑，绝不是不负责任胡乱评分的人。但是，魏荣爵却也赋诗一首：“卷虽白卷，词却好词。人各有志，给分六十。”使这位偏科的学子得以顺利毕业，并考入西南联大法律专业，后来登上了北大讲坛，1949 年后曾是北京第一刑庭庭长。

这就是那时的教育。

傅国涌也谈到社会对教育的影响：“如果社会没有信，教育再好也没用。”但同时，他也强调：“在任何时候教育都可以有所作为。我改变不了中国，但我可以改变我的课堂。”他引用一位老师的话说：“我无法改变中国，但我可以在课堂上给学生一些信息，这些信息是教科书上没有的。”这里的“信息”也可以叫作“线索”。今天没用，说不定哪一天，孩子长大了，这线索也就有用了。

谈到“批判”，他反对不问青红皂白一股脑地否定，他认为批判的前提是对批判对象的了解。他说：“批判是需要了解，需要进入的。”

他又说，那时候许多中小学教师，都是大师级的学者，比如钱穆、叶圣陶、朱自清、夏丏尊、丰子恺、朱光潜、老舍、吕思勉、钱南扬……他们今天在小学，明天可能就直接到大学做教授，比如朱自清。他们从小学到大学，进退从容而自如。

现在还能找到这样的中小学教师吗？我多次说过："与老一辈大师相比，我们连学者都谈不上！"现在还有多少老师在业余时间读书的？不少中小学老师的人文视野是相当狭窄的。傅国涌在讲座中提到林昭，我就想，现在还有多少老师知道"林昭"这个名字呢？

傅国涌说，现在我们知道的一些近代名人，很多是具有破坏力的人，其实不少具有建设力的人被我们忽略了，比如卢作孚。在今天，我们要努力增强建设力，增加这个社会的正能量。从自己做起，从自己的课堂做起。

他谈到年轻人要甘于寂寞做学问，不要浮躁。他说，他受益于几位老师的点拨："先抓大的，再抓小的，最后抓中等的。""不要空对空，要地对空。小切口，大问题。不要写东西，要写读书笔记，十年后再写东西。"这些只言片语，让他受益匪浅。只是，他苦笑道："在这个浮躁的时代，还有多少人能够等十年后再写东西呢？他等不及了，因为他要买房啊！"

傅国涌的讲座，言语平实，态度温和，但有着内在的力度——这点和谢泳有点相似。并不是他的每个观点我都同意，相反，有的说法我觉得还可以商榷，比如，他多次谈到民国一些小学和中学："从这学校走出多少'家'啊！"我觉得不能这么简单地说，因为当时能够读书的人并不多，学校也很少。能够读书的孩子都是有钱而且有天赋的，刚好就读不多的那几所学校。这些学校百年之后的今天，便"硕果累累"了。另外，卢作孚、梁漱溟只是小学生学历，但他们之所以能够有成就，除了他们所接受的教育，还有他们的天赋。这点往往被人回避（不是忽略）。那一时代同样的小学生还很多，但不是人人都能成为范用、梁漱溟……还有，我也认为，不能把所有都推给"体制"，教育有自己的独立性，但我们现在的中小学是不可能脱离政治脱离体制的。是那个时代对教育的相对的宽松自由，让尽可能多的人生命得以自由地舒展，也让教育得以自由地发展。

但是，傅国涌先生呼唤当今教师的责任感，呼唤每一个教师从自己的教室里开始，给教育以温度，给学生以自由，这是对的。

吃饭时，我和他聊到“教育家”的话题，我说我现在不轻易说“教育家”，我也不认为“教育家”是谁“培养”的，教育家是自己成长起来的。他说：“对的，我用的是‘生长’这个词。”我说：“嗯，‘生长’这个词好。社会为教育家生长提供土壤，政府可以为教育家生长提供空气、阳光和水，但教育家是否能够生长起来，还得靠教育者本人。”

一句话，教育需要自由的空气。

寻找袁丽华

今天早晨，我照例六点半出门开始晨练，沿着美丽的锦江慢跑。四十分钟后，跑到了坐落于江边的龙江路小学。

我走到关闭的铁门前，对里面的门卫说：“师傅，我是李海校长的朋友，过几天我将在这里为老师们做一个讲座。我在准备课件的时候需要校园里一尊雕像的照片，请允许我进去照一张相，好吗？”

他看了我一眼，满脸的狐疑，有点不相信。我穿着背心短裤，浑身上下热气腾腾，淌着汗水，哪像要来讲学的专家！叫人家怎么相信？

我赶紧解释：“我就住在这附近，今天早晨锻炼路过这里，我想干脆就顺便进来照张相。”

他还是不信：“不行！你给校长打个电话，如果他同意，我才能让你进去。”

我完全理解他。于是马上给另一位副校长打通了电话，然后把手机交给了门卫。几句通话之后，师傅很客气地放我进去了，并指着校园那组雕像说：“在那里！”

我走近一看，这雕像是一位老师和一群孩子，这不是我要找的校园，没有我要找的那尊塑像。我问一位正在扫地的师傅：“师傅，请问这学校还有其他雕像吗？”

他说：“有呀！”边说边用手指上面，“你从这天桥上去，二楼上还有。”

我赶紧来到二楼，看到的也只是一个学生模样的雕像。于是我自己继续找。但走遍了校园，依然没有找到我要找的那个塑像——袁丽华的雕像。

我一直以为龙江路小学校园里一定有、肯定有、绝对有袁丽华老师的雕像，可是，的确没有。

我带着无比的惆怅，离开了龙江路小学校园。

我估计在中国，叫“袁丽华”的公民有千千万万，但我这里要找的“袁丽华”是二十世纪五六十年代成都市龙江路小学的语文特级教师。

成都市龙江路小学是成都小学名校的“五朵金花”之一，在全国都是鼎鼎有名。在基础教育界，人们一提起“成都市龙江路小学”，首先会想到该校首倡的“新三好”以及多年实践的“愉快教育”。可我每次想到龙江路小学，首先想到的就是“袁丽华”。

在我看来，袁丽华，是龙江路小学的光荣和耻辱。

第一次听说“袁丽华”这个名字，是我读大学的1979年。当时“文革”结束不久，在胡耀邦的领导下，全国掀起了平反冤假错案的高潮。“文革”十年，冤狱遍于国中。中央电视台在1998年改革开放20年大型文献纪录片中披露：“‘文革’十年造成了约三千万冤假错案。”

袁丽华老师被迫害就是这“三千万”分之一。1979年，几乎每天起来都会听到新闻里说谁谁谁又被平反了——从刘少奇、彭德怀，到知识分子、普通百姓。一天，我打开报纸，看到了袁丽华老师平反昭雪的报道，还有关于袁老师教书育人优秀事迹的长篇报道。我知道她是那么善良，那么爱学生，在小学读写教学方面成就突出，是四川省第一位小学特级教师。1961年春，叶圣陶来成都，到过一些中小学听语文课，就专门去听龙江路小学袁丽华老师讲《詹天佑》，评价很高，认为“教法颇不错”。可“文革”一来，仅仅是因为她教学成就突出，就遭到批斗。我现在还记得当时的报道写到这样一个细节，说袁老师被批斗时，一些学生朝她吐唾沫，她万箭钻心，想，怎么昨天对自己还那么尊敬那么依恋的可爱孩子，今天对自己却如此仇恨？这对全身心爱孩子的袁老师来说，无论如何想不通，这对她来说，是一个永远无法解开的谜。袁老师所受的凌辱今天的年轻人是无法想象的，可以说是骇人听闻，她被强迫口含死耗子游斗，最后不堪受辱，趁看守不备从三楼跳下身亡，年仅38岁！

到现在还有人怀念并歌颂“文革”，大唱赞歌，说什么“文革”只是整老干部，普通百姓是很幸福的。还说什么现在腐败猖獗，工人农民成了弱势群体，恰恰证明“文革”的正确和必要，云云。我早就说过，歌颂并呼唤“文革”的大体是两类人：一类人无知，他们大多是年轻人，真诚纯洁，但不了解历史，真以为“文革”能够解决腐败；一类是无耻，本来就是“文革”的得势者，早就盼望着东山再起，因此故意混淆事实，歪曲历史，美化“文革”。

我估计这篇文章又会让某一些人咬牙切齿。我先说好，我不会和你们争论的。但今天，面对“袁丽华”这个名字，我要说，这位优秀的小学老师犯了什么“滔天大罪”？说到小学教师，我还想到我母亲，我母亲“文革”中也因为被怀疑写“反标”而受尽辱骂殴打。无论是袁丽华老师，还是我母亲，可都是普通的老百姓啊！有人说，工人农民在那个时代生活很好，地位高，可我的奶奶就是在农村活活饿死的，我的姨夫也是在农村活活饿死的，他们绝对都是农民。

好，还是回到“袁丽华”这个话题。上个月，龙江路小学校长李海对我说，希望我在 8 月 10 日去他的学校为老师们做个讲座，主要讲读书。我说好呀，但我不仅仅讲读书，我要从读书的话题展开，讲小学老师的素养。他说那更好了！于是，这几天我一直在准备提纲。我打算这个讲座以袁丽华老师开头，因为袁老师代表着小学教师的一个高度。于是，我开始找袁丽华老师的有关资料。但让我很失望的是，网上关于袁老师的资料极少。搜索“百度”，只有这么几行字的介绍——

袁丽华（1930—1968），女，四川成都人。曾就读于成都市鼓楼小学，1949 年毕业于成都女子师范学校。后任成都市龙江路小学教师。特级教师。1952 年加入中国共产党。1960 年获全国三八红旗手称号，并出席全国文教群英会。在小学教学中，重视培养儿童的读写能力，提高学生的作文水平。著有《怎样培养儿童读写能力》。

连标点符号，仅 139 个字。

从这聊聊几行字中，丝毫看不出“文革”的影子，更看不出袁丽华之死的原因。历史就这样被隐匿了。

我想找几张袁丽华的照片，搜索“百度图片”，却一张都没有。

我无语了。

我给龙江路小学副校长打电话，说起我今天早晨去该校寻袁未果，希望她能够给我提供几张袁老师的照片，她说有的，周一就发到我信箱。

但是从早晨离开龙江路小学校园到现在，我的心一直沉甸甸的，为袁丽华老师，也为我们的国家……

大姐吴正宪

最近参加《班主任》杂志组织的赴内蒙古培训活动，我最大的收获之一，是结识了吴正宪老师。

先到北京，然后去西苑机场转机，路上赵福江社长说：“对了，今天还有一牛人也要去内蒙古。”我问是谁，他说：“吴正宪。”

对这个名字，我听说过，但不熟。很多年前，有一套《教育家成长丛书》，我忝列作者队伍。我对小学不熟，对小学数学教育更是门外汉，所以除了李吉林、窦桂梅，我对小学教学界的其他名师真的知道得很少。知道“吴正宪”这个名字，只是因为《教育家成长丛书》中有一本《吴正宪与小学数学教育》，仅此而已。

所以听赵福江社长说“吴正宪”，我想，这次又要结识一位名师了。说实话，这么想想而已，没有多么激动。

在机场坐着候机，我拿着刚刚到手的新作《我的教育心》在自我欣赏——出了新书，不管怎样心情还是很愉快的。突然，坐我旁边的赵福江社长站了起来：“吴老师您好！”我循声抬头，看到一位非常优雅的女士笑容可掬地和赵福江社长握手。我赶紧站了起来。赵福江社长说：“介绍一下，这是李镇西老师，这是吴正宪老师！”我握住吴老师伸过来的手：“您好，吴老师！”吴老师也很有礼貌地说：“您好您好！”

赵福江社长又说了一遍:“这是李镇西!”吴老师本来已经松开我的手，又赶紧重新握住:“啊，您就是李镇西老师!刚才我没听清楚，原来是李镇西老师!太高兴了太高兴了!终于见到我的偶像了!”

本来吴老师的话让我很感动，但最后一句却让我不好意思了。无论是年龄还是影响，她都应该是我尊敬的长者和大家，“偶像”二字让我脸红。

可能是吴老师怕我误解她说的是客气话，接着便说:“我很多年前就读您的书了，对我影响很大。”她说得那么真诚，自然。

我说:“不好意思，见笑了见笑了!”本来我也想说几句赞美她的话以示“回报”，但我真的对她了解有限，我又不习惯于说违心的奉承话，所以只好说:“您太谦虚了!”

她说她特别喜欢读我的书，我便拿着手中的《我的教育心》给她看:“我刚刚拿到手的。”她接过书便翻看了起来，看得很认真。

本来我应该送吴老师一本《我的教育心》，但我手中已经没有多的了，这本《我的教育心》我已经签名赠送给赵福江社长了，所以我很抱歉地说:“吴老师，只有过一段时间我再送给您了!”

“不要紧，我先看看赵老师这本。”看她对我的书爱不释手，我很感动。

看了一会儿，吴老师说:“镇西，”她很亲切很自然地叫我“镇西”，我很高兴，“我觉得我俩有很多共同的东西，那就是我们都讲教育的人性、人情!这也是你书中最能打动我的地方。”

我说:“这是教育最根本的东西，也是常识。只是现在这常识被人忘记了。”

她说:“‘文革’时，教育讲人情可不行，我就是因为讲人情，‘文革’时被批判呢!”

我吃了一惊，吴老师比我长四岁，“文革”时也不大呀，怎么就当老师了，而且还被批判?我问吴老师:“‘文革’时你就工作了?”

她笑了:“是呀，我参加工作很早的。那时候教育不能讲人情。”

一说到我们共同的理念，我们的话就更多了。我们开心地聊着:教育的爱与责任、人情、人性、人道……她说:“我们虽然是第一次见面，但其实我们早就认识了，因为我们有共同的教育理念。我们的心早就相通。”

说着说着，登机时间到了。

在飞机上，吴老师一直在读我的《我的教育心》。

2011年7月，我和吴正宪老师在内蒙古锡林郭勒草原

到了锡林浩特，第一天我和吴老师分别在两个地方做培训。傍晚，我们一起来到九曲湾，领略夕阳西下的美景。

在草原，我们放飞心灵，笑声融入绚丽的晚霞。在蒙古包，我们引吭高歌。吴老师身披哈达载歌载舞，绽放出了特别美丽的笑容。在这一刻，我发现了吴老师之所以成为具有全国影响的著名特级教师的原因：童心！她的笑容如孩童般纯净，她的品质如孩童般纯正。因为有一颗永远的童心，吴老师爱孩子，爱教育，于是成了一代名师。就这么简单。

优雅而美丽，真诚而朴实，博学而谦逊，睿智而纯真，这就是短短时间内，吴正宪老师给我留下的印象。

我对吴老师说："我一定要写一篇关于你的文章发在我博客上。"

第二天，吴老师就要回北京了。我说："吴大姐，以后我到北京，如果有时间我就去看您。"她说："不是如果有时间，而是一定！你到北京一定要和我联系，我会想念你的！"

看望陈老师

今天是教师节。上午，我拨通了我初中班主任陈明熙老师家的电话。

电话那头是一个年轻的女声："请问你找谁？"

我问："请问陈老师在家吗？"

"我就是。"

我惊喜："啊，陈老师！你声音这么年轻啊！我是李镇西。"

陈老师说："啊，是李镇西啊！我还年轻？呵呵，我都70多岁了！"

我说："陈老师，我马上过去看你。"

半个小时后，我拎着水果叩开了陈老师的家门。她和老伴周老师热情地把我迎了进去。

初一时，我所在的班叫"二连五排"——当时全国都军事化，学校不叫几年级几班，而叫几连几排，一个连就是一个年级，一个排就是一个班——特别烂，老师是无法管住学生的，我们的教室在山坡上，山下就是大渡河，我们男生常常不上课而直接下山坡跳入大渡河游泳。我算是比较规矩的，但也曾和大家一起旷课。所以，到了第二年，学校干脆把我们班打散，学生分到年级其他班。于是，我就来到了陈老师的班。后来听说是陈老师把我要过去的。我从小到大，读书期间都是好学生，都是绝对"良民"，自然被老师喜欢。

陈老师一边为我削苹果，一边和我说起当年我们这个班的哪个同学现在在做什么，可惜有的同学我连名字都忘记了，但有的我还隐约有点印象。特别不能忘记的是，陈老师当年对我的关心。我的成绩不错，作文尤其好，所以陈老师常常鼓励我。记得有一次我写了一首诗，陈老师居然不相信是我写的，问我是不是自己写的。我很认真地说是的。她相信了，便大加赞赏，给我莫大的鼓励。

我对陈老师说："陈老师，我现在家里还保存着你当年给我批改的作文，上面还有你写的评语呢！下次来我给你带上，让你看看文物！"

陈老师说："你真是有心！"

她又说："你当学生的时候脑子好使，反应快。就是好像爱迟到。"

我吃了一惊，"爱迟到"？我想了想，不会的，肯定不会的。偶尔迟到有可能，但"爱迟到"绝对不可能。估计是陈老师张冠李戴了。不过我没跟陈老师争辩。

我问陈老师身体还好吧，她说她有冠心病，坚持吃药，感觉还行。周老师说他高血压三十年了，一直坚持吃药，还行。

其实，周老师也是我的老师。当年我大学毕业分到乐山一中，他是我的指导老师。可是，因为备课时常为一些问题争执，我年轻气盛，对他尊重不够，他有些恼羞成怒，对我也不是那么友好，可能觉得我不谦虚，总之，后来我俩关系很僵。然而，现在想来，我真诚地觉得是我不对。

我说："时间真快，再过几个月，明年2月，我就参加工作三十年了。周老师是我的指导老师呢！当年，我不懂事，对周老师不够尊重，抱歉啊！"我说得很真诚。

周老师也很大度："哪里哪里，没有没有。"

我心里想，真是啊！当年似乎势不两立，不共戴天，可现在想起来，算什么呢？三十年前，似乎不可能化解的矛盾，如今一看，都是浮云！人生就这么几十年，为那么些鸡毛蒜皮的事去争啊去吵啊，值得吗？

周老师说："我经常看你发表的文章呢！你现在真不错！"

陈老师也直说："祝贺你，祝贺你现在事业的成就！"

我说："哎呀，在陈老师面前，我都不好意思提这些，真的不算什么！"

周老师说："在陈老师心中，有两个得意门生，一个是你，一个是……"

陈老师马上打断老伴的话："也不能这么说。我当然为李镇西高兴，但我每一个学生在我心中都是一样的！"

这话让我特别有共鸣。我说："陈老师说得真好！我现在也经常对我的学生说，无论你以后做什么，无论你以后有名无名，只要你善良、勤劳、正直，就是我的骄傲！"

陈老师不住点头："就是就是。"

聊着聊着，就快到中午了。我向陈老师告辞："陈老师，您要多保重身体！周老师也要多保重！我以后再来看你们！"

我想到我还没和陈老师合过影。我拿出相机，请周老师为我和陈老师照了一张相。

绍华校长

1991 年秋天的一个下午——距今刚好 20 周年，我应邀去成都石室中学听课。在课后的座谈会上我做了几分钟的发言，然后和主人共进晚餐。晚饭后，石室中学教务处主任、四川省语文特级教师徐敦忠老师对我说，希望我调入石室中学。他说这也是王绍华副校长的意思。

当时我很意外，更受宠若惊。“成都石室中学”这几个字是怎样的如雷贯耳啊！其前身为文翁石室，建于汉代，是我国第一所地方官办学府。近代晚清的 1904 年改设现代中学，绵延两千一百五十多年，石室弦歌不辍，文脉不断，甚至连校址都没有动迁过。在石室的土地上，留下过文翁的足迹、王维的足迹、杜甫的足迹、李调元的足迹，活跃过李一氓的身影、何其芳的身影、曹葆华的身影，更孕育了郭沫若瑰丽的诗歌，李劼人凝重的小说，王光祈迷人的音乐，周太玄科学的梦想……

能够在这所著名学府任教，该是多么幸运和幸福啊！

我当时不过是一名普通的青年教师，听了徐主任的话，简直像中了彩票一样没反应过来。我猜测，也许刚才座谈会上我几分钟的发言受到了徐敦忠主任和语文教研组长陈文汉老师的认可和好评，也引起了王校长的注意，但他居然“看中”了我，我确实吃了一惊。当然，我更多的是感动。不过，我稍微理智地想了想，便对徐主任说，我才到成都市玉林中学工作半年多，杨校长对我也不薄，我现在怎么好走？请转达我对王校长的感谢。

尽管当时我没有答应绍华副校长，但他对我的厚爱我记在了心中。

两年后，绍华担任石室中学校长。有一次，我又去石室中学参加语文教研活动，在学校大门口碰见他。王校长非常热情地和我握手，并说了一句让我终生难忘的话：“李老师啊，我们就像是谈恋爱，是我在追你，我在你后面追呀追呀，不知什么时候能够把你追到！”

我知道绍华校长说话幽默，但我相信他这话不仅仅是幽默，而是表达了他对我的真诚期待。

坦率地说，那一刻我开始动心了。因此，和成都玉林中学签订的第一个三年合同到期时，我犹豫着是否不再续签。但想到杨校长把我调进成都也不容易，于是我一咬牙，决定再为杨校长干三年。于是我又和成都玉林中学续签了三年合同。

这一晃近七年就过去了。由于种种原因，注意我的人渐渐多了起来。成都市内几所知名的中学校长也向我抛出了“绣球”，但石室中学始终在我心中占据不可动摇的地位，因为那里有绍华校长！绍华校长那句“追呀追呀”的话一直在我耳边响着，并感动着我。

1997 年刚放寒假的一天晚上，我突然接到绍华校长的电话：“李老师，你明天到学校来拿房子的钥匙。”我再次惊讶得说不出话！尽管再过半年我在成都玉林中学的第二个三年合同即到期，我与绍华校长也谈过我合同期一满，我就过去，但毕竟没有履行任何手续，连起码的文字承诺都没有。但绍华校长就是这么信任我，直接就把房子钥匙给我了。

后来我才知道，这套位于三楼的房子，是前任校长现任教育局局长调离石室中学后留下的，本来是应该轮到王明宪副校长住的，明宪校长住六楼，因为爱人患重病而一直想换个楼层低的房子，但绍华校长对他说：“这套房子，我要用来引进一位优秀教师，我给李老师留着……”明宪校长当即表示充分理解，并极力支持。

写到这里，我不禁想到，有多少人有恩于我，而我又愧对多少人啊！

1997 年秋天，我正式到石室中学执教。我至今记得，到石室中学之初，绍华校长和我聊天，问我的想法，我说我不想做什么“行政”，我就想尽可能排除一切干扰，好好教书，好好当班主任。他说：“好，我懂你的意思了。我尊重你。我不会把你朝行政干部方面培养，我创造条件让你朝教育专家方面发展。”

这是绍华校长让我感到他真正懂我的一句话。事实证明，绍华校长后来确实一直是这样做的。他果然没有给我任何行政干扰，让我安安静静地教书。

而绍华校长本身就是一名教育专家。近距离接触绍华校长，我感到王绍华校长是一位有着浓厚书卷气的管理者，一位真正的学者型校长。

1993 年王绍华担任石室中学校长时，古老的石室中学经过前几任校长的锐意改革，在各方面都取得了引人注目的成果，成为当时成都市乃至四川省教育改革的一面旗帜，在全国都享有盛名。如何让石室中学在保持荣誉的同时再创佳绩？如何让发展平台已经很高的学校再有新的突破？这对新任校长王绍华来说是一个不小的挑战。苏霍姆林斯基说："学校领导首先是教育思想的领导，其次才是行政领导。"而王绍华校长正是以自己富有创造性的教育思想给这所千年名校注入了新的活力与生机。

要办好石室中学，有千头万绪的工作需要做，但王校长认为，首要的工作是提出一个科学的、明确的、符合学校实际的办学思想。这样的办学思想既是过去办学经验的提炼，又是未来发展的指导方针。它会激励全校师生为学校的发展而奋斗，也应该是石室中学成为一流学校的标志。基于这样的思考，王校长组织全校教师清理、总结石室中学以往的办学经验，同时结合素质教育的时代要求学习、研究先进的教育理念，根据前任校长叶长坚把石室优良传统与现代教育思想熔于一炉的办学方针，最后提炼出了石室中学的办学思想："继承优良传统，打好素质基础，培育创造能力。"（简称"传统·基础·创造"）

当然，这一办学思想绝不是仅仅悬在空中的口号，它最后都应落实于石室中学的教育管理、教育改革、教育科研等方面。为了在保持并发扬优良传统的同时，找到学校教育发展新的增长点，王校长把眼光投向了教育科研，提出"以研兴校，以研促教，以研名师"，通过教育科研促进教育改革的发展、教育质量和教师专业水平的提升。

我这里特别想说的是，强调"重视教育科研"的校长太多太多，或者说几乎没有校长不把"科研兴校"挂在口头上，但在这个浮躁而浮夸的社会，并不是每一个校长都能够做真科研的。绍华校长是我所见到的为数不多的搞真科研的校长之一。这里披露一个细节——

有一年，某高校某著名什么"学家"带着几个研究生来到我校，说是要帮助学校搞教育科研，帮助学校"总结""提炼"什么"经验"之类。宽厚仁慈的绍华校长一开始也持欢迎态度。但后来发现味道不对了，他们不是踏踏实实地指导老师们如何结合自己的教育实践从事科研，而是关起门来写文章，闭门造车，最让绍华校长不能接受的是，他们提出，学校给几万块钱，这“科研成果”肯定就出来了！绍华校长毫不犹豫地拒绝了。我知道，现在花钱买成果的校长还少吗？但绍华校长不干，因为这有违他的教育良知。

何况，王校长本人就是教育科研的身体力行者，带头实实在在地搞教育科研，哪需要弄虚作假花钱买“成果”？担任校长之前，数学特级教师的他，就已经出版了《中学数学解题方法——判别式法》等学术著作。他对全校教育科研的领导首先体现在身体力行带头搞科研:《教育科研是发展教育的重要推动力》《略论现代石室教育思想》《现代中学生文化科学素质培养研究》《培养学生创新能力的思考》《对吴莹莹发明成功因素的探究》……王绍华校长在繁忙的工作中，主持了一个个教育科研课题，写下了一篇篇教育科研文章。石室中学由此形成了不同级别、不同层次、不同领域、不同学科的教育科研课题网络系统，并带动了教育教学改革：研究性学习、学分制、选修课……一时间，石室老师发表出版的教育科研论文、著作蔚为大观。科研成果当然不仅仅是论文著作，还有教育质量的稳步提高，包括学生在学科竞赛和科技发明方面的优异成绩。绍华校长率领石室的老师们以教育改革的卓著成果为学校注入了新的活力。

也是在这浓郁的教育科研氛围的感染下，更是在绍华校长的热情鼓励和支持下，我也结合自己每一天的工作做真正的教育科研——不停地实践，不停地思考，不停地阅读，不停地写作，我在全国发表了一篇又一篇教育论文。

绍华校长有一种人格魅力，这种魅力不仅仅来自他的学识，更来自他宽厚仁慈的品格。我从来没有见过绍华校长对任何人发过脾气，甚至没见过他声色俱厉地批评过谁。他也从来没有校长架子或专家派头，总是那么平易近人。说一个细节，自我认识他到现在，他从来没有直呼过我的名字，总是叫我“李老师”，不只是对我，他对学校所有老师都称“某老师”。这不是客气更不是客套，而是发自内心对老师们的尊重。他是一个内心深处特别善良的人。

他对我更是特别宽容和包容，宽容我的个性，包容我的缺点。在语文教学和班主任工作方面，我有些做法比较新颖，甚至比较独特，这些做法并不是每一个人都认可的，但绍华校长总是鼓励我“大胆创新”。我从来不选择学生，所以当时我班上的差生相对多一些，尽管我操了不少心想办法转化这些孩子，但班上总有“出事”的时候。绍华校长从来没有责备过我一次。相反他还帮我给一些人解释：“李老师班上调皮娃儿多一些，人家李老师比一般老师付出的辛劳更多，怎么能够简单地责怪他呢？何况，这些孩子也在进步。”可以想象，当这些话传到我耳朵里，我是怎样的感动！我当班主任喜欢把学生带到大自然去玩，这在十多年前并不是每一个校长都支持的——曾经在一所学校，我因为带学生出去活动，结果不但被校长批评，还受了经济处罚。然而在石室中学，我多次带学生出去玩，我曾带着学生去公园踢足球做游戏，也曾带着学生在春天的田野步行一天，还曾带着学生在青城山的小木屋里住了一夜……我从来没有挨过一次批评。

当然，绍华校长也有批评我的时候。记得有一次，他找我谈心，非常严肃而又诚恳地指出我存在的一些问题，说得我心悦诚服。同时他又怕我背思想包袱，便鼓励我不要因此而畏首畏尾，要我保持我的工作热情和创新锐气。他有几句话我至今记得：“谁没有缺点呢？谁都有失误或犯错误的时候。你千万不要因此而不敢大胆工作，你一定要继续保持你的创新精神，你一定会取得更大的成绩的！我相信你！”他当时说这话时，那信任和期待的眼光，好像至今还注视着我。

1999 年 10 月下旬，我偶然从《中小学管理》杂志上一则启事中得知，由国际与比较教育研究所主办的纪念苏霍姆林斯基八十诞辰国际学术研讨会将在北京举行。我一下想到了不久前我写的一篇《追随苏霍姆林斯基》，我便将这篇文章和刚刚出版的《爱心与教育》寄给了会务组。两周以后，我接到了大会的邀请函。

这本来是一件好事，但当我拿着会议通知去向绍华校长请假时，他开始有点为难：“按规定，只有教育行政部门或教育科研部门组织的会，学校才同意参加的……”

绍华校长这样一说，虽然我感到遗憾，但也不好多说什么，毕竟规矩在那里摆着。绍华校长在办公室里踱了几步，又仔细看了会议通知，沉吟了一会儿，说：“国际与比较教育研究所也是很有影响的教育科研机构，著名教育家顾明远还曾担任所长。你去吧！我知道你多年来对苏霍姆林斯基的热爱与追随，我支持你！”

绍华校长的支持，促成了我的北京之行，而且让我第一次在国际会议上亮相，我的教育故事感动了许多中外学者，包括苏霍姆林斯基的女儿、乌克兰著名的教育专家苏霍姆林斯卡娅，她当时被我的发言所感染，即兴写下几句题词——

亲爱的李：

听了您刚才充满激情和爱心的发言，我很感动。您是一位真正的教师！

您把您的热情传播给您的事业，您把您的爱心传播给您的学生。我相信，您是很幸福的人。

您是中国的苏霍姆林斯基式的教师。虽然您与我父亲苏霍姆林斯基年龄相差很大，中国和乌克兰相距遥远，但您是苏霍姆林斯基的亲人，是他最亲近的人！

我代表我的亲属向您表示敬意，我代表乌克兰人民向您表示敬意，我向您深深的鞠躬！

奥丽佳 · 苏霍姆林斯卡娅

1998 年 11 月 27 日

正是从那次北京之行开始，我的教育视野从中国投向了世界，我和苏霍姆林斯卡娅女士的友谊保持到现在。

我后来不止一次地想，人生有时候因为许多偶然而改变方向，如果我没有遇到他，或者那次他不同意我去北京，后来的我会怎样呢？当然，我的教育事业肯定会继续向前推进，但我的教育景观可能会有所不同吧。

不仅仅是参加学术会议，一切可能的学习机会，绍华校长都积极支持我。2000 年 3 月初的一天，绍华校长突然向我转告一个来自省教委的通知，要我于当月下旬赴西安参加教育部组织的骨干教师国家级培训。当时我正带毕业班，还有三个月就中考了。我说："现在，学生正值临考的关键时刻啊……"绍华校长说："是呀，的确来得不是时候。但这是国家级培训，机会难得，你去吧！"对于我后来考博士研究生，绍华校长也很支持，他很爽快地在报名表上签字，并且勉励我说："顾泠元是著名的中学数学教研员，也是我国第一个中学数学界的博士，希望你向他学习，成为我国第一个中学语文教师中的博士。”

如此开明的校长，真是不多见。如果没有他的开明，我现在会是怎样的？当然，他不仅仅是开明，更有他对年轻教师真诚热切的培养提携之心。

每当我取得了一点点成绩，绍华校长总是由衷的高兴，并尽可能地宣传我。那年拙著《爱心与教育》荣获中宣部“五个一工程奖”后，四川省委宣传部组织了一个座谈会。开会前，绍华校长本来已经坐上去泸州出差的车，临时接到参加这个座谈会的通知后，马上跳下车专程赶到会场。在会上他热情地说：“我把李老师的成功归结为‘四加一’。我认为，他在四个方面很突出——勤于学习善于学习，勤于思考善于思考，勤于积累善于积累，勤于写作善于写作；‘一’就是一片爱心。当然，爱心我们都有，但李老师非常执着，再加上前面那四个方面，所以他能够取得显著的成果。”听了绍华校长对我的评价，我感到他是了解并理解我的。同时，会后他又真诚告诫我：“做出了成绩，有了点名气，更要谦虚谨慎，要夹着尾巴做人啊！”

我在成都石室中学绍华校长手下工作不过五年，但这五年是我教育生涯的重要转折点。进石室中学之前，我只是普通的语文教师和班主任，尽管也有些文章见诸报刊，但总的说来我是默默无闻的。正是在石室校园，我崭露头角，开始在四川省乃至全国基础教育界发出自己的声音，我的名字渐渐被越来越多的人眼熟。石室中学是我总结提炼升华我过去 15 年教育实践，深化我的教育思考并继续我教育探索的地方，也是喷发我从 1982 年参加教育工作以来所积淀的教育情感、教育思想与教育智慧的地方——《爱心与教育》《走进心灵》《从批判走向建设》《风中芦苇在思索》《花开的声音》《教育是心灵的艺术》等著作……都是那一时期的教育作品。我因此同时荣获“四川省中学特级教师”和“成都市中小学教育专家”的称号。

后来我读博士，我到成都市教科所工作，后回到学校教书当班主任，再到成都郊外搞平民教育，直到我现在当校长，我和绍华校长见面的时间渐渐少了，但他一直都关心着我，并为我的每一次进步而高兴。那年夏天，温家宝总理对我从事平民教育的批示下来后，他和我相约在三圣乡荷塘边小聚。我们沿着荷塘一边散步一边聊天，谈教师理想，谈教育公平，谈学校管理，谈知识分子的使命感，谈中国社会的发展与进步……我再次聆听绍华校长的教诲，他的热情与真诚，还有真知灼见，如无边的荷香扑面而来，鼓满我的心房，让我神清气爽。

这么多年来，我心中一直装着兄长般的绍华校长。几年前，我写过一篇题为“谁在教我当校长”的文章，其中提到绍华校长：“是绍华校长教会我宽厚，教我以人为善，教我要欣赏每一个老师的长处，并尊重每个老师的个性，并根据这个个性帮助老师成长。”

的确是这样的。现在，我总是欣赏和宽容我学校的老师，特别是对一些有这样那样不足的老师，以及有独特个性的老师。一些老师在我的宽容和帮助下成长起来了。这些做法，都有着绍华校长的影响。现在，每当遇到困难，甚至遇到棘手的人或事，我往往会情不自禁地想，如果是绍华校长，他会怎么做呢？

张局长前传

说真话，打下“张局长”这三个字，我真还不习惯，因为叫了近二十年的“天劲”，到现在我都还没有习惯叫他“张局长”——每次在公开的正式场合见他之前，我都要在心里默默练习几遍：“张局长，张局长……”

是的，我今天要说的“张局长”，就是张天劲——我以前（其实现在也是）的好兄弟，如今武侯区教育局新任局长。公开撰文夸一个在位的顶头上司，有吹牛拍马、阿谀奉承之嫌，是要冒风险的。但我不怕，我想写什么就写什么，管那么多干啥！

去年开始，就听说对我事业莫大支持的雷局长要退居二线了，我真的舍不得。这个“舍不得”不纯粹基于一种感情，还源于一种担心：雷局长的继任者还能像他一样支持我和武侯实验中学吗？在我看来，恐怕很难再找到像雷局长这样支持我的局长了。在中国现有的国情背景下，以我这样的个性，如果没有像雷局长这样理解我、宽容我、支持我的官员，我什么都做不成。我曾多次试探性地问雷局长：“新局长的人选定了吧？”每当这时，平时和蔼可亲的雷局长便表现出共产党人面对酷刑时所展示的坚贞不屈的英雄气概，决不透露半点党的机密，俨然是渣滓洞的江姐或许云峰。问得多了，他只是说："反正是对你很熟悉的人。"我甚至动了这样的念头：如果新局长不支持我，我干脆也"退居二线"吧！

好像是今年二月下旬的一天，突然接到学校书记光友的电话："新局长名字公布了，你晓得是哪个吗？"

我急了："不要卖关子了，快说！"

"张天劲。"

"啊！是天劲嗦！"我简直不胜惊讶，更喜出望外，"太好啦，太好啦！"

90年代中期，成都市教育局为了培养优秀青年教师，在全市遴选了他们认为值得培养的各学科青年教师，开办了"成都市优秀青年教师研修班"，当时被称为"黄埔一期"——其实以后再没有第二期了。语文教师仅选了十三个，我是班长。在这个班里，有一位小伙子，精干帅气，非常富有活力，随时都激情澎湃，浑身上下散发着浓郁的诗人气质。他就是张天劲，当时是刚从川东的一个偏远小县城（现在属于重庆了）调到成都市棕北中学。

在研修班，张天劲显得很活泼，很纯真。算起来当时他也快三十了，但其言谈举止俨然一大学生，而且是文艺青年。对了，他的确爱写诗。他还曾把他的诗——当然是手写的——给我看。有一次，他不无自豪而有点神秘地对我说："大哥，我还把我的诗寄给琼瑶过，请她指正呢！"我当时惊讶得眼珠子都快掉下来了："你，你……"他继续得意而从容地说："她还给我回了信呢！"我简直说不出话来了。他怕我不信，过了几天真把琼瑶的回信展示给我看。信不长，具体措辞我也记不得了，大概是勉励的话吧。

那时候我当然不像现在有所谓的"名气"，不过在四川已经"声誉鹊起"，拥有了不少多年后被称作"粉丝"的追随者，天劲无疑是其中最狂热者之一。研修班组织听课活动，学员之间互相听课评课，研讨切磋，有时还外出考察，天劲总是喜欢屁颠屁颠地跟在我后面。因为我年长，当时我已经三十好几，他一直叫我"大哥"，也因为他觉得我身上有值得他学的地方，所以不放过任何一个机会和我切磋，向我"请教"。程红兵来成都看我，我们在杜甫草堂坐茶馆，天劲也来作陪，并抓住机会向程红兵讨教。他的好学，到了痴迷的程度，经常和我交流讨论所读的新书。在我的印象中，他基本的表情就是“动”“静”两种，或热情洋溢地言说，或凝神静气地沉思。当然，更多的时候是前者。

我去棕北中学听过他的课，他的课堂一如他平时的性格与气质——激情，潇洒，富有诗意。他面容年轻英俊，身材瘦削挺拔，如果是在大学讲台，不迷倒一大群女生才怪呢！他当然也经常来我教室听我的课，每次都赞不绝口。记得当时我正在写《爱心与教育》，写了一点便给他看一点，他看了我的初稿，就被故事打动了，他连连称赞：“不得了，太感人了！”并肯定地说：“你这本书一旦出版，绝对会轰动全国！”我当时不以为然，认为他又在写诗了，用的是夸张的修辞手法。没想到多年以后谈到《爱心与教育》的全国影响，他很得意地说自己当年“算准了”。

我清楚地记得那一天——1997 年 10 月 29 日，我和天劲还有王秉蓉三人下课回家，天劲说要请我吃晚饭，我说今天不了。他问为什么今天不了，我说：“今天是我爱人的生日，我得回家陪爱人吃饭。”他马上问：“那你咋个不买玫瑰呢？”我笑了：“老夫老妻了，买啥子玫瑰哦！再说，这么晚了，哪儿还有玫瑰呢？”他一下子表现出一种使命感：“不，一定要买，一定！走，我陪你去买！”他不由分说挟持着我，非要我去买玫瑰花。于是，在那个夕阳西下的傍晚，天劲和秉蓉硬是和我一起骑着自行车，穿过大街小巷，满成都地找玫瑰花。功夫不负有心人，终于在一个小街的摊点上找到了玫瑰花。天劲细心地问我：“嫂子今天满多少岁？”我说：“三十八。”他对摊主说：“给我选三十八朵玫瑰！”那神态，俨然是他夫人过生日！当我告别了天劲和秉蓉，捧着三十八朵鲜艳的玫瑰花走在回家的路上，心中真的充满了感动。

纯真，激情，诗意，还有发自灵魂深处的善良，是当年天劲给我的深刻印象。

不久，离成都几百公里的川北广元请我去讲学，但临行前，我突然遇到更重要的事无法前往。人家那边已经组织好了，听课老师已经翘首以盼，怎么办？怎么办？我急得像热锅上的蚂蚁。背着手在屋里踱来踱去转了好几个圈，突然想到了一个替身。我马上拨通了此人的电话：“天劲，你明天去广元代我讲学吧！”他连说了好几个不敢，他说：“人家请的是你。我这水平哪敢和你比，人家不把我轰下来才怪！再说，明天就要出发，我哪里来得及准备呢？”我说：“你的水平绝对没有问题！不然我咋个会请你呢？不用准备了，讲学提纲是现成的，我给你就是了。”我给广元方面的领导也做了说明，并表示歉意。对方也理解我，并热情地欢迎“张天劲专家”前去讲学。于是，天劲肩负使命，带着我写的提纲，只身坐火车前往广元。果然，我听到广元的领导说，“张天劲专家”讲得非常好，受到热烈欢迎。从广元回来后，我不住地感谢天劲救场之举，他很得意地说：“许多老师估计没认真听主持人对我的介绍，居然把我当成李镇西了，以为是在听李镇西老师的报告，中场休息和讲课结束后，把我团团围住，一口一个‘李老师’，纷纷和我合影留念，还叫我签名，哈哈，完全把我当成大哥你了！”我听了也哈哈大笑，真是太喜剧了！

后来研修班结业了，我和天劲依然保持着联系。几年后，作为一个非常有潜力的青年教师，他却被上级看中，提拔他到区政府工作。当时他有些犹豫，来征求我的意见，我不加思索地反对：“去官场干什么？你这么好的条件，完全可以成为一个非常优秀的教师。我认为，你将来最好的发展，是成为一名特级教师，你绝对可以实现的。”但由于种种原因，这次天劲没听我这个大哥的话，告别了教育，步入了“官场”。

虽然如此，天劲和我的交往并没有中断，他刚到区委区政府，好像是团委书记什么的，还主编了什么报纸，总之不时有著作出版，每次都还给我一本要我指正。再后来，他又在政府多个部门先后任职，当这个什么副主任那个什么主任之类，最后是在成都市武侯区浆洗街街道办事处任书记，独当一面地当上了“父母官”。他上任不久，就把我请去给街道办的所有干部做所谓“报告”，他还把我的所有著作都买来送给他的每一位下属。他的办公室书橱里，有他能买到的我的所有著作，而且每一种都有几十册，我问他：“你买这么多干什么？”他说：“我送人的礼物，都是你的著作！”浆洗街是成都市区的藏族聚居区，这里生活着许多藏族同胞。如何处理好民族关系，维护稳定的局面，这考验着天劲。但天劲在这里一干就是六年，正是在这里，天劲得到了全面的锻炼，并展示了我以前没有发现的他的政治智慧和管理才干。

2004 年 8 月初，我面临一个抉择：要不要离开成都去苏州？当时苏州方面希望我过去做校长。那天我在大石西路邂逅张天劲，好久没见，自然亲热，他拉着我邀请我喝水——他知道我不喝茶的，我们便来到路边一个冷饮店。闲聊中，我自然说到我的犹豫，他马上说："别去苏州，到武侯区来！我去给雷局长说说。"就这句话，决定了我后半生事业的支点——成都市武侯实验中学。这是后话。回到当时的情景，我还要记一个细节，

1999 年，我和张天劲

临别时，我去付账，天劲把我的手死死按住："有我在，大哥你就永远别想埋单！"天劲，还是那个天劲啊，没变。

听说因为天劲在浆洗街街道办突出的工作业绩，他本来还有更好的任职，但他一直有着教育情怀，便主动要求回到了教育系统，据他说为此他每年少了不少收入。于是，过去我是他的班长，现在他成了我的局长。时间赋予人生，还有命运魔术一般的神奇变幻。我们又走到了一起——无论我们当年有着怎样丰富而大胆的想象力，也无法想到今天我俩会以这样的方式合作做教育。

说实话，无论是我的眼中还是我的心里，一直还难以把天劲和"局长"这个概念联系在一起，但听了他几次讲话，包括在他办公室里和他面对面地谈工作，一下感到，现在的张局长和多年前的那个张天劲不是一个人。眼前的他视野开阔，思想深刻，条理清晰，谈吐从容，举止稳重，完全不是当年那个文学青年了。谈到工作，他对我说："对你和武侯实验中学的支持，我只会在雷局长的基础上做加法！"我说："我相信你。"然后我半开玩笑地说："以后在公开场合，我还是叫你张局长。"他说："不用，你永远是我的大哥。"

天劲履新才几个月，现在评价他的局长工作为时尚早。不过，有一点这里可以说说，就是他的勤奋和好学。听教育局机关的人说，新来的局长酷爱读书，现在每天早晨七点到八点，不能给他打电话，因为那是他学外语的时间。那天他向我咨询报考朱永新老师博士生的事，他说："说实话，

我现在根本没必要有什么学位了，但我作为局长要起示范作用，就是要倡导大家持续不断地学习。”

昨天，我和武侯区继续教育中心的几位朋友聊起新局长，他们说，张局长很有激情，很善良，而且好学，相当勤奋。我想，嗯，在这一点上，“张局长”还是当年的“天劲”。

一生清白死何求？

岳父的生命已近终点。

2008 年他查出直肠癌，最初我们都想瞒着他，但正如当时远在法国的晴雁所说：“公公那么聪明的人，你们怎么可能瞒得过他？”晴雁说对了。尽管谁也没告诉他，但岳父一开始就非常清醒，什么都知道了。于是，那几天家里弥漫着一种很有意思的心照不宣。我们都瞒着他，他呢，也装着不知道，“配合”我们瞒他。后来我们意识到他其实什么都知道，就什么都不瞒了。然后他和我们又结成了“统一战线”，共同瞒着老太太，就是我岳母。每天看着岳父乐呵呵笑眯眯的样子，和对老伴儿说话时那小心翼翼的神态，我都很感动：好像是老太太患了绝症一样。当然，我更感动的是两位老人历经人生风霜的爱情。

应该说，当初的手术是成功的，岳父的身体恢复得也很好，他一如以往该干什么干什么，看书、写作、打麻将……一样不少。其实，他自己非常清醒，再成功的手术也不过是“缓期执行”，他也说自己是判了死刑缓期执行的人，但他异常乐观。他说：“‘文革’我受迫害被开除公职的时候，我就估计自己能活到六十岁就非常不错了，没想到我活了这么久。六十岁以后三十多年的日子全是赚来的，还有什么不知足呢？”我曾随他去看望他的老朋友，这些老友都已耄耋之年，身体都不太好，因此每每说：“唉，我们呀，现在是活一天算一天！”岳父总要纠正：“不对，应该是活一天赚一天！”一字之差，境界截然不同。“算一天”是消极而无奈，“赚一天”是积极而自豪。

但我知道，癌细胞其实一直在他体内缓慢地繁殖着扩散着，只是他没感觉而已——但早晚会感觉到的。果然，从去年开始，他开始有些不适了。首先是解大便非常吃力，每每有想解大便的感觉，却解不出来，肛门坠胀难受。一天往往频频如厕，多数时候劳而无功。有一次晴雁从法国打电话问公公的身体，他幽默地说：“公公现在每天都在与大便做斗争！”因为解不出大便又坠胀难受，他多数时候便侧躺在床上，他说这样好受些。于是，一年来，他多数时候都和衣侧躺在床。有时也起来坐坐。节假日我们回家，大家都在热闹的时候，他却一个人在床上侧卧着，一言不发，一声不吭。每当这时，我就有些心疼：他其实很难受，但他有惊人的隐忍能力，从不说自己不舒服，他怕大家为他担心。于是，就这么默默地侧躺在床上。

渐渐地，他的听力开始退化，与人交流出现困难，我们跟他说话要对着他的耳朵大声说。于是，他能坐起来的时候，他便一个人看书看报，或看电视——频道永远是“中文国际”，有时候我给他印一些资料，他也看得津津有味。尽管他和我们交流的时候少了，但他的心中还装着天下。

今年元旦回家，我就感到岳父的身体在急剧地衰弱下去，他没有食欲，不想吃饭，但为了维持体能，他顽强地吃着。他对晴雁说：“公公每次吃饭就像打仗一样。”他走路也越来越吃力。他对我说：“腿没劲。”我听了心里很不是滋味，要知道岳父过去特别爱走路，八十年代我20多岁他已经六七十岁，一起出去郊游往往走路，我实在走不动了，他还健步如飞。看着他在屋子里颤巍巍的步子，我知道他体内的癌细胞正在凶恶地吞噬着他的生命。几年前我陪伴过癌症晚期的母亲，知道岳父现在正在“重蹈”我母亲的“覆辙”。让我欣慰的是，和当年我母亲一样，岳父的心态依然乐观。很多时候他一个人坐在阳台上，仔细看他已经出版了几年的回忆录，改正个别印刷错误。我知道，他是通过这种方式，让自己重新回味一遍自己的一生。他说：“我没什么遗憾的了！”这句话含义丰富：既表明他要说的话全都写在书里，留给后人了，更表明他一生洁净，无愧于心。

今年春节，他更加衰弱了。一次从床上起来，想走到三米远的阳台上，居然刚走了一步便重重地摔倒在地，因为猝不及防，脸部直接砸在水泥地上，留下一地鲜血，送进医院，右眼眶上缝了好几针。从此，我们不让他独自走路，因为他的腿已经无力支撑身体。尽管如此，他依然乐观。一周以后，我和晴雁送他去医院拆线，他还和晴雁聊天，问这问那，像儿童一样充满好奇。后来，我们一起过了一个欢乐的春节。有一天晚上，我开车带着他观看市容，看着满街大红灯笼，他像小孩子一样笑了。

寒假结束，我们回成都，不久就得知，岳父急性阑尾炎发作，送进医院。因为92岁高龄，医生都不敢做手术，只好保守治疗。我们回去时，他的阑尾炎基本上已经好了，但身体更加虚弱了。他说："最初诊断是胰腺炎，我还高兴了一阵子，因为胰腺炎是不好医的，很容易要命。这样的话，我就了结了，免得麻烦你们。结果不是胰腺炎，唉！"他居然还很惋惜。阑尾炎好了之后，考虑到他的体力，就没让他回家，一直住在医院。

前几天，听说他病情又加重了。我今天赶紧请假回去看他。几天不见，他已经彻底不能下床了，连翻身都要别人抱。医生私下对我说，老人体内的肿瘤已经扩散到肝、肺、肾等部位。"我们能够帮他的已经不多了，或者说基本上不能帮他了。"医生抱歉地对我说。欣慰的是，岳父完全没有我以前想象的那样被疼痛折磨。我问他疼不疼，他说有时候有一点疼，通常情况下没什么痛。依然不想吃东西。他说："我现在的生活质量不高。"这是我听到的他唯一的一句埋怨。他又说："我把大家拖累了！"所谓"大家"指的是家里照顾他的人，都是他的儿女啊！他就是这样，随时总是想着别人。在医院，他特别怕麻烦医生，能忍就忍。

然后就和我聊天，他问晴雁怎样——他最疼爱晴雁了，我说晴雁还好，就是很忙。然后我给他说了晴雁最近在忙什么，说："晴雁现在忙得连双休日都在加班，但她有空一定会来看你的！"他马上说："叫她别回来，叫她不要担心我。"他声音已不洪亮，但精神尚好。他现在已经没有精力看书看报看电视，但他依然关心着这个世界，所以见到我，便急切地问我许多问题："叙利亚局势现在怎么样了？"我说："联合国最近又通过了一项关于叙利亚的决议，中国、俄罗斯、古巴、朝鲜等国投了反对票。"他点头，然后幽幽地叹了口气。又问："中央新的领导人定没有？"我笑了："十八大还没开呢！"他说："习近平应该没有问题。"我说："嗯，应该没问题。"他又说："总理估计是李克强吧！"我说："可能。"他说："今年美国大选，俄罗斯大选，刚刚也门也大选了。”又问：“王立军的事后来又怎么说的？”我说：“最近没有说。中央正在调查。”等了一会儿，他又说：“伊朗还是那么强硬。”我说：“是的。对西方软硬兼施。”他说：“你看，我注意到，西方谴责伊朗只说伊朗的核问题，从没说过伊朗的人权问题。”于是我又和他讨论伊朗问题……

他的心中一直装着天下。哪怕他明天离开这个世界，他今天依然会关注国内风云国际形势。他的神态依然平静祥和，一点不像身染沉疴的绝症患者。我已经不幻想出现什么“生命的奇迹”，自然规律是不可抗拒的。我只是希望在走向生命尽头的最后几步，老人能够少一些痛苦，多一些安详。

岳母也已九十。身体特别健康，但脑子异常糊涂。有时候连她最疼爱的外孙女晴雁姓什么都说不出来了。昨天晴雁的微博上说：“外婆糊涂多年，但外公住院后，她每天把所有存折带在身上到医院坐着陪外公。”是的，最近老太太每天都坐在老伴床前，什么话都不说，一整天地坐着，一只苍老的手握住另一只苍老的手。如此没有任何语言的爱情，让人动容。

岳父真的是一个纯粹的人。他是我身边最后一位民国时期培养的知识分子。传统的道德文章已经化作他人生的每一个举手投足。我九岁就失去了父亲，因此一直把他当作亲生父亲。但是，我自认为，我和他的关系已经超越了一般的翁婿关系。我面对的不只是一个岳父，而是一位有人格有气节有修养有学问的真正的文人，一位大写的人。面对即将离开的世界，老人心地坦然透彻，没有一丝遗憾和愧疚，如他 24 年前（1988 年）给自己写的挽联所说——

功过以实为凭，万事坦然活已够；
荣辱让人说去，一生清白死何求？

邱仲平

自贡市沿滩区教育局和旭川中学早就分别邀请我前去讲学，因为我实在太忙，一直拖着没去，但我心里想的是一定要抽空去，不仅仅是因为人家热情，更主要的是——我得说实话——自贡有我的大学同学邱仲平。分别多年，我一直想见见他。

我和邱仲平当年是班上最小的几个同学之一。我不是最小的，还有冯宇、王鲁梅等同学比我更小。但我长相稚嫩，言谈举止在同学们眼中显得特别幼稚。记得大学毕业 20 多年后，何诗容第一次见到我，第一句话居然是："镇西长大了！"我乐了："难道我大学时没长大吗？"她也笑了："那时候，你就是一个小娃儿！"

那时候，在班上我的兄长很多：魏小庆、吕汝伦、蒋德明，还有和我同寝室的李孝义、秦毅云、李文泽、蒋渝等。这些兄长对我十分宽厚，我至今难忘，以后有时间再细说。

同龄人中，我和邱仲平、凌一航、李健、冯宇、喻钢等人关系很好。他们比我大不了多少——冯宇还小我几个月呢，但在我心中他们俨然是兄长。尤其是凌一航，和我同年，好像只大我一个月，但思想成熟，让我惊讶。

大学时代，我和邱仲平（右）在校园

在所有好哥儿们中，邱仲平和我最最要好，可以说是形影不离。他同样比我大不了多少，也很纯真，尤其是脸上那对酒窝，笑起来让我能够感觉到他的天真，但和我相比，他已经是非常成熟的兄长了。早晨我们一起吃饭——刚进学校时，是桌餐，每桌固定八个同学，我和邱仲平是一桌的，我是桌长。吃完饭一起从寝室去教室上课，傍晚我俩一起在图书馆外面的农场散步，晚上经常一起在操场边聊天。我们彼此信任，什么话都对对方说。我给他讲我二十年人生的坎坷：父亲早逝，母亲“文革”受迫害……他也给我讲他父亲的劫难以及对他命运的影响。有时候也闹别扭，几天不说话——现在想起来我俩简直像两个小学生，但最后往往是邱仲平让我，主动打破僵局与我和好。他的气量比我大。

在我的书柜里，有一本珍藏着我大学时代照片的影集，扉页上写着——

送镇西同学：

爽爽秋意闹，
处处花树俏。
战友逢佳日，
二十青春少。
勇攀万仞峰，
志走崎岖道。
捷报飞扬时，
畅怀同欢笑。

蒋德明　冯宇　邱仲平贺　一九七八·九·二十九

这是我 20 岁生日那天，几个同学送我的。邱仲平代表大家在扉页上写了一首诗。以今天的眼光看，诗很稚嫩，而且有着那个时代的烙印，但字里行间所散发的真情，至今还温暖着我的心。

记得有一年暑假，邱仲平在自贡家里给我写信，除了问我好，主要是特别向我推荐他在《工人日报》上读到的作家张洁的短篇小说《谁生活得更美好》。于是，我赶紧去找来读，很是感动。小说写的是公共汽车上三个年轻人：善良的售票员姑娘、纯真的青年工人施亚男和他的好朋友——十分虚荣的吴欢。开学后回到校园，他说他之所以给我推荐这篇小说，是因为我特别像施亚男。

还有一天傍晚，我俩下课回到宿舍，碰到宿舍楼下一个五十多岁的男人带着小孙子在乞讨，手里还拿着河南杞县什么人民公社的介绍信。当时我俩心情都很沉重。晚上，我俩议论了很久，不仅仅议论乞丐，还由此想到党风和社会风气，于是我俩决定给乞丐所在的杞县县委书记写信。说干就干，你一句我一句，由我执笔，一封长信写成，第二天便寄出去了。没想到，两个月以后，我们居然收到了杞县县委书记的回信。

我们在大学的那几年，正是中国从噩梦刚刚醒来的时候，思想解放运动风起云涌，但我实在中毒太深，深陷对毛泽东的现代迷信而久久不能自拔。记得当时我和邱仲平常常议论“文革”是否该彻底否定以及毛泽东的功过。本来，我和他是同龄人，但在思想冲破牢笼方面，他现在走在我前面。不过，因为纯真，也因为善良和正直——这些方面我是问心无愧的，我终于和整个民族一起冲破了思想的牢笼，获得了灵魂的真正解放。所以，现在我看到一些年轻人一些糊涂认识，我就想，用不着和他们争论，更别企图去说服他们，只要真诚而正直，他们终会走向真相和真理的。

大学四年匆匆而过，但我和邱仲平的真挚情谊已经渗入我们各自的灵魂。分别之际，我俩互相交换手表，以示纪念。当时以为不知什么时候能再见面，没想到毕业后半年我们又见面了——我们是 1982 年 1 月毕业分手的，工作半年后，我利用暑假骑自行车川内旅游，来到了自贡见到了邱仲平。他当时住在著名的蜀光中学，我就住在他家里。自然一夜长谈，“不知东方之既白”。

几年后我带母亲去自贡看灯会见过邱仲平，再后来是进大学 20 周年聚会见过面，以后见面少了。这次到自贡讲学见到邱仲平，明显感到他长胖了——他在大学可是很苗条的，不过他那一对酒窝依然迷人。其实说他长胖了，我又何尝不是？但他说：“你没长胖。”我吃了一惊：“我没长胖？”马上我就反应过来了：“哦，对的，我大学就胖，有同学还叫我‘胖墩儿’呢！但你不知道我参加工作后，八十年代九十年代都很瘦的。和那时候比，我现在当然长胖了。”

人家邱仲平现在是四川理工学院统战部部长，也算是党的基层干部了，但他的思想依然敏锐而锋芒毕露。在旭川中学领导欢迎我的饭桌上，邱仲平青春飞扬，激情澎湃，说国事侃侃而谈，论民主滔滔不绝。让在座各位领导连连点头，直说“有思想”，惊呼“真深刻”。我在一旁不做声，心想，邱仲平不放过任何一个机会启蒙啊，就像当年启蒙我一样。

饭后，我和他在酒店房间畅谈，谈各自的工作、生活、家庭、孩子，还谈到一些大学同学，比如我们说到我俩共同的朋友李健，特别欣赏他的才华，并理解他远离都市喧嚣而安于宁静的生活选择。当然说得最多的还是中国的现在和将来。

第二天下午，在自贡旭川中学礼堂，我向老师们做题为“让人们因我的存在而感到幸福”的讲座，邱仲平特意赶来听我讲座。他坐在第一排，自始至终都那么专注，一直目不转睛看着我或投影仪。三个小时的报告结束后，他说他被感动了。我说：“从大学到现在，三十年来，你见证了我的成长。”

分别时，他说：“我在成都郊外三圣乡买了一套房子，打算过几年退了休就到成都住，到时候我们就可以经常喝茶摆龙门阵了！”我说：“好呀，我就住九眼桥附近，离三圣乡很近呢！”

在写这篇文章的时候，我边写边和邱仲平在聊 QQ，写一段便发一段给他看，他说“好亲切”，并继续和我回忆当年我们共同的大学时代，回忆那些细碎的琐事。比如他说他当年是近视眼，吃饭时为了找肉吃，把头掉到饭盆里了。他说我当年在班上显得很幼稚，还问我：“你最幼稚的事情还记得不？”我说：“记不得了。请提醒。”他说：“我们到乐山旅游，你回家赶路稍晚，我们的车差点就开走了。你在车下急得大哭，和小学生没有两样！全车的同学哈哈大笑！”他说：“你就真的是一个小孩！”他又说：“你当时跑步浑身痛。你告诉我说你骨头和皮皮都痛，也是一个笑话。”我说：“确实很小孩儿，惭愧！”他说：“但你其他方面很成熟。”我很奇怪：“比如——”他说：“思考比我多，想出的花样多，每次都把我拉到一起干，都是你的想法，我也乐于和你一起，做了很多事情。”我想了

2012 年夏，我和邱仲平在自贡重聚

想，估计他说的就是给杞县县委书记写信呀，还有为改善学校后勤工作我们一起给院长提建议呀，等等。他说：“那时候我们都热情，富于理想。多让人怀念的年代！”

是呀，多么让人怀念的年代！

的哥罗师傅

赶早班飞机，六点半下楼张望出租车。来了两辆，一辆的司机是小伙子，另一辆的驾驶室坐着一位头发花白的老头。我毫不犹豫地招呼了后者。

一坐进后排，师傅便回头，圆圆的脸上满是笑：“您去？”

“双流机场。”我说。然后我问他：“师傅您开了很多年了吧？”

“呵呵！老司机啰！我今年都已经56岁了。”他给我聊了起来，“我原来在建筑公司开大车，2004年企业改制，买断工龄，我就下岗啦！呵呵！”语气平和，没有一点怨气。

我问：“买断工龄？拿多少钱一年？”

“九百多元。”他说，“是少了点，但是整个国家都在改革，也可以理解。”

他说他现在每天开出租车，就开白天，每天早晨六点过交接班。“每月有三千多元的纯收入，可以了可以了！”语气里透出满足。

说到社会，他也有很多不满，但更多的是豁达：“贪污腐败，这些老百姓都很痛恨，但是一个社会在发展过程中，有的是不可避免的，也正常。再说了，别看老百姓都在骂贪官，但只要一坐上那个位置，一样有人会给你送钱！”我突然觉得师傅看问题很深刻，尽管他没说“关键是体制”之类的话。

“国家不能乱啊，乱了还是老百姓倒霉！”他说，“我们还是希望过安安稳稳的小日子。”

说起“小日子”，他有些得意地告诉我：“我都当外公了！”说着，还摸出手机递给我看手机桌面，上面是一个非常可爱的小女孩笑眯眯的头像，

“我外孙女！”他再次得意地笑了。

“恭喜你啊！孩子几岁了？”我问。

“四岁。乖得很哦！”

“你几个孩子呢？”我又问。

“就一个女儿。嗨，我们这个年龄的人，咋个敢生几个呢？计划生育嘛！”他说。

我说：“是的是的，我也只有一个，也是女儿。”

他的心态，他的热情，感染了我。我说：“成都的出租车司机都不错的，我经常对外地说起我们成都的的哥都很自豪。”

他说：“也有不好的，当然那是个别。”

我说：“至少绝大多数都很好。第一，对顾客热情；第二，不绕路。”我给他说起十多年前我经历的一件事，“那时候我在成都四中教书……”

他回头看我，问：“你是教师？”

“是的。”我接着讲，“那时候我写了一本书，叫《爱心与教育》。一天晚上，四川人民广播电台约我去接读者热线电话，我就去了。结束后已经是半夜12点了。从电台大楼出来，我招呼一辆出租车，刚坐好，他问我去哪儿，我说四中，他马上回头问我：‘是李老师？’我吃了一惊：‘你怎么知道我姓李呢？’他笑了，说刚听收音机里你主持热线呢！然后一路就聊了起来，他说他孩子读小学，老师对孩子也很不错，等等。不一会儿，四中到了，我给他车费，他硬是不收，说‘你是好老师，让我也给你献一次爱心吧’，然后就急速开走了。从此我再没遇到过他。但十多年过去了，现在我还很感动。”

他说：“好人到哪儿都会受到尊敬的。”

尽管第一次见面，彼此还谈不上多么熟悉，但毕竟都是同龄人，是从同一时代过来的，所以自然有许多共同话题。说起现在的年轻人，他感叹：“现在的年轻人往往不爱为别人着想，就想自己，很自我，很自私。我们这辈人，不管怎样，做人的底线是有的，助人为乐，多想着别人。可现在一些年轻人，起码的道德规范都不讲了，只顾自己。”

他边说边摇头。我很想说也不是所有年轻人都这样的话，但我没有说，因为我在想，也许他在生活中遇到过年轻人伤害他。

“现在人心涣散了，社会风气不好，人人都为自己。这是最不好的一点。”他说，“当然，也不能回到过去。以前那是什么日子啊！买什么都要凭票，一个月也吃不了几两肉！肚子都吃不饱，衣服补了又补，还要穿。不管怎么说，现在的生活水平比过去好多了！”

我说：“是呀！我还记得小时候的歌谣：‘有钱人和我们大不同，身上穿的是灯草绒！’‘脚一提，华达呢；手一撩，金手表！’”

他哈哈大笑：“就是就是！那时候穿的确良就了不起了！”

又说到自己每天的出租车生意：“我现在身体好，每天开车挣钱挺好的。一个人只要勤劳，哪有养不活自己的？现在一些人，就是一个懒字！”

他说：“总的说来，还是现在好，毕竟生活水平提高了！我不反对改革，但必须公正。”

这句话说到点子上去了，我补充道：“改革大家都拥护，但改革的阵痛要大家一起承受，改革的成果也应该大家分享。不能阵痛让老百姓承担，成果却少数人瓜分！”

“对对对！就这个意思！”他赞同我的说法。

“您也当过知青吧？”我算年龄，他应该当过知青的。

“是呀！就在西昌米易，农场里。不过，没当多久，两年多，就招工回城了。”他说，“我们这代人，什么都遇上了，饿肚子、‘文革’、下乡、计划生育、下岗……现在这个社会中，人要会想，要善于自己安慰自己。幸福不幸福，就是一种心态，要知足。”

我很感慨：“幸福的确是一种心态。”

早晨路上车少，很快就到机场了。快下车了，我竟然有点舍不得他了。我说：“我差不多每周都要出差，如果下次我要去机场，可以预约您吗？”

“当然可以了。”他指了指挡风玻璃前的一块牌儿，“我的公司，我的名字，还有联系电话，都在上面。”

我仔细看了看：“远征出租车公司，罗凤荣……”

他说：“我把我的手机号告诉你吧，以后需要车就给我电话。”

记下了号码，我下车了：“谢谢了啊，罗师傅！我们也算是有缘。”

“把东西拿完啊，别丢东西在车上。”他嘱咐我。

付了车费，我跨出车门，回头给他挥手：“再见！”

“再见！”依然是笑眯眯的脸。

观　感

关于读书的漫想

如果说，写作是任心泉自然而然地流淌，那么，阅读就是让心灵自由自在地飞翔。

我曾对学生说，阅读的境界，是“读到自己，读出问题”。

所谓“读到自己”，就是把自己摆进去，是欣赏，是联想，是共鸣，是审美。所谓“读出问题”，就是不断地发现问题，是思考，是质疑，是研究，是批判。

真正学识渊博的人，是不会随时标榜自己博览群书的，更不会在谈吐或写作时掉书袋。

我写文章很少引经据典——当然，这和我肚子里的“经典”本身就有限不无关系，但如果要吊吊还是可以蒙一些人的。八十年代，我的文章中爱引用萨特、海德格尔，后来引用陶行知、苏霍姆林斯基，现在写文章，我给自己的要求是，尽量不要引用或少引用别人的话。

我和流沙河聊天，他的每一句话都是通俗的，他的学问便藏在平易的话中。把阅读汇入灵魂融入生活的人，是没有阅读痕迹的。

相反，我见过这样的所谓“学者”，喜欢给别人开书目，而且这些书目都并不大众化，但他偏要强调：“这都是最基本的谈常识的书。”以此让许多普通老师自卑的同时，又显示自己多么“有学问”。越把一些深奥的书说成“很基础很通俗”，就越能炫耀自己的水平。其实，我真的怀疑他是否读懂了这些书。

有的老师问我：“有的教育理论书我读不懂，怎么办？”我的回答是：“读不懂就不要读！”

我一直认为，读书应该是一件给人快乐的事，当然，这里的快乐不是浅薄的开心，也包括思考的幸福。但有的书就是存心不让读者读明白的，你怎么思考脑子里都是糨糊，怎么办？很简单，不读就是了。

现在有的专家本身就没有想要你读者读懂，你都读懂了，怎么会显出人家的“高深”？作者硬着头皮写的书，读者当然只有硬着头皮读。我不愿硬着头皮读，那就不读！老师们不要因此而怀疑自己的智商，不要自卑。既然那些书我们读不懂，那不读就是了，我们找能够读懂的书来读！

还有人给我诉说苦恼：“现在记性不好了，读了的书记不住。”

我说：“记不住有什么关系？谁叫你记了？”

是呀，又不是要考试，你记它干什么？你记得十年前的12月4日晚餐你吃的是什么吗？你记得一周前中午你吃过什么菜吗？不记得了吧？但难道你就白吃了？不，每一顿饭菜都已经化作营养滋养你的身体，记得住记不住有什么关系呢？

同样的道理，看了的书记不住，但坚持读书，所有读过的书都化作了你的精神养料。

一个人的阅读，无疑打上了他个性的烙印。职业特点、性格倾向、兴趣爱好、生活阅历、朋友影响……都会让自己的阅读成为不可复制的“这一个”。

以自己的眼光为标准去衡量别人的阅读，是可笑的。因此，每一个人都不应该因为别人没有读自己读过的书，而鄙薄别人。

有些众所周知的道理，明明可以用自己的语言说，却偏要说“德里达（或福柯）说过”，非如此不能表明自己“学贯中西”。

一个人引用了荷尔德林所谓“诗意地栖息在大地上”，于是大家都说：“诗意地栖息……”于是，诗意荡然无存。

读书的重要性，谁不知道呢？可很多学校（不好意思，敝校在装修时也未能免俗）千篇一律地重复狄金森的“没有一艘船能像一本书……”。

一个人说了“慢慢走，欣赏啊”（据说是阿尔卑斯山上的一句话），于是，众人都爱说：“慢慢走，欣赏啊！”

——“阅读”，然后鹦鹉学舌，语言就这样变得贫乏而单调。

从来就没有什么“必读书”，你凭什么要我“必读”？

是的，任何一个从业者，都必须拥有相关的知识背景，或者说必须通过阅读拥有某些知识，甚至，作为一个有充实灵魂的人，也必须阅读人类共有的精神产品。但是，必须拥有知识，不等于必须读某一本书。同样的知识，书却可以有很多选择。

专家们坐在书斋里，开列一串串书单，然后写出一篇篇导读，居高临下地“教导”我们要这样不要那样……凭着专家的身份指手画脚，用自己的阅读爱好取代别人的阅读兴趣，甚至用“必读书目”的名义把自己的审美观和阅读观强加于人——这是不是另一种形式的“思想专制”呢？

推荐是可以的，甚至是必要的，但不可动辄便说“必读”，包括我所热爱的苏霍姆林斯基。

阅读的理解是相对和绝对的统一：相对之中有绝对，确定之中有不确定性，差异之中有同一性。

理解者之间当然有差异，正如世界上没有完全相同的两片树叶，但世界上也没有完全不相同的树叶一样，理解没有完全一样的，但理解也没有完全不一样的。

每一个读者理解到的“哈姆雷特”都是原作的部分意义与读者前理解结合的产物，属于相对理解；但一千个“哈姆雷特”中把握到的原作意义（亦即对原作理解一致的部分）的总和，便是绝对理解。

有人买书比读书积极。满屋的书不一定读，装饰而已。

有人没有书房，却通过各种渠道博览群书。所谓“书非借不能读也”。

“有用”的阅读是需要的，所谓“学以致用”。

但还应该有“没用”的阅读，这里的“有用”“没用”当然是就眼前的急功近利而言。教师，作为人类精神文明的传承者，除了认真阅读教育教学专业书，能不能读一些与教育教学无关的书，如政治、哲学、经济、历史、文学等方面的书？

应该让阅读成为我们生活的一种形态，或者说成为生命的呈现方式之一。

不阅读，无以生。

呼唤回到古典的阅读状态。

网络阅读是一目十行地浏览，而古典阅读是一边读一边揣摩，一边思考一边咀嚼……

网络阅读有存在的价值，但它永远不可能取代古典的阅读。

现在教育最令人忧虑的现象之一，是教书人不读书。

其实，书房的大小和学问的多少没有直接关系。

我的书房不大，但和我岳父比起来，我的所谓“藏书”算是相当“浩瀚”了——在我岳父家里，他只有一张老式写字台，上面放着几本《辞源》之类的工具书，然后几乎就没有其他藏书了。

三十多年的相处，我深知岳父本身就是一部百科全书。他把学问全装在肚子里，还需要书房干什么？

而我，基本上没有学问，因此，便把学问全放在书架上。于是，我便有了书房。

特别赞同鲁巴金这句话：“读书是在别人思想的帮助下，建立起自己的思想。”的确，阅读的目的，不是用别人的知识塞满自己的大脑，更不是任别人的意志主宰自己的精神，而是让智慧荡涤灵魂，用文明点燃思想，让自己拥有辽阔澄明的胸襟，和一颗自由飞翔的心！

向八十年代致敬

——读《我与八十年代》所想到的

最近读《我与八十年代》，唤起了我对一个遥远年代的美好回忆。不同年龄段的人心目中都有一个嵌入灵魂的黄金时代。对我来说，这样的时代，就是上世纪中国的八十年代。

其实，八十年代绝不只是嵌入了我的灵魂，同样也嵌入了王元化、汤一介、李泽厚、刘道玉、张贤亮、刘再复、温元凯、金观涛、李银河、韩少功、麦天枢、梁治平等著名知识分子的灵魂。《我与八十年代》是一本访谈录。上述我尊敬的文化人满怀深情地回忆并评价了那虽然已经进入历史但其实并不遥远的年代——

“八十年代是一个启蒙时期，越往后看越会发现八十年代的可贵。八十年代是个梦想的时代，刚过了‘文革’，人人都憧憬未来，充满希望，怀有激情。”（李泽厚）

“这是中国教育，特别是高等教育真正改革的黄金时代，真正的是在改革上下功夫。那个时候中央号召改革，广大教育战线上的知识分子积极响应改革。上下结合，没有分歧。那些被戴上‘臭老九’帽子的知识分子，一旦摘掉了帽子之后，他们的心情该是多么的舒畅！他们焕发了青春！”（刘道玉）

“八十年代的启蒙不是凭空而来的，不是由少数文化精英举着‘赛先生’‘德先生’大旗掀起的思潮，而是一种迸发式的、普遍式的，是受到长期压抑后的喷薄而出。它打碎了手脚上、思想上的锁链，整个社会突然产生了一种前所未有的张力。……整个八十年代是我们民族的奋发期，所以至今很多人在怀念八十年代。”（张贤亮）

“那是富有活力的年代。八十年代乃是心灵解放的年代，是面对生命的困惑提出各种叩问的年代。八十年代是有钙质的年代，是有勇气提出新思想的时代。从文化上讲，我认为二十世纪最好的时期有两个：一个是‘五四’时期，第二个就是八十年代。这两个时期共同的特点是个性的觉醒。”（刘再复）

“我对八十年代有一个基本的评价，它是中国第二次伟大的启蒙运动。中国历史上有过两次启蒙，第一次启蒙就是五四新文化运动，产生了新的思想，完成了中国民族国家的重建；第二次启蒙就是八十年代民间半民间的启蒙运动，它与体制内的思想解放运动相呼应，为中国的改革开放奠定了思想基础。没有八十年代的思想解放和启蒙，今日中国经济高速发展是不可思议的。”（金观涛）

“活跃在文坛上第一线的许多人都是那么可爱，直率，正气凛然。实际上这也是那个时候社会风气的象征，知识分子道德情操的象征。那个时候的那种纯粹，那种道德情操至今仍然是非常美好的记忆，这在今天大约是不太可能的了。……那是一个道德旗帜高扬的时代，充满了道德主义的社会浪漫理想，充满了个人无以承担的社会责任感，那个时候的中国知识分子，都有一种社会道德责任，积极参与当时的知识活动和社会活动。”（麦天枢）

……

上述评价引起了我的强烈共鸣，这些学者的名字当年可以说是掷地有声，他们的声音更是震彻神州——李泽厚的《美的历程》、刘再复的《文学主体论》、温元凯《中国的大趋势》、金观涛的《兴盛与危机：论中国社会的超稳定结构》、刘道玉的《创造教育概论——知识·智力·创造力》、麦天枢的《西部在移民》……这些著作曾经一次次激动着我年轻的心。

从思想发展史的角度看，我认为，“八十年代”已经不是一个客观的时间段了，而是共和国历史上一段政治开明、经济腾飞、学术繁荣的黄金时代。从这个意义上说，它的起点不是1980年而是1979年，因为1978年12月的中国共产党第十一届三中全会，1979年成了思想解放年，中国改革开放的序幕徐徐拉开。

八十年代由一系列已经载入史册的标志构成——

标志性的事件：“潘晓讨论”、星星画展、人道主义讨论、文化热、寻根文学，农村家庭联产承包责任制、十四个沿海开放城市、企业扩大自主权的试点、《中共中央关于教育体制改革的决定》、中共“十三大”中央委员的差额选举……

标志性的书籍:《走向未来》丛书、“文化:世界与中国”丛书、《新星》、《首脑论》、《美的历程》、《丑陋的中国人》……

标志性的人物：李泽厚、温元凯、刘道玉、金观涛、严家其、步鑫生、北岛、崔健、第五代导演……

标志性的报告文学作品:《公开的情书》《神圣忧思录》《但悲不见九州同》《志愿军战俘纪事》……

标志性的歌曲:《年轻的朋友来相会》《外婆的澎湖湾》《乡恋》《甜蜜蜜》《军港之夜》《我的中国心》《让世界充满爱》《一无所有》《龙的传人》《血染的风采》……

标志性的电影:《今夜星光灿烂》《天云山传奇》《小街》《牧马人》《城

南旧事》《血，总是热的》《少林寺》《芙蓉镇》《黄土地》《红高粱》……

八十年代的天空，真正是“万类霜天竞自由”。

要特别指出的是，那时候大多数知识分子，还没有患上九十年代后“犬儒主义”的病症，“天下兴亡，匹夫有责”，是绝大多数知识分子发自内心的使命感。人与人之间的关系相对比较单纯，理想高于功利，事业重于实惠。素不相识的人之间，因为共同的理想完全可以成为莫逆之交。

因为改革，因为开放，因为民主，中国共产党的威望达到了一个空前的高度。一大批知识分子加入了中国共产党。也正是在八十年代，我平生第一次在没有任何人动员的情况下写了入党申请书。

理想闪耀，思想解放，激情澎湃，个性飞扬……是我对八十年代特征的描述。

对我来说，怀念八十年代，就是怀念我的青春时代。

1979 年，思想解放运动兴起，我受到了第一次精神启蒙，随着毛泽东神龛的倒塌，我开始用自己的眼睛打量这个世界。许多从少年时期便铭刻在脑子里的某些“神圣”的形象和“庄严”的字词开始变得虚伪而荒诞起来。我写了一首题为“我和亚瑟”的短诗，表达了我对现代迷信永远的决裂。从那以后，我就抱定一个信念：在这个世界上，除了真理，我决不能再迷信任何东西，不管它披上多么神圣的外衣！

在《年轻的朋友来相会》的旋律中，我告别大学校园，踏上中学讲台，开始了我的教育初征。大学里我一直做的是文学梦，想的是当作家，所以对教育理论一类的课程和著作，说实话很少眷顾。因此刚刚分配到中学的我，在教育理论方面是“不知有汉，无论魏晋”，那时候的教育界相对来说也理论贫乏，不像现在“理念”“模式”满天飞。我除了理想，便是一身使不完的精力。凭着理想和激情，我一头扎进了孩子们当中。面对喜欢我的学生，我便琢磨如何让我的班富有情趣，或者通俗一点说，叫作“有意思”，让我班的孩子觉得在李老师班上真是幸运，让其他班的孩子羡慕我班上的孩子，所以，我在班里组织各种各样妙趣横生的活动，我每天中午给孩子们读小说，我周末带孩子们去野外摸爬滚打，甚至连寒暑假我也带着孩子们到云南到贵州疯玩……

“未来班”就是这样诞生的。没想那么多，更没有任何“理论包装”，就想着怎么把班级建设得既有意义也有意思，我和孩子们决定给我们班确立一个奋斗目标，取一个响亮的班名，并设计一系列的班级标志：班徽呀班旗呀班训呀，还有我至今引以为豪的班歌和我至今珍藏的班级日报——现在想来，这一切不就是“完美教室”的元素吗？那时候，真的是全身心地投入。若干年之后——其实就是今年四月在北京会议上，我当年的一个学生说：“我们那时候都觉得李老师一直是个单身汉，因为他整天都和我们在一起。”这就是青春的力量。

八十年代我的思想“疯狂生长”，不，准确地说，是疯狂阅读让我的精神世界迅速充实而健壮。因为当时有加入中国共产党的愿望，我决定从理论上弄清这个政党的指导思想。于是我除了重读《共产党宣言》之外，还读了《反杜林论》（没有全部读懂）和《资本论》（基本上没读懂所以没有读完），还有《路德维希·费尔巴哈和德国古典哲学的终结》（这个读懂了）等等。除了马克思主义，我对西方哲学也产生了兴趣，杂七杂八读过不少流派的书，至今我还保留着当年读萨特（《存在与虚无》《存在主义是一种人道主义》）和海德格尔（《存在与时间》）的读书笔记。

当时我读了不少金观涛主编的《走向未来》丛书中的著作：《人的发现》《激动人心的年代》《语言学与现代科学》《在历史的表象背后》《让科学的光芒照亮自己》《人的现代化》《昨天　今天　明天》《艺术魅力的探询》《儒家文化的困境》《悲壮的衰落》《梁启超与中国近代思想》《走向现代国家之路》《人的创世纪》《上帝怎样掷骰子》《人心中的历史》《人的哲学》等等。受当时学术界的“文化热”的影响，我读了李泽厚大量的文字，《美的历程》不用说了，还有他大量关于中国文化和中国思想史的文章。还有刘再复，一本《性格组合论》让我边读边勾画圈点，最后面目全非。

我的专业阅读也蔚为壮观。通过一本《著名语文特级教师评介》，我知道了一些教改名家：于漪、钱梦龙、陈钟梁、宁鸿彬、欧阳黛娜、洪镇涛、蔡澄清、陈日亮、魏书生……那时候，我还订阅了好多种中学语文教学杂志：北京的《中学语文教学》、上海的《语文学习》、山西的《语文教学通讯》、陕西的《中学语文教学参考》等等。关于教育专业阅读，我当然要提到陶行知和苏霍姆林斯基的名字。一本《陶行知教育文选》，被我翻得破旧不堪，尽管读的只是“文选”，但我的心已经被陶行知的民主教育思想“击中”了。关于苏霍姆林斯基，可以毫不夸张地说，我读了我能够找到的这位教育家的所有著作。当然不只是读陶行知和苏霍姆林斯基，还有洛克、布鲁纳、卢梭、裴斯泰洛奇、马卡连科、巴班斯基、布鲁姆……而且还读了包括弗洛伊德、桑代克、荣格等人在内的不少教育心理学著作，我同样受益匪浅。

因为“文革”，我的脑中一贫如洗；因为改革，我的眼前八面来风。八十年代阅读所获得的精神养料，一直滋润着我到今天。

还有八十年代的写作。一直想当作家的我，没能成为作家而成了教师。文学梦破灭了，但文学青年的纯情却让我的教育抹上了温馨的人情味。我第一篇发表的文字，是一首短诗，写的就是我的学生。后来，我把文学梦托付给教育，传递给我的学生，我把教育当诗来写，于是，我的教育便浪漫起来。我后来出版的《爱心与教育》等著作中的故事，其实就是当年原始的教育日记的“公开版”。后来我曾在一篇文章中说，当初想当作家而不得，我干脆不想什么作家了，但当我全身心地当老师时，“作家”却来找我了——后来我以教师的身份更以引起强烈反响的一系列教育叙事著作成了四川省作家协会会员。

当然，我八十年代的写作远不止是记录我的故事，更多还有表达我肤浅而真诚的思考。因为那时思想氛围相对比较宽松自由，所以我的思考与写作也就相对比较大胆而锋芒毕露。1987 年底，乐山市一位品学兼优的三好学生因不能正视社会丑恶而成为“真善美殉道者”。虽然这位自杀女生并不是我的学生，但面对她“纯洁的心灵”，我不得不反思我们的——不，首先是我的“玫瑰色教育”。整整半年，我通过剖析这位女生的精神世界进而剖析中国的基础教育更剖析我自己的心灵，含泪写就一篇后来发表在 1988 年 7 月 8 日《中国青年报》上的报告文学《她给教育者留下什么“遗产”？》。1988 年到 1990 年，我在《中国青年报》《四川教育》等报刊发表了一系列教育批判的文章：《商品经济的德育思考》《中学德育危机原因初探》《德育观念的十大碰撞》《正视历史的进步》《回答学生关心的问题》《德育的困惑》《关于改进爱国主义教育的思考》……

八十年代，是我的理想主义奠基的年代；是我的心灵自由自在飞翔的年代；是我走进童心，感受孩子纯净与纯真的年代；是我享受教育，体味教育浪漫与情趣的年代……

特别怀念那时候人与人之间非常纯净的关系。就贴了八分钱的邮票，我们便收到了著名作曲家谷建芬答应给我们谱班歌的回信——当时一件很简单的事，今天想起来简直就像是童话。不光是和谷建芬这样的名人交往很单纯，就是在日常生活中，和学生，和同事，和家长……都是那么透明，没有丝毫的功利心，没有互相算计，没有互相利用，没有请吃送礼，没有“谢师宴”之类的东西。说起来，今天的年轻人会觉得不可思议。

那时候，从事教育也很单纯，也有质量竞争了——虽然“应试教育”还没有今天这么硝烟弥漫、血肉横飞，但说实话，压力也不小，那时候不叫“应试教育”而叫“片面追求升学率”。然而，那时候的竞争还比较公平，人们还没那么多的“花花肠子”，还比较朴实老实。作为年轻教师，不光是我，其他同事也没有那么多的功利目的，教书就是教书，那时候没有“职称”的说法（八十年代后期才开始评职称的），没有“教坛新秀”之类的“评优”，也没有“骨干教师”“学科带头人”的选拔，至于什么“课题研究”“论文发表”等等统统没要求！反正你干得再好，也是那么多工资，最多校长表扬你几句，或学校期末给你发个奖状——奖金是没有的。没有了这些诱惑，剩下的便是单纯的教书，因为单纯，对教育体力的投入和脑力的思考便深入得多。不像现在，年轻人面对的各种名利诱惑太多，一参加工作就想的是几年拿下“教坛新秀”，继而攻克“骨干教师”“学科带头人”称号，再获得“特级教师”头衔；还有一门心思琢磨当什么“理念”的“首创者”或者什么“流派”的“领军人物”。如此等等，都是当今区别于八十年代的特征。当然，这些的积极意义，是对年轻人多了许多激励，但消极意义是让年轻人一开始就过于功利化。相比之下，还是八十年代的纯净更符合教育的本来面目。所以，我去年以来写下的“朴素最美关注人性做真教育”，以及《浮躁种种》《我想办一所没有“特色”的学校》《遍地“教育家”》等文章，与其说是对当下种种不良现象的批评，不如说是对八十年代教育纯净之风的呼唤。

八十年代当然不是十全十美，我更无意神化八十年代——那个年代也有腐败，不过当时叫“走后门”后来叫“官倒”。每个时代都有自己的亮点和阴影，所以如果我为了“全面”“公正”而很做作地说一些八十年代的问题，那是一种貌似客观的圆滑，甚至是“正确的废话”。这篇文章的重点是谈八十年代的激越与嘹亮，而不是谈八十年代的问题与不足，因此我没必要面面俱到。我知道，因为种种原因，现在许多“80后”“90后”对八十年代的无知到了惊人的地步。这从我博客上一些老师对我评价某些历史事件和历史人物感到不解甚至惊讶中可以感觉到。许多年轻人，对一百年前的清宫秘史趣闻如数家珍，对一千年前的古代帝王逸事了如指掌，却对二十多年前中国的许多重要人物和重要事件一无所知，我真是无话可说。正如我三年前在《清明时节雨纷纷》一文的结尾所写——

“如果你现在去问问‘80后’：‘你们出生的时候，中国共产党第二代领导集体的核心是邓小平同志，请问除了“核心”，这个领导集体的其他领导同志都还有谁呀？’有几个答得上来？”

当然，今天我得强调，这不怪年轻人。

从总体上说，我和多数当代知识分子一样，对八十年代充满无尽的怀念和崇高的敬意。因此，前几年一次我去某大学给大学生做演讲时，我的题目便是“从八十年代走来”。

《南渡北归》读书笔记

《南渡北归》这套书最早是从我多年前的学生赵刚那里知道的，他通过手机短信向我强烈推荐。

《南渡北归》共有三部。第一部《南渡》，写抗战爆发后一大批知识分子从北方流亡到南方。第二部《北归》，写抗战胜利后知识分子们又回到北方。第三部《离别》，写1949年国共决战尘埃落定之时，中国知识分子大分化，或留大陆，或赴台湾，或去海外……全书160万字，包括40万字的注释。

正如媒体所评价，这是20世纪知识分子的“集体群雕”。更准确地说，是大师级的知识分子的集体群雕。我们从20世纪走来，由于种种原因，我们并不完全了解已经渐渐成为历史的刚刚过去的一个世纪里中国知识分子所走过的历程。《南渡北归》可以说正好填补了一个空白，作者全景描述了20世纪中国最后一批大师群体命运的剧烈变迁。

原以为要读完160万字的巨著需要顽强的毅力，可从2011年11月24日晚打开书从第一页开始，我就被吸引了——之前“坚韧不拔”的蓄势完全是多余的。虽然是考证严密注释严谨的学术著作，但作者行文流畅，形象生动，且细节甚多，读来震撼人心，好些段落让我不能自已，不禁落泪。

我知道并不是所有人都对《南渡北归》叫好，相反我听到不少学术层面的不同声音，以及非学术层面的恶毒咒骂，而且我个人也不认为这套书完美得无懈可击——个别地方，作者的语言略显不够严肃甚至油滑，但总体上说，这是一套值得阅读的好书。我因此向朋友们推荐。

我一边阅读，一边陆陆续续写下一些笔记，和大家分享。

一、梁启超的肾和西医的声誉

读到《南渡北归》写梁启超之死，不禁感慨。

1926年春天，患尿血症久治不愈的梁启超，不顾朋友们的反对，选择了西医并住进北京协和医院，并做了肾脏切除手术。

病了就要医，要医就要听医生的，医生说吃药就吃药，医生说动手术就动手术。这在今天看来是一件非常普通正常的事，在当时却需要勇气。不仅仅是冒医治失败的风险，更要“冒天下之大不韪”。因为当时西医刚刚进入中国，而且在中国还没站稳脚跟，很多中国人都不信任西医。而在梁启超看来，选择西医，就是选择了科学。

当时，由于对西医的不信任，许多人都劝梁启超不要找西医，还是用“国粹”中医，但梁启超依然不听劝告。在他心里，这已经不是选择什么方式治病的问题了，而是事关西医的科学声誉。选择西医，就是选择对科学的信仰。

然而，非常不幸，这次肾脏切除手术失败了，还不仅仅是一般的失败，而是一桩不折不扣的严重的医疗事故。医生误切掉了梁启超那个健全的右肾，却留下了需要切除的左肾。从此以后，本来已经非常虚弱的生命之泉只能靠残留的一只坏肾维持供给。这加速了梁启超生命之火的熄灭。

很快梁启超便知道了手术的失败和荒唐，协和医院也自己承认错了。梁启超很责备协和粗忽，以人命为儿戏。但他不但没有状告院方，反而在公开场合支撑着病体亲自著文为协和医院开脱。在他的学生陈源、徐志摩等人通过媒体向协和医院进行口诛笔伐、兴师问罪之时，梁启超极力劝阻。

1926 年 6 月 2 日,《晨报副刊》发表了梁启超的《我的病与协和医院》,详述了自己此次手术的全过程，同时肯定协和医院的医疗是有效的，他说自己的病“比手术之前的确好了许多”。他还极为诚恳地说:“我盼望社会上，别要借我这回病为口实，生出一种反动的怪论，为中国医学前途进步之障碍。——这是我发表这篇短文章的微意。”

《南渡北归》作者这样写道:“梁启超仍把西医看作是科学的代表，维护西医的形象就是维护科学，维护人类文明的进步事业。”“梁启超默默承受着内心的煎熬与苦痛，维护着他笃信的科学与进步事业，而代价是他的整个生命。”

两年多以后的 1929 年 1 月 19 日，梁启超在北京协和医院病逝，享年 57 岁。

读到这里，我掩卷深思良久。我无法评价梁启超对这起涉及自己身体和生命的手术事故的态度。如果此事发生在今天，肯定应该通过法律追究医院的责任，这是天经地义的。但这是在近一个世纪以前，科学的火种刚刚在中国大地微弱地跳动，一次真正的医疗事故完全可以成为彻底吹灭这科学之光的狂风。因此为了使西医这门科学在中国落地生根，梁启超超越了个人的生命，不惜牺牲自己而以孱弱的病体挺起了科学的声誉。

我因此向历史深处的梁启超投去敬意的目光。

二、50 克放射性元素镭

北平沦陷，北大、清华等著名高校的教授们纷纷南下。

在这样的大背景下，有一个小细节几乎被时代淹没，但作者在《南渡北归》中将这个小细节打捞了出来——

已经逃出北平的清华大学物理系教授赵忠尧突然潜回北京，来到梁思成家。说有约50克放射性镭还在清华实验室的保险柜中，这是自己从英国剑桥大学卡文迪许实验室学成归国时，卢瑟福博士出于对中国的好意而特别赠给的。为了这一份全世界都禁运的极其珍贵的高能物理材料，赵忠尧历尽无数艰难险阻，终于把它带回祖国。如今北平沦陷，日军已进入清华园，如果这个东西落到日本人之手，后果不堪设想。为此，赵忠尧想起梁思成这位铁杆校友有一辆雪佛兰牌小轿车，决定找梁帮忙，一同进入清华园，抢救出这份关乎国家民族未来发展的科学珍宝。

本来刚刚拒绝了日本人请他出席“东亚共荣协会”的邀请而正忙着做逃离北平准备的梁思成，当然愿意和赵忠尧冒险一试。于是两人冒着说不出的危险，在黄昏暮色中开车狂奔驶入清华园，在人去楼空的实验室将盛装镭的铅筒找出。又借着朦胧的夜色，驱车躲过日军的盘查，返回城中。

赵忠尧在一个偏僻的胡同下车后，携带这份珍宝悄然隐入夜幕，开始了一个人的“长征”，他把盛装镭的铅筒放在一个咸菜坛子里，夹杂在逃难的人群中向长沙进发——当时，长沙已经成为南渡教授和学生的聚集地。

我们今天实在无法想象赵忠尧是怎样历尽艰辛，跋山涉水，将这宝贵的放射性元素从北中国送到南中国的。作者写道：“为躲避日本军人与伪军的盘查，他绞尽脑汁，昼伏夜行，一路风餐露宿，几乎丢掉了所有的行李，只有手中的咸菜坛子与他形影不离，双手磨出了道道血痕。当破衣烂履、蓬头垢面的赵忠尧，在离北平一个多月后，拄着一根木棍，手提咸菜坛子，晃晃悠悠地来到临时大学办事处报到时，工作人员认为是一个乞丐未加理睬。待这个乞丐将坛子慢慢放下，声称要找梅校长单独说话时，梅贻琦正从内室出来送客。赵忠尧一声低沉沙哑的‘梅校长’，梅贻琦先是一惊，继而泪水涌出了眼眶……”

读到这里，我的泪水也涌出了眼眶。

“爱国”这两个字，现在经常被我们挂在嘴边，或写在文中，但它的分量，只有在赵忠尧手捧装着50克镭的咸菜坛子时，才显得格外有分量。

不知赵忠尧在千里跋涉路途上，是否想过抗战胜利后，他本人将对中国产生如何巨大的影响？

1946年赵忠尧赴美国一些核物理实验室访问并进行研究工作。1950年，新中国的成立，让包括他在内的许多海外知识分子对新政权产生了极大的热情和希望，于是他冲破阻力毅然回到中国。但是赵忠尧没有想到的是，16年后的“文革”中，他也因曾“滞留美国”的经历，被戴上“特务嫌疑”的帽子，关进了牛棚。当然，这不是他一个人的悲剧，而是一代人的悲剧，更是一个时代的悲剧。

说到中国核事业，我们往往会想到钱学森、王淦昌、朱光亚、王大珩等人，其实这个名单上还应有“赵忠尧”的名字。搜索“百度”，在“赵忠尧”的条目下，有这样的介绍：“赵忠尧，我国核物理研究的开拓者，中国核事业的先驱之一。……历任中国科学院近代物理研究所、原子能研究所研究员，中国科学院高能物理研究所研究员、副所长，中国科学技术大学近代物理系教授、系主任，中国核学会副理事长。是全国人大第一、二届代表及第三至七届常务委员。1955年当选为中国科学院物理学数学化学部委员。1998年5月28日逝世。主要从事核物理特别是硬γ射线与物质相互作用等方面的研究并取得重要成果，为我国核物理事业和科学教育事业的发展做出了重要贡献。1930年最先观察到γ射线通过重物质时的反常吸收和特殊辐射，这是正负电子对的产生和湮灭过程的最早实验证据。”

还特别需要“打捞”的一个几乎被人遗忘的史实是，赵忠尧本来应是第一个获诺贝尔奖的中国人。前诺贝尔物理学奖委员会主任爱克斯朋在1997年撰写的一篇文章中坦诚地写道：“书中有一处令人不安的遗漏，在谈到有关在重靶上高能（2.65兆伏）伽马射线的反常吸收和辐射这个研究成果时，书中没有提到中国的物理学家赵忠尧，尽管他是最早发现硬伽马射线反常吸收者之一，赵忠尧在世界物理学家心中是实实在在的诺贝尔奖得主！”

当年35岁的赵忠尧只身抱着咸菜坛子在战火纷飞的土地上颠沛流离的时候，可能没有想到，他将迎来抗战的胜利，迎来新中国的诞生，迎来中国核物理事业的辉煌……更没有想到，最后他将作为中国杰出的核物理科学家，一直活到96岁。

果真“仁者寿”。

三、从蔡元培到周其凤

“就蔡元培本人而言，把硫黄和硝酸包裹在铁片和石块里制造出的炸弹，可以将一个王朝残破的躯体炸出几个血洞，让其在流血中慢慢死去。而改造一所堕落的国立大学堂，同样可以制造出爆炸力惊人的文化炸弹，把整个中国腐朽没落的思想和体制炸个天翻地覆。”《南渡北归》的作者如是评价蔡元培出任北京大学校长。

对于蔡元培主政的北大对现代中国的意义，作者这样激情写道——

当胸有成竹的蔡元培从那把稳坐的校长椅子上起身时，北京大学储存日久且透着腐气的一潭死水，已被投下了坚硬如铁的“知识革命之石”。死水翻起微澜，浩荡的波浪即将腾起。在北大那长满苔藓的校园和潜伏着蓬勃生机的宽阔讲台上，怀揣新思想与现代科学知识的校长与他的同事及学生们一道，共同负载起抗争与奋斗，梦想与追求的新使命。在周围尚处于蒙昧与混沌状态的历史时刻，蔡元培审时度势，提出了“囊括大典，网罗众家，思想自由，兼容并包”十六字箴言。这个光芒万丈的治学方针，如大海潮声，振聋发聩，故都上空，犹如“晦雾之时，忽睹一颗明星”。自此，故宫脚下那个日渐沉沦腐败的原京师大学堂，渐成一块民族文化的“精神的圣地”，一代又一代人类的梦想，都羁系在这片风雨迷蒙中升浮而起的圣地之上。北大不再是成批生产封建体制内候补官僚的冰冷机器，而是成为“独立之精神，自由之思想”、散发着人性光辉和科学理念的人才成长的摇篮。这个摇篮在散发出科学与民主精神光辉的同时，也“为文化的积累留下了一个永久的崖层”。

就在这个崖层之上，以陈独秀、李大钊、胡适等新派学界领袖人物统率的革命闯将，在与强劲的老派对手黄侃、辜鸿铭等名流交锋过程中，各种文化思潮如乌云滚动中爆裂的雷电，相互碰撞，激荡，交融，在古老的京都与中华大地迸发出一串串耀眼的火花。火花闪耀中，蔡元培亲手制造的文化炸弹，一不小心被点燃了引线，北京街头热切的呼唤伴着声声怒吼，终于爆响了 20 世纪黑暗中国的第一声惊雷。

今天的北大又如何？精神依然独立，思想依然自由吗？

我想到了著名的“钱学森之问”——

“为什么我们的学校总是培养不出杰出人才？”

其实这哪里只是“钱学森之问”，而是“中国之问”，因为在钱学森之前，很多人都这样问过，只是钱学森知名度很高，他的话被放大而已。每年的秋天，随着来自瑞典的诺贝尔奖结果揭晓，总有很多中国人在心里叹息：又没中国的戏！

当然不是华人智商比欧美人、日本人、澳大利亚人低，李政道、杨振宁、丁肇中、李远哲、朱棣文……不都是华人吗？二十世纪前半叶，中国军阀混战，兵荒马乱，内忧外患，可当时的大学——比如西南联大，却培养了后来群星璀璨的大师，包括后来获诺贝尔奖的杨振宁。原因很简单，科学创造所需要的思想自由之火，一直没有熄灭。

现在呢？当代北大培养了多少杰出人才？

由蔡元培，我想到了同为北京大学校长的周其凤。

前不久，周其凤在湖南的演讲中谈到美国教育。他的话被某些媒体歪曲为“美国教育一塌糊涂”。后来媒体重新登出他演讲的原话争鸣，完全是断章取义。我对媒体这种做法非常反感。

周其凤的原话是：“现在有一种说法，似乎中国的教育一团糟，就是很差，西方的教育就很好，美国的教育简直是 wonderful（非常好）。我也认为美国的教育很好，但得看你的教育的目的是什么。从培养杰出的美国公民的角度来看，美国的教育绝对是最好的，因为他们的的确确培养了一批又一批杰出的美国公民，以他们的总统为代表，是杰出的美国公民。但是如果我们从世界公民的角度来看，我就认为美国的教育是一团糟。因为他们没有培养出优秀的合格的世界公民。世界公民应该怎么样？应该懂得尊重别人，尊重别的民族的文化历史传统，而不只是一天到晚总想把自己的价值观自己的认识自己的信仰加到别人头上，你不听我的，你就不好，你就不对，我就得惩罚你。”与此相对，周其凤认为中国的教育很成功，理由是中国这些年都在飞速发展，“我们的国家在进步，靠的就是我们的教育培养的人才”。

对周其凤这段原话，我依然不同意。

第一，判断一个国家的教育是否成功，标准是什么？我认为应该是看该国的教育是否促进了该国的社会经济发展，是否有助于这个国家保持创造的活力，是否催生了一大批具有世界影响的杰出科学家，是否对人类的发展提供了源源不断的高科技产品以及其他贡献。以此衡量，美国教育是否“一团糟”，不言自明。且不说美国是否真的“没有培养出优秀的合格的世界公民”，就算是真的，以此一点来否定美国教育，显然在逻辑上是有问题的，更不是一个科学家应有的科学态度，因为这有违科学的严谨思维。

第二，美国教育真的没有培养出“优秀的合格的世界公民”吗？华盛顿、杰斐逊、富兰克林、林肯、比尔·盖茨、乔布斯以及近 300 名诺贝尔奖获得者（2008 年统计是 297 名）……那么多在世界政治、经济、文化、军事等领域的杰出人才，他们的伟大创造滋润并丰富了我们这个世界，改善了我们的生活。就其贡献和影响来说，他们难道不叫“优秀的合格的世界公民”吗？前几天，温家宝还在呼吁：“中国要有‘乔布斯’，要有占领世界市场的像‘苹果’一样的产品。”于美国麻省大学获得硕士博士学位的周其凤，叫不叫“优秀的合格的世界公民”？从美国拿到博士文凭然后回到中国就任中国最著名大学的校长，这是怎么回事？全世界包括中国在内的许多国家源源不断地把自己的儿女送到美国接受教育，然后许多人又回到自己的国家为自己的国家效力，比如钱学森——从某种意义上说，曾被美国当局阻挠回国的钱学森恰恰是美国教育为中国培养的一名伟大的科学家，现在却反过来说美国没有培养出“世界公民”？

第三，周其凤把“杰出的美国公民”与“美国总统”画等号，换句话说，他认为只有美国总统才是“杰出的美国公民”，我实在难以相信这是一位科学家的思维逻辑。他否认美国教育“最有力”的论据是美国总统“一天到晚总想把自己的价值观自己的认识自己的信仰加到别人头上”。有人说，在普遍崇拜美国教育的今天，周其凤提醒大家不要盲目崇拜美国教育是有意义的。且不说现在是不是“普遍崇拜美国教育”，就算是，如此提醒也是缺乏说服力的。美国是有问题，而且在某些方面还有严重的问题，但再多的问题也无法掩盖美国对人类的杰出贡献，就像无论中国的历史多么曲折而多灾多难，也没人能够否认中华民族对人类的不朽贡献一样。美国教育不是没有缺点，就像中国教育和任何一个国家民族的教育都不可能没有缺点一样，但批评美国教育的缺点要用理性的眼光和科学的精神，不能信口开河胡说。周其凤这样逻辑不通的话，实在有损北大的形象，有损中国科学家的形象。

在全球化的今天，中国当然要保持自己传统文化的精华，要自觉分辨并抵御外来文化的糟粕，但是，无论如何，蔡元培当年所倡导的“思想自由，兼容并包”依然应该是我们当今的时代之光。作为蔡元培的后继者，周其凤显然缺乏蔡元培的思想胸襟和精神视野，这是今天北大的悲哀。

从蔡元培到周其凤，我看到了两个北京大学，就像两个毫不相干但同名同姓的人。

四、茅草盖顶的西南联大

关于西南联大，人们已经谈论得够多。我对这所空前绝后的大学，也关注很久。应该说西南联大的许多事迹，我已经比较熟悉了。但是，读到《南渡北归》中有关西南联大的篇章，我依然感慨万千，好几次几乎落泪。

想象一下那是怎样一种悲壮？

从 1931 年起，日寇的铁蹄一步一步践踏着中国的版图。到了 1937 年“卢沟桥事变”，一个个城市被攻占，一座座村庄遭沦陷，千万家庭失去了住所，无数同胞没有了生命……中华民族遭遇前所未有的亡国灭种的危机。“置之死地而后生”，于是，有了全民抗战。

这个“抗战”，挽救的不仅仅是我们的国土，还有我们的文化，我们的精神血脉。所以，中国最著名的高校被迫南迁。在这里，我打下“南迁”两个字，不过是几秒钟的事，但在七十多年前，这个字浸透了教育家们、大师们、教授们、学生们的血泪——风餐露宿，颠沛流离，从华北到西南，从北平到长沙，再到昆明……其艰难程度非今人所能想象。

刚刚在长沙驻足，以为千里奔波终于有了一个暂时的喘息，北京大学、清华大学、南开大学组成了“长沙临时大学”，然而战局继续恶化，长沙也岌岌可危，“前线传来的消息已到了令每一个中国人都顿足捶胸，揪心裂肺的程度”。于是，临时大学又面临一次艰难的抉择——

经过反复研讨，常委们最后决定迁往云南省会昆明，其理由是：昆明地处西南，距前线较远，且有滇越铁路可通海外，采购图书设备比较方便。更重要的战略意义还在于，一旦内陆全部被日军攻占、封锁，还可通过滇越铁路在西南之地甚至海外予以周旋，为民族复兴保存最后一批文化种子。1938 年 1 月中旬，根据国民政府指令，长沙临时大学迁往昆明，另行组建国立西南联合大学。

惊魂未定的人们又开始了长征。从长沙到昆明，临时大学的师生们兵分三路，一路坐汽车走陆路，一路从越南绕行走水路，一路徒步千里走到昆明。闻一多等人正是凭着自己的双脚，翻山越岭，硬是从长沙走到了昆明。

多年以后，梁思成之子梁从诫曾这样回忆他和爸爸妈妈一家人的路途艰辛——“汽车晓行夜宿，几天以后，在一个阴雨的傍晚，到达一处破败的小城，泥泞的公路两侧，错落着几排板房铺面，星星地闪出昏暗的烛火。为了投宿，父母抱着我们姐弟，搀着外婆，沿街探问旅店。妈妈不停地咳嗽，走不了几步，就把我放在地上喘息。但是我们走完了几条街巷，也没有找到一个床位。原来前面公路坍方，这里已滞留了几班旅客，到处都住满了人。妈妈打起了寒战，闯进一个茶馆，再也走不动了。她两颊绯红，额头烧得烫人。但是茶铺老板连打个地铺都不让。全家人围着母亲，不知怎么办才好。”后来，多亏遇上了一群空军飞行学院的学员，才在他们的住处挤了个房间住了下来。此时的林徽因患急性肺炎已发烧四十度，一进门就昏迷不醒，多亏同车一位曾留学日本的女医生给开了几味中药治疗，两个星期后才见好转。

以今天的交通条件，从长沙到昆明也就几个小时的事，但当时，坐汽车的梁思成一家，却翻山越岭，经历了四十余天的颠簸动荡。刚刚到达昆明，梁思成夫妇便接到梅贻琦的邀请——充当西南联大校舍的设计师。这对两位建筑大师来说，还不是小菜一碟？然而这次他俩的设计却屡遭挫折。

梁思成、林徽因夫妇受领任务后，花了半个月时间，拿出了第一套设计方案，一个中国一流的现代化大学校舍跃然纸上。然而，这一方案很快被否定，其原因很简单：没钱！梁思成夫妇的设计方案被迫修改。经费难以如数到位，教职员工的薪水都无法按时发出，要建高楼大厦无疑成为痴人说梦了。于是，梁氏夫妇再改，将原计划中的三层砖木结构楼房改成二层。但比照经费，还是不行。只好再改——矮楼又变成了平房，砖墙变成了土墙。几乎每改一稿，林徽因都要落一次泪。

《南渡北归》这样写道——

当梁氏夫妇交出最后一稿时，建设委员会委员长黄钰生很无奈地告诉他们："经校委会研究，除了图书馆和食堂使用砖木结构和瓦屋顶外，部分教室和校长办公室可以使用铁皮屋顶，其他建筑一律覆盖茅草。"

梁思成听罢，感到忍无可忍，径直来到梅贻琦的办公室，把设计图纸狠狠地拍在桌子上，大声嚷道："改，改，改！从高楼到矮楼，又到茅草房，还要怎么改？！"

梅贻琦望着这位平日总是心平气和的老学生一反常态地恼怒起来，知道是冲着政府削减经费过猛过狠又拖欠的做法而来，叹了口气，起身像对待耍脾气的小孩子般和颜悦色地说道："思成啊，大家都在共赴国难，以你的大度，请再最后谅解我们一次。等抗战胜利回到北平，我一定请你为清华园建几栋世界一流的建筑物，算是对今天的补偿，行吗？"梁思成望着梅贻琦温和中透出坚毅的目光，想起时局的艰难，泪珠从眼角悄然滑落下来。

1939年4月，按梁、林夫妇的设计，新校舍在一片荒山野地里建起来了，其景观是：所有校舍均为平房，除图书馆和东西两食堂是瓦屋外，只有教室的屋顶用白铁皮覆盖，学生宿舍、各类办公室全部都是茅草盖顶。尽管如此，毕竟有了教室、宿舍、图书馆、餐厅等设施，用冯友兰的话说就是"肝胆俱全，有了这座校舍，联大可以说是在昆明定居了"。

然而，这样一所茅草盖顶的大学，却在战火纷飞的岁月，为中国的未来培养出了一大批堪称栋梁的人才。现在依然健在的为数不多的各领域大师，追根溯源，都可以从茅草盖顶的西南联大找到其教育谱脉。

那么，当今中国各个建筑豪华、富得流油的大学，又能为未来的中国奉献出什么呢？

突然想起，不久前在网络上公布的一份"中国大学评价研究报告"称，在1999—2010年各类富豪榜的"亿万富豪"中，北京大学和清华大学共造就了 149 位“亿万富豪”。

人生即寻找

——读刘震云长篇小说《一句顶一万句》

和我同年出生的刘震云，是我特别喜欢的当代作家。八十年代，他的中篇小说《新兵连》就是我利用语文课给学生全文朗读的作品。要形象地给学生讲什么是“文革”不是一件容易的事，但给学生读《新兵连》这事便很简单了。还有他的《一地鸡毛》等小说，通过机智幽默的语言，展示人生的悲喜剧，同时又自然而然表达出沉甸甸的思想。我认为，说刘震云是当代中国一流的小说家，不算过分。

一晃二十多年没读他的小说了，最近读了他的长篇小说《一句顶一万句》，感觉刘震云似乎风格大变——不，简单地说他风格大变好像不太准确，应该说他的言语依然蕴含着饱满的思想，情节依然紧凑而丝丝入扣，作家的目光依然直视人的灵魂，但我明显地感到，比起我读过的他以前的小说，他叙事更加从容潇洒，语言更加朴素洗练，情节更加疏密有致，人物更加饱满鲜活。重要的是，透过这一切，作家表达出对中国千百年来生活在这片土地上普通百姓苍生无限悲悯的大情怀，我能够感到他一颗紧贴大地而怦然跳动的心。

《一句顶一万句》分上下两部。上部写的是一个先叫“杨百顺”，再叫“杨摩西”，又叫“吴摩西”，后叫“罗长礼”的中国农民为找养女巧玲背井离乡走出故乡延津的故事；下部写的是几十年后当年的巧玲现在的曹青娥的儿子牛爱国为找与人私奔的妻子而回到延津的故事。说实话，我打下这两句情节梗概很是吃力，因为无论我怎么字斟句酌，都无法用三言两语准确地概括小说的情节。显然，小说的内涵要丰富得多。

小说的叙事方式，有点令人眼花缭乱，目不暇接。一开篇从“杨百顺他爹是个卖豆腐的”一句拉家常似的话语开始，故事渐渐喷涌而出，曲折回环，一泻千里。我认为对刚打开小说第一页的读者来说，这种叙事方式可能是一个挑战。大故事里面扣着小情节，小情节里面又套着许多细枝末节，既是写意，又是工笔。但只要你稍微“挺住”坚持读下去，就会发现，在这既大开大合又精雕细刻的叙述中，作者给我们徐徐展开了一副中国乡村人物风俗的百年图像。各色人等，各行各业，均在其中精彩亮相。至少我读着读着，眼前浮现出类似《清明上河图》的画卷。每个细节都充满浓郁的中国乡村特色和百姓生活气息，以及通过这乡村特色和生活气息所自然而然表现出来的民族文化特质。说实话，我好久没有读到过这样“很中国”的小说了。

如果专心致志地读，我们会沉浸在小说情节中，心情会随主人公曲折多舛的命运而跌宕起伏。但是，当我们从纷繁的故事中抬起头来，仰天长叹或俯首沉思时，会揣摩作家想表达的主题。对此，本书的责任编辑安波舜先生已经说得很到位：“与神对话的西方文化和人类生态，因为神的无处不在而愉悦自在，人与人之间虽说来往不多，但并不孤独。与人对话的中国文化和浮生百姓，却因为极端注重现实和儒家传统，由于其社群、地位和利益的不同，由于其人心难测和诚信缺失，能够说贴心话、温暖灵魂的朋友并不多，反倒生活在千年的孤独当中。”

其实，作家要表达的就是人与人之间沟通的重要和艰难。因为重要，所以必须，但生活中，由于种种原因，人与人之间沟通却大多艰难，所以“一句顶一万句”。而有的人终其一生也未能说出这“顶一万句”的“一句”。因为这样，所以千百年来无数中国人内心深处都有着因沟通艰难而产生的排遣不去的孤独与苦闷。如安波舜所说：“小说中所有的情节关系和人物结构，所有的社群组织和家庭和谐乃至于性欲爱情，都和人与人能不能对上话，对的话能不能触及心灵、提供温暖、纾解仇恨、化解矛盾、激发情欲有关。话，一旦成了人与人唯一沟通的东西，寻找和孤独便伴随一生。”小说中，路人之间因为一句话而成为莫逆之交，也因为一句话反目成仇；男女之间因为一句话结为夫妻，也因为一句话分道扬镳。刘震云通过大大小小、枝枝蔓蔓、环环相连、丝丝入扣的故事，告诉我们，“说话”其实就是生活乃至生命本身。

而作品中的主人公的“说话”还包含着一个更重要的主题，就是“寻找”。寻找对话者，就是寻找人生，甚至是寻找自己生命的来龙去脉。我特别同意评论家张颐武对这部小说的评价：“这部小说仍然保持着刘震云奔放的想象力和不羁的风格，用不同时代的两段故事和具有血缘关系的不同时代的普通人的命运，讲述了人生的‘出走’和‘回归’的大主题，由此试图追问横在东西古今之间的现代中国的‘大历史’。”从杨百顺到牛爱国，百年之间，寻找与追问却一刻也没有停止。小说结尾，因为母亲曹青娥(即当年的巧玲)临死前提到的一封信，牛爱国踏上了寻找的征程，返回延津，找罗长礼（即他的姥姥吴摩西），找罗安江，找章楚红……小说的最后一句是牛爱国的话：“不，得找。”读到这里，我鼻子发酸，几乎流泪：无论是当年的吴摩西，还是现在的牛爱国，他们一直在悲凉地行走，在行走中寻找。他们是在寻找自己生命的源头，也是在寻找生命的去向。他因孤独而寻找，但在寻找中更加孤独。

刘震云自己说：“‘孤独’确实是小说试图要表现的。因为‘孤独’在每个人的心里面生根发芽，长大成树。特别是中国人，特喜欢热闹，但每一个人独处时就觉得孤单。”细细品味，小说的平民化生活化的人物及故事中，蕴含着某种哲学意义。人生就是寻找，每一个人的内心其实都很孤独，因为我们很难寻找到另一个能够和自己对话的心灵。但我们依然不停地寻找，“走投无路而一往无前”。这就是生活，这就是生命。

把生命融入教育

——推荐李国斌《我的学生我的班》

现在一线普通班主任出版专著的不少，这些著作往往是作者和自己学生的故事，故事中蕴含着教育情感、教育思想和教育智慧。说实话，如果把《我的学生我的班》放在同类著作中，也许它并没有什么特别之处。但是，这本书的作者是一位生患绝症的教师，他在病中依然坚持带班上课，本书的内容正是他以绝症之躯享受教育的故事，因而这本书中一个个教育故事便散发出格外耀眼的光芒，这是生命之光。因为作者李国斌的确是把生命融入了教育。

李国斌，是成都市郊县金堂中学的一位普通而又不平凡的语文教师。说他“普通”，是因为他和绝大多数老师一样，每天都备、上课，批改作业，找学生谈心，和学生一起玩……说他“不平凡”，是因为八年前的2004年，正在他生命的壮年与事业的盛年之际，他突然被查出患有恶性淋巴癌，那年他刚满四十岁啊！但他没有倒下，经过两年多的治疗，他又站在了讲台上！而且还在电脑上敲下了20多万字的教育故事，也就是我眼前这本封面朴素但内容感人的《我的学生我的班》。

去年，在《我的学生我的班》首发式上，李国斌老师曾自述道——

2004年的冬天，我被查出罹患淋巴癌，2009年复发，今年8月又再次复发住院，现在还在化疗过程中。这7年间，医院下达了5次病危通知书。放疗21次，化疗16次，大肠部分切除手术一次，最近还要到医院做干细胞移植。也许在一些人眼里，我是不幸的，是悲惨的。说句心里话，我没觉得好不幸，我只感到有那么一点遗憾。我遗憾的是我现在不能像从前一样神气地站在讲台之上，活跃在学生中间；我遗憾的是这突如其来的魔鬼，击碎了我的教育梦，使我不能在更大范围实现我的教育理想。一扇窗户关上了，另一扇窗户就会为你打开。由于得了这场病，我才能从前线走下来，才有时间静心反思，才有时间审视我的教育之路。也许是老天有意安排，东边不亮西边亮，离开太阳有月亮。我没有穷途末路，我的未来仍然会一片光明。即使只是短暂的光明，我也心满意足了！

应该相信，世界上是有超人的。这里说的“超人”不是超凡脱俗的神，而是具有超过一般人意志的人。李老师正是这样的“超人”。

该书主要内容是李老师所带过的2001届1班的故事。这个班的孩子从1995年进校至2001年毕业，李老师陪伴着他们走过了初中高中六年时光。

孩子们从少年到青年，李老师从青年到中年——青春在交响，心灵在呼应，幸福彼此传递，生命交相辉映！这个班最后的高考无疑是辉煌的：班上59人参考，52人上线，44人在二本线以上，其中33人上一本。没有考上的7人，第二年补习后全部考上。大学毕业后有近20人考上研究生，有3个在美国攻读博士学位。但李老师的书中并没有刻意突出甚至炫耀这高考成绩的辉煌，他向我们展示的，是一个个鲜活的灵魂和生动的故事，当然，还有李老师朴素的教育思考与丰富的教育智慧，而我读到的是李老师把生命融入教育！我不想在这里复述李老师书中的故事，我只想说，只要你打开这本书，你不但会被感染与感动，更会确信，人的生命的确是可以创造奇迹的！

我担心有人会不以为然：身患绝症居然还要拖着病体上课，这样是不是太不尊重生命了，太不人道了？但请听李老师是怎么说的："只要治疗一结束，我就会重返学校岗位。因为只有这样，我的内心才会真正平静和安宁，只有这样我的生命才有意义和光彩。"正是凭着这样的信念，他的确创造了生命的奇迹：当初医生估计他最多再活半年，可七年过去了，他居然还顽强地站在生命的高处，从容而潇洒。在他那里，延续生命的方式不只是药物治疗，还有事业的持续，或者说，把生命融入教育，才是延续生命的最好方式之一。

也是在《我的学生我的班》首发式上，当李老师在哽咽中说道："我身患绝症，不是悲惨，是遗憾——遗憾不能再在讲台上享受教育"时，全场响起经久不息的热烈掌声。我想，作为拥有健康躯体的我们，应该怎样珍惜每一天的教育享受呢？

今年年初，金堂县教育局局长给我寄来了《我的学生我的班》，我才第一次知道"李国斌"这个名字。读了这本书之后，我对李国斌老师油然而生敬意。我真的是这样认为，别看我著作那么多，也有一些真诚的追随者，但和李国斌老师相比，我实在算不了什么。我想，我能为李国斌老师做点什么呢？于是我主动和他联系。第一次和他通电话，我真没有想到电话那头爽朗的声音，是源于一位癌症晚期患者。李老师很惊喜我会给他打电话，他说他早就读过我的文章和书，对我也非常"那个"——我实在不好意思写出他说的那个词，我不配！虽然只是听声音，我却感到了他的乐观、自信、豁达、阳光。因为感动，我总想帮帮他。成都华西医院排队都很紧张，我四处联系熟人想给李老师提供一些方便，但没成功；后来我又帮着他在北京找我的朋友联系更好的专家治疗。他去北京后，给我打电话说，国内最著名的专家为他能活这么久感到无比惊讶，甚至怀疑当初是不是误诊！是呀，我也希望他是误诊。总之，我是多么希望他的生命能够继续创造奇迹啊！

我写下这篇朴素的文字，就是想为国斌老师加油！也想唤起更多的老师给国斌老师以鼓励！当然，我还有一个小小的功利心——为我至今未能谋面的国斌的著作《我的学生我的班》做个广告：老师们，李国斌老师的医药费用是相当巨大的，大家都去买《我的学生我的班》吧！以这种方式，向李老师伸出我们温暖的手！何况，这绝不只是单方面的“献爱心”，因为当我们手捧李老师的著作时，我们已经得到了他给我们的最宝贵最丰厚的精神食粮了。

让我们一起为李国斌老师的生命呐喊助威！

人性教育与幸福教师

——《发现班主任智慧——追求充满人性的教育》序

郭文红老师是南京市芳草园小学的普通班主任。她的教育充满人性，这让她有了许多感人的故事。

我是 2007 年下半年认识她的。当时有十多位年轻老师说是要拜我为“师”，于是我们建立了相对比较固定的联系。郭老师正是其中的一位。尽管这些年轻人很真诚地说是要拜我为师，但我心里认为我和他们是一种互相学习的关系。和他们接触，我常常收获不少。

比如郭老师，经常听到她讲她和孩子们之间的故事，她总是给我说：“我的孩子们对我太好了，我常常被他们感动！”

在带着孩子们春游的路上，一群女孩子用随身带的糖果、果冻、巧克力等小零食在草地上摆了四个大字：“精忠报郭”；另一群男孩用扑克牌也在地上摆了两个大字：“报郭”。孩子们用这种方式向郭老师表达着他们的爱。记得当时郭老师给我打电话，激动地说：“孩子们太聪明了，他们太有创意了！”我说：“不对，这首先不是‘聪明’和‘创意’，而是他们对你的爱！”

对教育，郭老师有着朴素的理解：就是要符合人性，满足儿童的心灵需求，在这个基础上引领他们的精神成长。郭老师长期担任小学高段的教学，也就是说，她带班往往就一年或最多两年。可是，哪怕是只教学生一年，孩子们都能对郭老师产生依依不舍的情感。郭老师靠什么赢得了孩子的心？我认为，靠的是爱心，还有智慧。把每个孩子都放在心上，这就是一种充满人性的教育。

什么是“人性”以及“人性教育”呢？

郭老师这样写道——

所谓“人性”就是人的本性。广义的人性既有善的一面，也有恶的一面，而狭义的人性是指人类追求真善美的天性，从这个角度说，狭义的人性就等于“真善美”。我今天这里所说的“人性”，特指狭义的人性，也就是“美好的人性”。

教育离开了美好人性的唤醒和培养，离开了人的精神陶冶，一味传授知识技能有什么用？纳粹集中营的毒气室是由学有专长的工程师建造，日本731部队里多的是学识渊博的专家！正如美国的一位中学校长说：“只有使我们的孩子在成长为有人性的人的情况下，读写算的能力才有价值。”这里的“人性”，就是善良、尊重、正直、真诚、宽容、坚强、感恩、探索、敏锐、创造等等美好的品质。而这一切便构成了人之为人的幸福！

苏霍姆林斯基曾给我们忠告：“在教学大纲和教科书中，规定了给予学生的各种知识，但却没有给予学生最重要的东西，这就是——幸福。”

我完全同意郭老师对“人性教育”的理解。郭老师把人性注入教育，然后落实在“幸福”二字上。通俗地说，充满幸福感的教育，同时也就是充满人性的教育。

郭老师还曾经写过这样一段话:“我只是一个普通的老师，因为有了这群孩子们，和无数关心我的人，我感到很幸福。曾经读过这样一段话:‘不必用堆叠的荣誉来证明教师的成功，教师的光荣就印刻在学生的记忆里。’为了心中那一朵永不凋谢的人性的玫瑰，我愿意用爱、用心、用情、用智，给我的孩子也给我自己留下一抹闪烁人性光辉的温馨回忆。”

“给我的孩子也给我自己留下一抹闪烁人性光辉的温馨回忆”，这话让人怦然心动。充满人性的教育，并非郭老师的原创，但这是郭老师的追求，而且这种追求已经体现于她的每一个教育行为乃至细节。读郭老师的故事，感觉她的教育处处浸透着人性的善良、尊重、信任、期待、宽容……郭老师的教育幸福也源于她那充满人性的教育。人性的教育，就是要让校园温馨，让班级和谐，让孩子快乐，同时也是教师教育过程的幸福。怀着这样的理解，郭老师把自己当作孩子中的一员，和他们心贴心地一起生活一起成长。

我曾经说过:“只要真正用心去做教育，哪怕是一个普通的老师，其教育生活也会充满生命的传奇！”

郭老师正是如此。这本《发现班主任智慧——追求充满人性的教育》，就是郭老师和孩子们一起创作的生命故事。在南京市芳草园小学一间普通的教室里，郭老师的生命和几十个孩子生命相遇，她自然而然地进入了孩子们的故事，和孩子一起创作，推动情节的发展，并期待着一个完美的结局。她把自己的心融入了孩子们的心，并用智慧引导着孩子，破解着教育的种种难题，因而诞生了一系列或行云流水或跌宕起伏的精彩传奇——

《我与“顽童”斗智斗勇》中，郭老师在转化后进生的同时也提升着自己;《“无照郎中”的“行医”记录》让我赞叹郭老师的教育机智;《宽容从欣赏开始》记录了围绕“换位风波”，郭老师是如何自然而然地引导孩子自我教育的;《两地书，师生情》震撼心灵，催人泪下;《不期而遇的感动》使我们看到一次意外伤害事故是如何演变成一次爱的暖流的汹涌澎湃……一个个故事，无不展示着生命的交融与心灵的相通。郭老师就是这样和孩子们一起在生活的河流中奔涌、漂流、探险……

在这里，所谓“人性教育”已经不仅仅是对孩子而言了，也是针对教师的——如果教师本人不能感受教育的温馨与快乐，而只是让孩子快乐，甚至只是如“春蚕丝尽”“蜡炬成灰”一般牺牲自己的幸福以换取孩子的幸福，这样的教育对教师来说，是不人性的！

而在郭老师的教育过程中，帮助孩子成长，也是帮助自己成长；成就孩子，也是成就自己；让孩子幸福，自己获得幸福。

我曾经说过，从某种意义上说，教育就是和孩子一起编织师生的生命故事，并追求一个完美的结局——注意我这里说的是“追求”。实际上，很多时候，我们故事的结局并不完美，那也不要紧，在追求完美的过程中，我们的职业更加精彩，我们的生命更加明媚，我们的人生更加辉煌。孩子每一天的故事不可逆转，教师每一天的生命也不可重现——教育的严酷与责任都在于此。和孩子一起编织故事，让教师和孩子的生命互相重叠与交相辉映。这是教育的意义，也是教师的幸福所在。

在《给教师的一百条建议》中，苏霍姆林斯基这样写道：“每个儿童就是一个完整的世界，没有重复，各有特色。如果这个世界显示在你面前，如果你感觉到每个儿童都有个性，如果每个儿童的喜悦和苦恼都敲打着你的心，引起你的思考、关怀和担心，那你就勇敢地选择崇高的教师工作作为自己的职业吧，你在其中能找到创造的喜悦。”这里所说的“喜悦”，正是教师职业特有的幸福。

幸福是一种清澈的心境，是一种单纯的情怀，有时又是一种情不自禁的思念，或者被自己牵挂的人牵挂……这一切，郭老师全有了。

一个曾经让郭老师操碎心的后进生，毕业时来给郭老师告别，说：“郭老师，我们走了以后，你千万千万不要教下一个年级某班啊！”郭老师问：“为什么呀？”这男孩认真地说：“因为那个班的学生呀，个个比我还坏！”

一个男孩回家对妈妈说：“妈妈，我不想毕业！”妈妈问他为什么，男孩回答：“我不想离开郭老师！”

一个女孩对在省教育厅工作的爸爸说：“爸爸，你把郭老师调到中学工作吧！那样郭老师就可以继续教我了！”

……

孩子们的想法很天真，说法很幼稚，却充满了郭老师所追求的浓浓的人情味，这种人情味正是郭老师的教育在孩子的心灵中留下的人性的芬芳。可以想象，孩子们的未来一定会拥有充满人性的温馨记忆，而这种记忆同时也属于郭老师。

郭老师因此幸福。

源于情感与良知的建言

——读朱永新《给中国教育的100条建议》

中国教育是近年来人们议论最多的话题。在这个口头言论相对自由的今天，谁都可以对中国教育说上几句，但我们听到的往往是指责、埋怨和牢骚。众声喧哗中，有一个声音频频出现于媒体，总能引起许多人注意，并让我们的思维从消极地批评转向积极地建设，声音的发出者叫“朱永新”。

我和朱永新老师相识于1999年。十多年来，我一方面师从于他，学习做学问，也学习做人；另一方面也见证了朱老师的发展：从“理想教育”到“新教育”，从教育学者到在国内外富有影响的教育家，从分管教育的副市长到民进中央副主席……有一个身份是一直没变的，那就是“中国教育第一义工”。本来，他的分内工作就是带好博士生，管好苏州的教育，做好民进中央副主席和秘书长的工作，但是，至少我认识他十多年来，他一直利用休息时间奔波于全国各地的学校、课堂，包括边远地区山坡上的教室，都留下过朱老师播撒“新教育实验”种子的身影。他和一线老师座谈交流，一起思考中国的教育。而做这一切都是没有任何报酬的，所以我说朱老师是“中国教育第一义工”，他当之无愧。他是一个以自己的行动——而不仅仅是思想——感召并影响无数一线教育者的教育家。

但是，朱永新老师毕竟同时又是一位教育思考者。他的教育生涯，他的从政经历，他上天入地的思维方式，他纵横万里的学术视野，都决定了他对中国教育有着非同一般教师的见地。他在身体力行率领全国无数教育者投身新教育实验的同时，也以一位教育思想者的睿智，对中国教育提出自己的见解。

本书汇聚了朱永新老师几年来对中国教育的思考与建言。内容涉及基础教育、高等教育、职业教育、民办教育、教师教育方方面面。对于中国这样一个有特殊国情的国家来说，有时候“说”本身比说什么更重要，我的意思是，往往有时候“敢说”就需要胆量，因此，我们经常听人赞美某人“敢说”——我也经常听到有人这样评价朱老师。但是，我这里要强调的是，作为一个著名的学者，一个现在身居高位的全国人大常委和民主党派领导人，朱老师的意义绝不停留于“敢说”，更在于说的内容有思想有深度。

比如，他对国家的教育方针提出的不同见解。针对“培养社会主义建设者和接班人”的提法，他认为，这个培养目标是社会本位，与科学发展观的“以人为本”不太吻合。进而提出，教育的根本任务，是塑造美好的人性、培养美好的人格，使学生拥有美好的人生，从而建设一个美好的社会。

又比如，他呼唤“教育的更大解放”。他认为，教育要大发展，必须解放孩子，解放教师，解放校长，解放厅长局长……“一句话，解放教育最关键是‘放权’，把那些本来属于学生、属于老师、属于校长、属于厅长局长的权利给他们自己。”粗听起来，这些话似乎很平常，但想想我们现在的教育被无数有形无形的绳索捆缚，现在我们的教育最需要的，不正是“解放”吗？

朱永新老师不但从宏观上对教育方针、教育思想、教育决策、教育科研等话题提出自己的建言，而且还对和一线校长、教师息息相关的一些教育问题提出建议。我前面说过，朱老师首先是一位教育实践者，他率领全国无数理想不灭、激情依然的一线中小学教师开展了轰轰烈烈的“新教育实验”。十年来，他到过许多学校，和无数教师交流。他直接感受着最基层教育者的喜怒哀乐，体谅他们的苦衷。因此，他的许多建议都代表了普通教师的心声。

他提出“减少和规范中小学教育评估”，就说到了我的心坎里。无论是做教师还是当校长，我对上级教育行政部门多年来对学校的各种检查、验收、评估真是苦不堪言，不仅仅是累，更有许多为了“学校荣誉”的弄虚作假——而且还教学生作假。朱老师提出：“最大限度地减少各种教育评估和检查活动，原则上每个学校每年的评估和检查不得超过一项；学校的评估和检查，必须由各种中介机构来组织实施；教育评估应该以合格、基础检查为主，加强对于薄弱学校的达标促进，而不是锦上添花，为各种重点学校进行各种省级、星级评估；进一步加强教育评估和检查的开放性，注重社会评估，强调声誉调查；评估与检查一律不允许被检查单位安排食宿，不允许接受被检查单位的任何礼品。”

有两条似乎是与细节有关的建议特别让我感动，那就是朱老师为教师申诉权和休息权大声疾呼。有学校规定：“教师越级上访的扣款 200 元 / 次，在公开场合顶撞领导的 50 元 / 次……”为此，朱永新老师建议：“把教育申诉纳入执法轨道，保障教师的权利。”有感于相当多的教师工作时间远远超过了 8 小时而是十几个小时，平时的双休日也不能享受，一个月最多休息一天，朱老师呼吁：“以立法的形式保障教师的休息权！”

读着这些建议，我不仅仅是震动，而更多的是感动。只有和一线教师心贴心，才能提出这样的建议。据我所知，十年来，朱永新老师走遍全国除西藏、青海以外的所有省市自治区，深入学校 200 多所，和无数教师面对面交流。这是他本书所有建议的源泉。能够提出这些建议，首先需要的不是思想，不是理念，而是情感——对千千万万一线普通教师的情感，是良知——对中国教育的良知。纵观《给中国教育的 100 条建议》，其中的每一条建议，都无不源于朱永新老师这样纯净的情感和灼热的良知。

真可惜了这么好的一个题材

——我看《雪花那个飘》

尽管从艺术上说，《雪花那个飘》算不上一部精品，但毕竟是第一部反映 77 级大学生生活的电视剧，因此，我还是断断续续坚持看完了全剧。

纵观全剧，其实不乏可圈可点之处——

李阔老师作为“文革”的受害者，红卫兵的毒打让他失去了健康。“文革”中正是陶自然在批斗会上将李阔推下，造成他下身瘫痪。陶自然一直内疚，但李阔故意说不是陶自然推的，他对陶自然的宽容让人动容。陶自然的忏悔和愧疚也非常真诚。后来陶自然爱上了李阔，尽管李阔没有接受，但陶自然的爱纯洁和高尚。二人的故事，是该剧最动人的内容之一。

关于靡靡之音和革命歌曲的辩论太有意思了！三十年前，在大学校园，听惯了“革命红歌”的我们，的确被邓丽君倾倒了，俘虏了！情感获得解放，思想赢得自由！

剧中关于爱情“阶级性”的争论也很真实，符合当时的时代特点。我们刚进大学，“四人帮”虽然已经垮台，但“文革”还没被否定，三中全会还没召开，整个中国还笼罩在极“左”的阴影中。“文革”中成长起来的我们，满脑子的确还顽固地保持着阶级斗争的思想，随时警惕被“和平演变”，警惕被资产阶级当作接班人“争夺”过去。

徐文丽朗诵《周总理，你在哪里》勾起我久远的回忆。这首诗当时的确传诵一时，轰动全国。这与当时老百姓对“人民的好总理”的感情分不开。那个年代，包括我，对周恩来的确怀有深厚的感情。所以徐文丽的朗诵把我带回了当年，鼻子都有些发酸。

学校图书室丢了一本《说文解字》，种种迹象都表明，窃书者就是77级中文系的某个学生。当这个学生骑虎难下不敢承认的时候，赵长天让全班每个同学第二天都带一本用报纸包上的书到教室。果然，当老师一一打开讲桌上的报纸包时，那本《说文解字》正在其中！老师和同学们都感动了。对人的尊重与信任，是教育的真谛。

吕卫兵因为打“小报告”被大家知道了，他无地自容决定退学，但全班同学都真诚地挽留他。后来他因为倒腾牛仔裤被工商所抓获，全班同学再次挺身而出，把他救了出来。同学之间的友爱、宽容与团结，温暖着我的心。因为这份宽容与真诚，说实话，现在不多了。

翠翠是个不幸的女人。但她善良无私，忍辱负重，坚忍不拔，理想不灭，历尽艰辛，最后第二次考上大学，让我的眼泪忍不住夺眶而出。

还有徐文丽和冷雪松之间的爱情也让人唏嘘不已。冷雪松扑火救人，最后被烧伤毁容，徐文丽来到了他的身边，为他朗诵《你有一双眼睛》:“你

有一双眼睛 / 左眼是长庚 / 右眼是启明 / 我的世界里没有黑暗 / 黑暗中你就是我的眼睛 / 越过迢迢银汉 / 我听得见 / 你飘飘渺渺的召唤 / 站在天涯的尽头 / 你的凝望让我怦然心动 / 牵着你的手 / 跟着你走……”那一刻，满脸泪花的徐文丽特别美丽。

四年过去了，拍毕业照时，赵长天提议给不能到场的冷雪松留了一个位置，在那个位置，同学们扶着一个大大的牌子，上面写着四个大字：“我们想你”随着快门的按下，大家一起呼喊：“七七级万岁！”“七七级万岁！”……翻动的情感再次撞击着我的胸膛，眼泪再次涌出。

……

我看电视剧，同时也是在回顾我的大学时代和青春岁月。对我们国家来说，那是一个噩梦初醒的时刻；对我和我的同龄人来说，那是一个洒满阳光的清晨。历经了“大跃进”“文革”和上山下乡，19 岁的我迎来了自己生命的春天——1977 年 10 月 21 日的早晨，我在农场从收音机里听到恢复高考的消息。11 月 7 日我回家开始复习。妈妈给我弄了许多复习资料。12 月 9 日我踏进了考场。那个冬天，我感到了初春的温暖。次年 3 月，我踏进了大学校门。

看这部电视剧，我的思绪总是在“宁州师院”和“四川师院”（现四川师范大学）之间穿越。剧中的场景我特别亲切：连宁州师院的校门，也几乎和当年四川师院的校门一模一样，还有校园的林荫道，教学楼的木制楼梯，包括韩老六养鸭子的树林也让我想到了四川师院后校门外面的山坡……看到剧中的一个个人物，我总是想到我当年大学的同学们。

30 年前的大学生显然有着那个时代的气息，赵长天、冷雪松、徐文丽、石捧玉、韩老六、陶自然、初萌、丁学武……他们的单纯、朴实、善良、勤奋，的确是我们这一代人的青春写照。徐文丽的诗《致远方》从艺术上说显然还比较稚嫩，今天读来甚至有点中学生习作的味儿，但表达了一代人纯真的理想和憧憬。诗表现的情感和理想，的确是真实的，那时的我们真的就是这种阳光情怀。我当年也写过类似的文字，一样的激情，一样的纯真，只是没勇气像她那样公开声称，公开朗诵。我们那时候发自内心的愿望，就是能够为祖国的四个现代化奉献自己的青春和全部力量。甚至可以说，现在我心中依然燃烧的理想之火，就是那时候点燃的。

三十年过去了，历史已经证明了77级大学生对我们国家特别是改革开放事业所做出的贡献，我们用自己三十年的人生兑现了当年在大学时对祖国的承诺。终于有人将我们的大学生活拍成电视剧了，我真诚地向该剧的主创人员表示谢意和敬意！

也许是我比较苛求，我以77级大学生的眼光审视，该剧在情节和细节上有不少漏洞和破绽，甚至还有许多遗憾。《雪》剧当然是77级大学生活的艺术再现，但还是应该具备一些历史的真实，包括细节。但恰恰在这一点上，该剧有不少“硬伤”。我一边看，一边在微博上指瑕，这里引述几则我的微博文字——

恢复高考的消息传来，作为农村小学教师的刘翠翠带着学生唱国歌，这在当时是不可能的。须知那时候国歌只能演奏，不能唱。因为当时“文革”刚刚结束，词作者田汉是“四条汉子”之一，还没平反呢！

知青马宏亮（老四）得知恢复高考的消息后，激动地说：“感谢邓小平！”不对。那时候绝大多数青年被告知是英明领袖华主席的功劳。所以我们一进大学发自内心想的是“好好学习，不辜负华主席的期望”。一直到华国锋下台，我们才知道，原来是1977年8月邓小平决定恢复高考。所以，那时候马宏亮不可能说“感谢邓小平”。

两句台词有点问题。赵长天考上大学告别凤凰屯前，刘翠翠要他读书期间把胃病治好，“不然以后找工作也成问题”。那个年代，不存在“找工作”的问题，都是国家分配，只要考上大学，就是国家干部了。在中文系开学典礼上，徐文丽说：“570万考生同时捧起一张试卷……”不对，77年高考，是分省考的，时间不同，考题各异。

表现李阔“文革”中被红卫兵残酷批斗的口号不妥：“打倒臭老九李阔！”“打倒走资派李阔！”“打倒资本主义李阔！”第一个口号是对的，因为李阔是讲师，自然是臭老九。但第二个口号不靠谱，“走资派”特指当时单位里的领导，不包括一般教师。至于“打倒资本主义李阔”，简直搞笑，当时根本就没有这样的口号！

李阔讲课时说：“下面我们讲王蒙先生的……”那年代，“先生”一般特指民主人士，还不用于一般的作家。尤其对王蒙这样的党内作家，那时绝对是称呼“王蒙同志”。另外，运动会前，学生们说“我们是77届大学生”云云，应该为“77级”。因为这批学生是77年进校的，而非77年毕业。

文艺理论课上，教师大讲“四人帮”的“三突出”原则，这很不真实。尽管当时极“左”路线还有影响，甚至在我刚进大学时，文艺理论课昨天还大批“四条汉子”今天周扬便平反，党史课昨天还大批刘少奇今天便为他平反，但“三突出”原则是粉碎“四人帮”之后着力批判的谬论，不可能在大学课堂上公开讲授。

在议论小说《伤痕》时，吕卫兵说：“现在上面提出‘两个凡是’……”又错位了！第一，“两个凡是”是1977年2月《人民日报》社论《学好文件抓住纲》提出的，不是“现在”的1978年春天，而“现在”，“真理标准”讨论都开始了；第二，“两个凡是”是后来人们批判它的时候的说法，如果真要用这个观点，是不会用“两个凡是”这个表述的。

短篇小说《伤痕》当年在中国青年尤其是中文系大学生中引起的思想地震是空前的。展示大学校园对此的讨论是对的，但是，学习委员徐文丽四处找这篇小说，说：“同学们都没看过！”这不太可能，当时《伤痕》在《文汇报》上首发后，全国许多报纸都转载了，要读到是十分容易的。

徐文丽参加歌咏朗诵比赛前，练习朗诵《周总理，你在哪里》：“革命征途千万里，他大步前进不停息。”这是后来的版本。1977年该诗发表时，这句是这样的：“他步步紧跟毛主席。”几年后，因为毛被拉下神坛，这句改成“他大步前进不停息”。那时77级大学生已经毕业。

刘翠翠本来和赵长天相爱，但是她考上大学居然莫名其妙地回避赵长天，在这里我感到非常突兀，不可理解。至少在情节的设计上这里是有明显漏洞的。另外，她带着孩子上大学，对赵长天谎称她已经结婚有男人了，男人“在南方打工”。其实，那年代还没有打工的情况。刘翠翠说她男人“打工”，是不可能的。

吕卫兵说“1997年收回香港”，他怎么知道的？须知1984年中英才签订协议决定1997年香港回归中国。吕卫兵倒腾牛仔裤也不真实，编剧把牛仔裤出现在中国大陆的时间大大提前了。

另外，电视剧里许多台词都是用现在的语言说过去的话——

冷雪松带了一个三洋收录机到学校，同学惊呼：“这就是传说中的收录机吧？”如此“传说”是00后的用语，那时没这个说法。徐文丽收到《伤痕》作者卢新华来信，引起轰动。“文丽，你真牛！”同学们这样惊呼。其实，所谓“真牛”的说法是近几年才流行起来的。在三十多年前是不可能有这种说法的。还有，班长说同学的男朋友“真帅”，辩论陶自然和李阔的爱情时，“主辩”“副辩”“请问对方辩友”“利益链条”“女孩”等说法，以及“请徐文丽同学闪亮登场”的“闪亮登场”，“有个当司令员的老爸”之“老爸”等等，当时都没有这些说法。这些都是语言“穿越”。

该剧诙谐的风格增强了观赏性，但有些过火，损害了该剧应有的历史严肃性，一些情节编造痕迹太浓，很容易误导今天的年轻人。比如，该剧以两派知青为《基督山伯爵》一书打架开头。我经历了那个年代，文化荒芜是事实，但这个情节编得不自然，特别做作。从发现书被偷到械斗，太夸张，缺乏铺垫。又如，围绕韩老六的鸭蛋送礼，该剧用了大量篇幅喜剧般地展示韩老六的丑态，以及以赵长天为首的“捣蛋者联盟”对他的攻击。看到这里，我感到完全就是一个拉长的喜剧小品。如果是小品，如此做作夸张别扭情有可原，但作为正面反映77级大学生生活的电视剧，我觉得莫名其妙，荒唐之极，不知编导要表现什么。再如，因为接触了一个外国人，长天等人被诬为里通外国，被软禁，于是他们绝食抗争。这个情节编得太做作。另外，韩老六因为冷雪松用日本货而提着笤帚要打他，甚至要砸收录机……这几个情节太夸张，也离谱。那时候思想观念是有冲突，但不至于此。这些情节，都有点像春晚小品。

该剧最大的问题之一，就是好多情节别扭不自然。不是我吹毛求疵，既然号称是真实反映那个年代的生活，情节和细节就应该真实。

不过，《雪花那个飘》最大的遗憾，是时代感还不够，也就是说，该剧还没有充分展示77级大学生所处的时代特征，以及这个特征对他们的影响。因此，该剧没有体现出应有的深度和厚度。剧中所表现的赵长天和他的同学们朝气蓬勃，奋发向上，团结友爱，助人为乐……这些都是77级大学生所具有的品格，却并不只是77级大学生所独有的，50年代60年代乃至现在的大学生都同样有这些品质。77级大学生是人格觉醒的思考一代。他们在极“左”年代出生成长，但在大学时代告别了现代迷信，赢得了思想自由，完成了精神涅槃。

在我看来，反映77级大学生活，一定要表现1979年的思想解放运动。

我曾经说过："我没有遇上 1919，但我赶上了 1979！"那是一个风云激荡的年代，有多少激动人心的事件可以表现啊——真理标准大讨论，对毛泽东评价的激烈争论，"天安门事件"平反，张志新事迹的披露，校园民主选举，《苦恋》批判前后，陈景润与哥德巴赫猜想，科学的春天，中越自卫反击战，中国女排扬威世界，中美建交，人民公社的破产……这些在《雪》剧中统统看不到——我不是说都要正面表现，但有些可以直接展示，有的作为背景则是必须要有的。连具有划时代意义的十一届三中全会，该剧也只是用一句旁白轻轻带过。真是不应该，真是不应该啊！

我曾经估计编剧年轻，不是 77 级大学生，不然怎么会犯这些错误呢？但我到网上查了查，编剧高满堂出生于 1955 年，和我是一个时代长大的。怎么会犯这些在我看来不该犯的错误呢？当然，也许张志新等事件比较敏感，如果涉及这些内容估计审查通不过，对此我能够理解并宽容，那么"真理标准大讨论"、农村改革、"中国女排夺冠"之类的有什么不可以表现的呢？要知道，这些都是那个时代的标志性事件，影响了整个中国的进程，也影响了一代年轻人的思想成长啊！不可想象，重现 77 级大学生的历史，怎么可能绕开这些伟大的事件呢？

但是，编导们居然就"绕开"了，《雪花那个飘》因此便失去了思想的深刻和历史的厚重，"光荣与梦想"的年代便成了"雪花那个飘"！

真可惜了这么好的一个题材。

信仰与温情

——看《身份的证明》有感

想必编剧在创作《身份的证明》时面临一个挑战：既要尽可能表现出历史的真实，又要符合主旋律。

《身份的证明》创作者具备了这样的智慧。

题材似乎是比较安全的，写解放前共产党的情报员瞿皓明潜伏在国民党军队内部搞情报，搞策反，最后促成了国民党守军的和平起义。但我说的题材的“安全”也到此为止。接下来，剧情展示的是解放后因为单线联系的上级牺牲了，无人能够直接证明瞿皓明是共产党情报员，于是他成了“特嫌”，一连串的“麻烦”由此开始。冤屈一直伴随着瞿皓明，他为了证明自己身份几十年忍辱负重，历尽磨难。每个观众都知道他是清白的，但一直到全剧结束，瞿皓明也没能证明自己的身份。我看到刚刚解放，作为曾战斗在敌人心脏，后来又为和平解放岷水市立下头功的瞿皓明竟然被关押，其境遇还不如国民党起义人员时，真不想——准确地说，是不忍再看下去了。同时我也为创作者捏一把汗：这样编下去，弄不好就成了“控诉”谁谁谁了！

但创作者当然不可能将此剧弄成电视版的“伤痕文学”，信仰的力量，忠诚的情操，坚韧的毅力，爱——友情与爱情——的温度，还有善良的芬芳……一句话，人性的光芒贯穿于电视剧所表现的“解放后”。这些品质在平常看来，似乎没有什么特别耀眼之处，但当一个人承受打击、蒙受冤屈、面对厄运时，还能保持这些品质，实在难能可贵；或者说，正是这些不幸的背景下，人性的光芒才格外璀璨。这也是一种历史的真实。

是的，当我继续往下看时，我一次次被剧情吸引了，被主人公瞿皓明的人格深深地打动了，甚至可以说是被他震撼了。

瞿皓明用自己几十年的人生，写满了两个字：信仰。“对共产党员来说，人民的利益永远在个人利益之上。”他不止一次说这样的话。而这样的话，在今天听来是多么的陌生而遥远，甚至可能有些人听起来会觉得可笑，觉得是一种讽刺。不管我对现在的党风有多少激愤，无论我对现在的国家有多少不满，但少年时代就深入骨髓的“红色基因”，让我对历史上真实存在过的那一代共产党人永远肃然起敬。十年前，我曾在一篇文章中谈到少年的红色阅读对自己一生的影响：“《红岩》《欧阳海之歌》《林海雪原》《草原烽火》《苦菜花》《钢铁是怎样炼成的》《红旗飘飘》等等作品曾经是那样地激动了我一颗少年的心！随着时间的推移和时代的变迁，这些书所浸透的阶级意识、政治信仰、思想观点等等，可能会渐渐在我心中蒸发，但通过文学形象所传递并最终过滤结晶的精神内核——正义、理想、气节、忠诚、刚毅、激情……则融入了我的血液，化作了我一生坚贞的信念。”正是这种情怀，总能让我对瞿皓明们产生共鸣。生活艰辛，经历坎坷，承受打击，尝遍屈辱……是什么支撑着瞿皓明有尊严地活着？就是他内心坚韧的信仰。这种信仰，不是戴给别人看的面具，而是自己灵魂深处不灭的精神之火。为了新中国出生入死，这是信仰；解放后依然为给自己不公正待遇的国家效力并真心希望国家强大，这也是信仰。我想，这部电视剧不太可能唤醒那些早已丧失理想信仰但依然道貌岸然的官员们，但至少可以让一些年轻人知道，我们的国家的确曾经有过一大批超越世俗功利为理想而活为信仰而死的人，或者说，在同一政党内曾经有过另外一类人——他们的名字可能叫“瞿秋白”，可能叫“江竹筠”，可能叫“顾准”，可能叫“张志新”，也可能叫——“瞿皓明”。

几次让我差点落泪的，还有叶玉瑶、韩苓、李天纲、丁雨岚等人表现出来的善良，这样的情节和细节很多很多，我不想在此多费笔墨一一列出。近几年兴起的所谓“谍战戏”，往往让观众在跌宕起伏的惊险中心跳乃至窒息，剧里剧外，主人公和观众都湮没在了情节中，“人”却失落了。而这部同样被冠以“谍战戏”的电视剧，就其情节来说，同样惊险曲折，引人入胜，让人看得欲罢不能，但人却没有被情节湮没，而是自始至终都洋溢着人性的温馨。来自叶玉瑶的爱情，来自韩苓的温情，来自李天纲的友情，来自丁雨岚的战友情，温暖着瞿皓明的心，让他在精神上从未孤独。如果说，信仰是他活下去的支柱，那么情感就是他前行的动力。瞿皓明承受了来自亲人友人的“情感”，他也把这份情感回馈给别人。他对儿子说：“我们做人不能老想着自己得到了多少公平，也得为人家着想。当你学会了为别人着想的时候，你就长大了。”这就是他的善良本性。我想，从 1949 年到 1976 年，在越来越“左”倾以至极“左”路线的统治下，无数人的精神被扭曲，夫妻反目，父子成仇，但即使在“文革”全民狂乱的寒夜中，依然有着人性的暖流在普通人之间涌动。特别让我感动的是丁雨岚对瞿皓明力所能及的关心与关照，让我们看到，有时候健全的人性能够战胜扭曲的“党性”。我曾写过一篇题为“不要把什么都推给体制”的文章，表达过这样的观点——

毫无疑问，无论政治、经济，还是文化、教育等等，“体制”的确是非常关键的。在某种意义上，体制对某项事业的发展乃至社会的进步甚至起着决定性作用。改革开放以来所取得的胜利，首先是体制改革的胜利；而我们要继续改革，重点便是深化体制改革。但“体制”不是万能的，也不是什么都可以往里面装的。从根本上说，比体制更重要的是人的素质。“文革”时代的体制无疑是最黑暗的，但那个“体制”并没有要求行刑者必须割断张志新的喉管；“应试教育”的体制当然是需要革除的，但这个“体制”并没有要求教师在学生脸上刻字！无论是割断喉管，还是在学生脸上刻字，这起决定性作用的因素，显然不是“体制”，而是人性！

面对丁雨岚们，我再次确信，国家制度与普通百姓之间，其实或多或少还是有空间的，这个空间如果充满了人性的善良，那么无论多么“恶”的体制也会有某种“善”的弹性。当然，如果这个空间被人性的“恶”所充塞，那便是“恶”上加“恶”了！剧中的向德福便是人性之恶的代表。瞿皓明的厄运，当然从大的来说是源于当时的“体制”（这个词我用得比较勉强，但姑且这么不太准确地说吧），并非完全是“上面政策”使然。当初因为新政权刚刚诞生，当政者不得不特别对一些人小心翼翼，再加上新旧政权更替，百废待兴也免不了万象混乱，这让瞿皓明们暂时受一些委屈，包括瞿皓明在内的善良的人都是能够理解的。但是越到后面，我们越清楚地看到，瞿皓明悲剧的原因，已经不是什么“误解”了，而更多的是向德福置客观事实不顾的恶意报复。我们常常爱说，历史是有着必然规律的，而且是公正的，我也曾经对此深信不疑。但现在，我更多地认为，在大的历史趋势（我说的是“趋势”不是“规律”）前提下，有时候某个人的偶然作用，完全可以改变整个国家的走向——或积极，或消极；或前进，或倒退。其实，对个人命运而言，也是如此。

信仰与温情，是《身份的证明》最能打动我灵魂的两个精神元素。我还想说几句可能是外行的题外话。历史题材文艺作品的创作是不好把握的，有时候作者的难处也是显而易见的。实际上，以我这个非文艺工作者的眼光看，仅新中国成立以来的六十多年，就有很多颇具价值的题材可以写：

“九一三”事件的惊心动魄，“四五运动”的壮怀激烈，粉碎“四人帮”前后的波澜壮阔，还有中苏对抗的刀光剑影以及中美建交的雪化冰融，更不要说八十年代改革开放的风云激荡了……通过这些事件，我们可以看到当代中国的历史是如何在迂回曲折中走到今天再走向未来，看到党内的健康力量是怎样将中国的航船从绝境中驶向面对世界的浩浩大海。

爱因斯坦在《文明与科学》一文也曾谈到文化创造与自由的关系，他说:“要是没有这种自由，就不会有莎士比亚、歌德、牛顿、法拉第、巴斯德和李斯特。人民群众就不会有像样的家庭生活，不会有铁路和无线电，不会有防治传染病的办法，不会有廉价书籍，不会有文化，不会有艺术的普遍享受。也就不会有把人从生产生活必需品所需要的苦役中解放出来的机器。要是没有这些自由，大多数人会过着被压迫和被奴役的生活，就像在古代亚洲的庞大专制帝国中所过的生活那样。只有在自由的社会中，人才能有所发明，并且创造出文化价值，使现代人生活得有意义。”

我想，如果拥有了更大的创作自由，多年所呼唤的“文艺的春天”自然到来。

行　走

有这么一所学校

一

从西宁到果洛州玛沁县拉加乡不过三百多公里，我原来想也就是两三个小时的车程，就算路况不好，半天时间也够了吧！谁知我们竟在路上颠簸了一天，其间翻了六座山，早晨出发，傍晚到达，真正是“朝发夕至”。

快到拉加的时候，已经是傍晚。车在山路上盘旋，刚拐一个弯，突然看到山下一条缓缓流淌的河——群山环抱中，一弯黄河在余晖中闪闪发亮。司机说：“拉加到了。”

这次我是应《中小学管理》杂志社邀请，前往吉美坚赞学校考察。该学校坐落在青海省果洛州玛沁县拉加乡。

当晚，我们住进黄河宾馆。说是“宾馆”，却完全名不副实。没有洗手间，不能洗澡，没有热水，冷水也是定时供应。

晚上想出去转一下，一出门，泥泞的路面却让我寸步难行。不过抬头望去，夜幕上的月亮格外明亮，月光投射在黄河上，整个黄河都明晃晃的。

宾馆离黄河仅 20 来米，我第一次离黄河这么近。深夜，关灯躺下。四周一边寂静，耳边仿佛总回荡着黄河的流水声。

二

很早便起来了。没有水，用湿巾纸擦擦眼睛，擦擦脸，算是“洗脸”了。

一出门便是黄河大桥。虽然路面泥泞，但已经有三三两两或三五成群的孩子走过。这些孩子大多穿着校服，背着书包，一看就是上学去。

我招呼一个独行的孩子：“你好！”

他抬头看着我，有些羞涩，不说话。

我问：“你在哪个学校读书呀？”

他想说，嘴唇动了动，但还是没发出声音，用手指指胸前。

我看上面印有学校的标志和名称：“拉加藏文学校”。

我明白了，估计他汉语还不够好。

我摸摸他的头，他笑了。

我站在桥上，迎面走来一群群孩子，有的手牵着手，有的追逐打闹。我给迎面而来的孩子照相，一拨一拨的孩子都在我的镜头中定格。有的孩子躲避着从我身边飞跑过去，但更多的孩子很大方地对着我笑，还有孩子做鬼脸。笑声在黄河上飘荡。

我知道，这些孩子还不是吉美坚赞学校的学生。但看着这些可爱的孩子，我更急于想看到吉美坚赞学校的孩子了。

三

上午八点左右，太阳已经升起。阳光越过山巅，照进拉加寺，寺院顶端便放射出金光。寺院旁边便是吉美坚赞学校。我们在校门口下车，我回头看了看，学校门口是公路，公路的那一侧便是黄河。

一进校园，便看见一幢幢整齐的平房，以及平房前一群年龄大小不一的学生，他们友善地看着我们，脸上挂着微笑。还有不少学生捧着书，摇头晃脑，口中念念有词在背诵着什么。

远处，是高远辽阔的蓝天；蓝天下，是高高的山峰，山峰下，是整洁的校园；校园里，是纯朴的孩子。

一切都是那么单纯，简洁，透明，清爽。

四

还没来吉美坚赞学校之前，我就听说过这所学校，我知道吉美坚赞是一个僧人，却办了一所了不起的学校。我从 21 世纪教育研究院 2011 年第 2 期简报上了解到——

学校的创办人吉美坚赞，1965年出生于果洛州的普通牧民家庭，年轻时因家庭贫困而失学，接受过青海民族学院和佛学院的学习，后放弃在北京的工作机会，回到家乡发展教育，1994年创办了全青海第一所民办学校。

创办17年来，吉美坚赞学校从最初的85名学生发展到目前在校生803名，生源来自青海、四川、甘肃、西藏四省区的48个县。在已毕业的561名学生中，上大学的207人（29人到国外读书），医生17人，教师69人，寺管79人。毕业学生分别考入西藏大学、青海师范大学、西北民族大学、青海民族学院、西藏社科学院英语班、青海民族师范专科学校、果洛州卫生学校、甘南州技术学校等院校，部分僧人毕业后回到自己的寺院继续深造，还有十多名毕业生回到母校任教。

2001年4月，经州教育局审批，学校更名为"吉美坚赞民族职业学校"，致力于发展民族地区的特色职业教育。学校分为基础文化部和职业高中部，学制分别为三年，涵盖了公立学校小学到职高的教育内容。职业高中部设有藏语高级班、藏医、工程（藏式）建筑、唐卡绘画、计算机5个专业，目前400多名学生在职业高中部就读的学生，均享受生均每年1500元的中职教育补贴。

吉美坚赞民族职业学校是当地唯一一所僧俗融合、学生年龄不一的男校，目前800名学生中，约有僧人280名，学生年龄最小的10多岁，最大的30多岁，为少年失学的成人。学校不收任何学杂费和住宿费，孤残儿童、特困儿童还可以得到适当补助。

《中国青年报》2011年5月24日有一篇报道这样写道——

因为是全青海第一家民办学校，有人怀疑吉美坚赞是不是为了赚钱。事实恰恰相反，学校在办学之初就确定了一条原则：一律不收任何学杂费和住宿费，凡孤儿、残疾儿童、特困儿童还可以得到适当补助。

为了让没有进过学校门的藏族孩子能够适应藏汉英三语教学，在教材选取上，吉美坚赞和老师们费了一番心思。汉语学习，要求6年完成国家九年制义务教育统编教材的全部内容，藏语除了学习传统经典，他们自编教材。办学十几年里，拉加学校开发了9种课本。英语则选用了青海民族学院专门面向藏族的课本，雪山、牦牛、草场，这些藏族孩子熟悉的生活场景在课本中随处可见，亲近感让学生学起来很有兴趣。

独特的教学方式，让这里的学生6年后毕业时能够熟练运用藏语基础知识进行写作。十几年来学生们还在藏语的各类报刊上发表了3000多篇文章。甚至有人评价这里的毕业生藏语应用达到大专水平。

让拉加学校名扬藏族聚居区的是2001年的高考。当时第一批学生6年学习期满即将面临毕业，吉美坚赞几次找到玛沁县和果洛州的教育部门，为他的学生争取到了参加高考的资格。

成绩出来后，吉美坚赞舒了一口气，当地教育部门吃了一惊：该校5名学生参加了大学考试，结果全部考上了青海民族学院、西藏医学院这样的大学。此后，连续几年，拉加学校的学生参加高考，达到大学录取线的一直都在百分之六十以上。

目前，拉加学校的561名毕业生中，上大学的有207名，有一批人已经成为医生、教师、寺管等。让吉美坚赞最得意的是有4名毕业生开始开办自己的学校，把这里的教学方式传承开去。

《中国青年报》这篇报道的标题是“青海果洛：牧民择校也‘疯狂’”。这个标题一点没有夸张。吉美坚赞学校现在是许多牧民心中的名校，2011年开学前来报名的学生达1000多人，但学校每年只能招收200多个学生，既不能收择校费，又不能考试选拔，只好采取“先来后到”的办法录取学生。有的孩子已经连续三年来报名，就优先录取；接下来录取连续两年来报名的；剩下来的就只好明年再录取。即使这样控制，拉加学校目前还有一部分学生借住在附近居民家里或是寺院中。不少孩子要等三年才能上学。

可见这里的“择校热”一点不亚于北京上海。

五

吉美坚赞迎上前来，和我们一一握手：“欢迎欢迎！”并亲自给我们每一个人披上哈达。

吉美坚赞正给我讲“因明学”

他身披红色僧袍，脸色紫里透红，坚毅中含蕴慈祥；戴着近视眼镜，镜片后面是一双睿智的眼睛。平头短发中，已经有不少白发，这让四十多岁的他，看起来像五六十岁的人。当然，他的显老不只是或者说主要不是因为他的白发，而是他的神情，总有一种智者气质和长者风范，让我们想起“德高望重”四个字。

他把我们一行人迎进一间会议室。坐下，泡好茶，他开始给我们介绍他的学校。下面是我的记录——

欢迎大家！希望得到大家的指导！大家可能已经从报纸杂志上对我们学校有所了解，所以基本情况我就不多说了，我就谈谈我的一些想法。

我们学校是1994年建的。是青海省第一所私立学校，也是藏族聚居区最早的民办学校。当初也没有想民办学校怎么办，我只是有些想法。我去过许多寺院，这些教育过程中，我感到藏族聚居区的教学方法和模式应该改进，应该将传统和现代结合。藏族没有专门的学校，都是寺院教育，所有的学问都是从寺院传下来的。但寺院的教育没有现代科技知识。所以我们这个学校就是追求现代和传统结合的方式。

现在看来这个教学比较成功。我们这个学校毕业出去的，也有当老师的，上大学的，各个阶层都有，僧人也有，到寺院去教学的，自己去办学的。毕业生发挥的作用社会都比较认可。学生参加高考也不错。特别是藏文的水平，时间短，但教学成果很好。我们现在已经毕业了683个学生。僧人272，非僧人411。今年毕业122个。以前是小学和初中，教学模式是六年制，后来办了职业高中。现在分为文化部和职业部，依然是六年。现在有藏医、唐卡绘画等六个专业。现在有207个学生是大学生了，还有去国外留学的。有56个人当老师，17名学生办医院，去寺院管理的79个，经商的28个。

我们学校学习气氛非常好。我最早请的北京的老师，还有甘肃的四川的拉萨的老师，这些都是社会上比较认可的老师，我都请来。我对老师的道德要求比较高。老师不仅仅是知识好，尤其是要道德好。一直到2007年，我们公办教师只有7个，其余的都不拿工资的，完全是无私奉献。学生首先被老师感动。想来我们学校的老师很多，但能进来的老师很少，因为我要求很严格。

最早办学校的时候也想过收女生，但是拉加寺有规定，女生不能进来，所以我们尊重这些规矩，没有收女生。2005年我在另外一个地方办女校。我认为，女童的教育是母亲的教育，母亲的教育是人类的教育。要改变人的素质，最主要是从孩子开始抓，特别是要有很好的母亲。为了这个，我办了女校。女校全是适龄儿童。我们自己编课本。

我对教师的要求首先是道德是人品。教师的素质特别是无私奉献的精神，是我最看重的。

我们的学生从二年级开始学因明学。因明学本来是在寺院学佛经，很难学。前人用辩论的方式，这种学习方式传下来，成了一个很系统的办法。我把因明学的辩论用到了教学上。我这里所说的因明学的辩论和大家所知道的辩论是两码事。问的方法和答的方法不一样，因明学有整套规则，怎么问怎么答。学科不一样，辩论的方法也不一样，只要懂了规则，什么都可以辩。为了回答一个问题，要考虑方方面面。如果你不懂这套方法，是没办法辩的。我懂规则，你们不懂，也辩不起来，没办法辩。因为思维方式都不一样。辩论是一门非常深刻的学问。我用汉语有时候还没有办法辩论，没有相对应的词和概念。我们的学生每天上午下午都要辩论一次，目的是锻炼思维，而不是胜负。

……

吉美坚赞从容不迫，娓娓道来，宛如一个老农在谈论他的庄稼。他的汉语很流利，但说到一些话题，特别是因明学，他感到有些概念难以准确用汉语表达，所以显得有些迟疑，甚至结巴，但这更显出他的纯朴憨厚。

我知道，这是真正的大智若愚。

六

听了吉美坚赞的介绍，我很震惊：怎么三年就完成了从小学到初中的教育，而且教学质量那么高？简直就是“神话”！他们的课是怎么上的？

因震惊而好奇。我们走进了吉美坚赞学校的课堂。最想听的当然是因明课。对因明学，我们都感到非常神奇而神秘。于是，我们一窝蜂地来到因明课堂。

走进教室，黑压压一大片，估计有100多学生，仔细数数，每排10人，共13排，最后一排缺2人，共128人！从外表就可以看出，学生的年龄差距很大，其中有相当一部分学生留着光头，披着红色僧袍，表情肃穆。也有不少十几岁的孩子，同样表情肃穆。我们的到来，让他们有些好奇，回头看着我们。但很快便把目光转向讲台，讲台上坐着同样身披红色僧袍的老师。

老师坐在讲台上，气度从容，声音洪亮，完全是一副高僧风采大师气质。他一边讲，一边大幅度地挥着手势，时不时右手掌从上而下猛击左手掌——在我们看来就像是击掌，后来知道这是因明学辩论的典型手势。台下的学生目不转睛看着老师，时而又爆发出笑声。

因为说的是藏语，我们完全听不懂，但可以感受到学生们的专注与投入——坐后面的好多学生为了能够看到老师，都偏着脑袋朝向远处的讲台，一双双眼睛特别明亮。

看了一会儿，我走出了教室，马上被隔壁教室里一阵阵轰轰烈烈的齐读英语单词的声音吸引了。说是“轰轰烈烈”一点都不夸张，那气势就像部队里战士拉歌，瓮声瓮气的。我循声来到窗口，看到里面讲台上站着一位高大壮实身披红袍的僧人，一手指着黑板上的英语单词，另一手像打拍子一样地引导学生们朗读。大小不一的每个学生无比大声地朗读着，那声音一听就是倾尽全力从心底发出来的。

我又来到一间正在上汉语课的教室，老师正在讲《弟子规》。学生们翻开教材朗读。我拿起一本教材看了看，里面有《三字经》之类的传统篇目。还有一本教材是专门为藏族学生编的汉语读本，是以对话体裁的方式将汉语常用会话呈现给学生，有点像中国人初学英语的那种教材。

我们来到唐卡教学班，里面坐着八个学生，每一个人都在专心致志地画着。黑板上有老师的示范画，不多的线条勾勒出女人的曲线。不一会儿，老师拿着一个学生的画，给大家点评着。藏族文化之一绝的唐卡就这样传承着。吉美坚赞告诉我们，这个身披僧袍的唐卡老师就是本校毕业的，是他们自己培养的老师。

突然，沙培宁老师很激动地过来要我们去看藏医教室："哎哟！太投入了！太不可思议了！"她一边说还一边把头使劲有节奏地点着。我赶紧找到藏医教室，哇！真的令人震惊——教室里没有老师，只坐着十位学生，每个人都对着胸前桌面上翻开的书在大声朗读，好像在比赛谁的声音更大，一边读一边摇头晃脑。特别是靠门口的那个光头学生，整个上半身都随着朗读的节奏前倾、抬起，再前倾，再抬起，他大大的光头自然也随之朝前朝下一点一点，宛如鸡啄米。刚才沙培宁老师模仿的就是他。

我问吉美坚赞："这些学生在读什么呢？"他说："是藏医书上需要背下来的知识。"我又问："怎么教室里没老师呢？"他解释道："藏医老师今天外出参加培训去了，学生就自习。"

此刻，我写到这里，耳边还回荡着藏医教室里学生参差不齐但声震如雷的读书声，眼前还浮现着学生全身晃动的身影。从教近三十年，在这之前，我从没在任何学校任何教室看到过如此自觉投入的学生。

七

这里一节课是60分钟。下课了，我们站在校园里围着吉美坚赞，向他请教因明学，请教因明学的辩论和我们一般的辩论是不是一回事。

"不是一回事。"他拿着一块小白板给我们讲解因明学辩论的基本常识。

他在小白板上一边写一边给我们讲着："第一步，诤事，就是要辩什么。第二步，后陈……"他在黑板上写下了一系列术语，什么"因"什么"认"什么"相违"……

尽管是常识，尽管看得出来他是尽量讲得通俗，尽管我们好奇心和求知欲都很旺盛，尽管我们听得非常认真，可我们依然云里雾里，半懂不懂——其实，连“半懂”都谈不上。

我们问怎样才能学会因明学，他笑了：“首先得懂藏文。”我的天，他淡淡的一句话，就把我们排除在因明学大门之外十万八千里！

“因明学辩论中有的概念汉语没有。”他说。

我们问：“一会儿学生的辩论是辩论刚才上课所学的知识吗？”

他说：“有，但不完全是。”

吉美坚赞给我们讲解的时候，周围里三层外三层簇拥着黑压压的孩子，他们好奇地看着我们，也许他们真的很好奇：怎么这么简单的东西，校长讲了一遍又一遍，可这些客人都不懂呢？

八

每天上午的大辩论开始了。

没有老师组织，完全就是习惯，全校学生都聚集在了教室前的一大片空旷地带。先是一对一的辩论—— 一个学生坐在地上，另一个学生站着，这样面对面地辩论。站着的那个学生显然是主动发问者，坐着的学生应对问答。总共八列长阵，其中每两列一站一坐面对面辩论，场面蔚为壮观。

我在辩论队列中穿梭着，依然听不懂他们在说什么，但我能够感到每一个人都在全身心地投入。特别是站着发问的那个学生，居高临下，昂头挥手，口若悬河，气势如虹。每当发问，他的右手先高高扬起，然后呼啸而下，猛击在已经摊开的左手掌上，啪的一声，真是排山倒海！然后右手掌快速擦过左手掌朝前又是一扬……

哎呀，这么潇洒的动作，是什么意思呢？

一位身披僧袍的老师告诉我：“左手掌表示地狱之门，右手掌表示智慧，右手掌朝下击左手掌，表示劈开地狱之门，把智慧传递过去。在辩论中，这个动作表示向对方发问。”

我看坐着的孩子常常把右手背重叠在左手心上，并点头。他解释说：“这表示认了，就是同意对方的话。”

可他们究竟在说什么，或者说因什么话题而辩呢？

老师告诉我，有的在辩论“白马是不是淹死的”，有的辩论“菩提有没有”，有的辩论“诗歌是修辞重要还是内容重要”……啊呀呀，都是很“虚无”的问题呢！

再仔细看辩论者的表情也很有意思。每一个人都想说服对方，都很激动，挥臂，顿足，摇头，摆腰……这使辩论不仅仅成为嘴的运动，而且成为全身的运动。有个站着的发问者是一个十来岁的小孩，他对面坐着的是一个四十多岁的僧人，面对孩子的连连发问，我看那僧人难以应对，想说什么又说不出，急得不行。

一对一辩论结束后，又开始了一对二，一对三，一对多……的辩论。刚才体操一般的队形，一下变成了几大堆人群，每一堆都是一组辩论。往往是十几二十几或更多的人围坐着，一个或两个或几个人站着，两军对阵，唇枪舌剑。有一个身披僧袍的瘦高小伙子，面对下面围坐的对手，慷慨激昂，浑身颤动，眼神微闭，满脸不屑，“书生意气，挥斥方遒”。搭在肩上的长袍随着他挥舞的手臂不停地飘逸，如同红云掠过天空。这哪里是辩论？简直就是舞蹈！

但这的确是辩论，这是阳光下最豪迈奔放的辩论，有着“沙场秋点兵”的磅礴气势。青春的声音在黄河边激荡，越过群峰，冲向蓝天。

九

十一点，辩论结束，学生们又要开始上课了。我们离开了拉加乡前往女校。

1994 年开始办学时，为了尊重信教群众和拉加寺教规，吉美坚赞没收女生。但是经常有牧民要求把自己的女儿送来读书。所以到了 2001 年 4 月，地方政府批准吉美坚赞再创办一所女子小学。但只是批准而已，办学资金从何而来？吉美坚赞四处筹集资金 300 多万元，2005 年拉军草原女子学校正式开学。

女校离拉加乡的男校有四十多公里。我们的面包车在公路上艰难地行进着。窗外，是几乎望不到顶的山，路面崎岖不平，车摇晃得不行。我想到了“穷山恶水”四个字。何况这里至今不通水电，连手机信号都没有。大家都感慨，谁都不会想到有人会在这几乎与世隔绝的地方办学。

都走了一个多小时了，可这四十多公里居然还没走完。窗外掠过一座座光秃秃的山，大家昏昏欲睡。

突然，远方出现了一座特别美丽的山峰。蓝天下，卓立的孤峰特别耀眼，特别是峰顶的绿色树木，给这个世界平添了无限的生机，也让我们精神为之一振。

车继续往前开，峰回路转，我们眼前呈现一片开阔的草原，那山峰依然赫然醒目，而且越来越近。再仔细看，山峰下坐落着一排排造型简洁的房子。

原来，这就是吉美坚赞的女子学校。

太美了，太美了！

没有围墙，没有校门，整个学校就躺在蓝天下，孤峰旁，草原上。

我们的车缓缓驶入校园——其实，校园和草原已经融为一体。我用眼睛贪婪地饕餮着阳光下无边草原的景色。

突然，我看到窗外远处有几个女孩子矗立着，对我们前倾上身，有的女孩子甚至是俯身，一动不动，雕塑一般。这是在做什么？我还没反应过来。我又看见，远远近近，有的是单个，有的是三五个，一律朝向我们呈鞠躬的雕塑状。

我突然意识到，她们在向我们鞠躬，她们以这种方式向我们表达着敬意！

车一直开到校园里面，越来越多的“雕塑”在路边迎接着我们。

太让人感动了！我的眼睛突然湿润起来。

十

吃完主人为我们准备的丰盛午餐，吉美坚赞陪着我们转校园——其实就是在草原上散步。

他带着我们走进那座神奇的山峰，说：“这是神山！”他指着半山腰的一些窟窿，说：“那是高僧们打坐的地方。”

我们仰头看去，因为距离更近，山峰显得更加高大巍峨。山峰之上是深不可测的湛蓝天空，几只苍鹰在山顶盘旋，更增添了山的神性与灵气。

我们和吉美坚赞闲聊着：关于教育，关于信仰，关于善良……他向老农民一样，不紧不慢地聊着，语言朴素，但意蕴深刻。比如他说到宗教的意义："人终有一死，有宗教信仰也会死，但有这个和没有这个精神上是不一样的。比如，面对歹徒，一个小孩会本能地躲到妈妈身后，其实这个动作也不能救他，但那时候他有一个精神支柱；又比如在战场上，面对强大的敌人，我们会紧握手里的枪，也许最后我们还是打不过敌人，但我们手里的枪就是我们的信仰！"

阳光慷慨地洒在我们身上。我们以神山为背景，坐在草地上，围着吉美坚赞合影。

他指着草地上一片蓝色花，说："多美！"我们一看，是喇叭花。他弯下腰摘了一朵小花，用嘴往花里吹气，然后用两只手的手指分别捏住花瓣和花茎，花儿就成了一个小气球了。吉美坚赞猛地两手一碰，"啪"的一声，"气球"破了，他开心地笑了。然后他弯腰又拔起一朵小花，教我们做"气球"……

那一刻，吉美坚赞纯真得就像个小孩儿。

十一

我们围坐在草地上，和吉美坚赞讨论因明学辩论。

我们开始想当然地认为，他学校的辩论，作为一种教学方法就像是孔子讲学或苏格拉底式的方式，或者就像是我们一般的辩论，结果不是。吉美坚赞告诉我们这种辩论是有着自己独特逻辑体系的辩论。

"学校在一座山的旁边。这可以辩论吗？"我们问。

"不行的。因为这是事实。"

"6 加 6 等于 12 可以辩论吗？"我们又问。

"可以的。因为这个 6 你没有说明是正数还是负数，所以可以辩论。"

他以"水"为例："茶水是不是水？"

我们说："是。"

"不是有茶叶在里面吗？"

"但是总体上还是水呀，只是有茶的混合水。"

“那么，酸奶是不是水呢？不也是混合物吗？”

这把我们问住了。

我问：“那您怎么给水下定义呢？”

他说：“水是一刻都不停变化的法……”

我没有听懂：“什么‘法’？”

他好像不知道怎么才能给我解释清楚，踌躇了一下，说：“就是，就是一个固定了的物。”

我好像懂了，但我说：“不对，一刻都不停变化的不仅仅是水呀。”

我觉得他这个概况不合逻辑。

他笑了：“你用的是你那个思维，你没有进入因明学的系统。”

我知道，我们所知道的一般的逻辑和因明学的逻辑有着不同的思维规则。

他又问：“什么叫山？”

我说：“山就是固定不变的土。”

他马上指着地上一块土：“这是山吗？”

“当然不是。”

“可这不也是固定不变的土吗？”他笑了。

我问：“那山应该怎么说？”

他又笑了：“你们没进入因明学的系统，是很难理解的。”

这下我们都急了：“因明学的系统？怎么才能进入呢？”

“必须系统学习因明学，还要学藏文。”

看来这个因明学的确深不可测。

我们和吉美坚赞聊着深奥的因明学，远处的女孩子们做“老鹰捉小鸡”的游戏，“老鹰”突然向“母鸡”后面的“小鸡”们扑去，惊得“母鸡”后面的“小鸡”们一阵尖叫，和一阵乱跑。笑声随之飞扬起来。

多年前，我读苏霍姆林斯基的著作，被他所描绘的“蓝天下最美丽的学校”所感动。今天，在这里，我才真正亲眼看到蓝天下最美丽的学校！

十二

上课了。

我走进一间教室，老师还没来。孩子们都坐在座位上静候老师。我身边的女孩子却站着。我以为她是班长，或者是值日生，但她一言不发，一直静静地站着。我一下意识到，她是因我而站着——我是客人，她以此向我表达尊敬。我拍拍她的肩："谢谢你啊！请坐下吧！"她坐下了。

这时候，吉美坚赞走了进来，他见老师还没来，便问孩子们："你们学到哪一课了？"

孩子们说："百果节。"

"好！大家翻到课文，朗读吧！"吉美坚赞说。

顿时，教室里回荡着孩子们朗读课文的清脆童音……

我又来到一间教汉语的教室，老师正在问同学们知道哪些含有神话的成语。老师一提问，满教室的孩子都举起小手："愚公移山""精卫填海""嫦娥奔月"。

每当一个同学答对了，其他同学都齐声说："棒、棒、棒，你真棒，你是我们的好榜样！"一边说还一边双手竖起大拇指对着那个同学。

上课的这位老师是个小伙子，从河南来的。他说他来这里不到半年，却在这里感到了一种纯净。

是的。这里远离尘世，不通水电，没有电视，手机也没信号。但正因为如此，才避免了"现代文明"的污染，一切都是那么纯净。

下课了，辩论开始。

和上午在男校看到的一样，女孩子们聚集在教室外的空旷地带，开始辩论。别看她们是女孩子，可辩论起来一样手舞足蹈，和男生不一样的是，她们头上的数不清的细辫子随着她们的辩论不停地飞舞。

蓝天下，神山旁，几百个女孩子在激辩着，阳光洒在她们的脸上，洒在她们的身上，她们显得特别美丽。

十三

辩论结束后，全校师生聚集在操场上。身着美丽的西藏民族服装的女孩子们为我们跳起了藏族舞蹈。蓝天做幕布，草原为舞台，太阳是灯光，风声即音响……世界上还有什么比这更壮美的演出场地？纯净的歌声，红润的脸蛋，婀娜的身材，柔曼的舞姿……这一群纯朴的藏族少女让我们每一个人都陶醉了。

不得不离开女校了。刚才操场边整整齐齐观看演出的队列一下乱了，所有的孩子们都潮水般地向我们涌来，向我们告别："再见！""再见！"每一个女孩子的脸上都绽放着阳光，她们的笑容也如阳光般清澈而明媚。单纯的她们不会说什么动听的语言，只是不断重复着"再见"，不断地向我们挥手，不断地朝我们笑……

我实在忍不住，流泪了。我看见沙老师也流泪了。我相信，我们每个人的情感潮水此刻都在撞击着胸膛。那一刻，我想起了小时候读过的一篇散文《依依惜别的深情》："请收起眼泪吧，亲爱的、可敬的人民！你的泪是这样倾流不止，已经洒湿了你们的国土……"

一拨一拨的女孩子们还在向我们拥来，我们的车就在这"潮水"的拍打下缓缓前行。我们也不断向她们挥手："再见！"

车已经开出校园，但我们还靠着车窗回看着远处的孩子们，已经看不清她们的面容了，但我们能够看到她们还在给我们挥手，挥手……

十四

我们又回到拉加乡，又走进吉美坚赞学校的男校。他们每周星期四下午四点，都要举行知识竞赛。今天刚好是周四，我们匆匆赶回来，是为了看这个知识竞赛。

知识竞赛在一个大屋子里举行——我不知道这间屋子应该叫会议室呢，还是演讲厅。就功能来说，都是；就设施来说，都不是。不过就是一间空旷的长方形的屋子，一侧有简易的台子。

没有座椅，全校数百学生全都席地而坐，一排排一列列，整整齐齐，密密麻麻。屋子的采光不太好，我在主席台上看去，下面的学生们黑乎乎的。但仔细一看，可以看到每个学生都肃穆地望着台上。有几缕阳光斜斜地从窗口射进来，打在学生们的一侧脸上，让他们的面部有了一种雕塑般的坚毅。

竞赛开始前，吉美坚赞要我们这一行人给大家说几句话，每个人都要说。轮到我时，我说：“我来自四川……”吉美坚赞马上大声问下面：“请来自四川的同学举手！”下面一下子举起了好多手臂。我一下感到亲切起来：“好好，没想到在这里遇到这么多老乡！我代表家乡人民向你们问好！”然后我说：“我是成都市武侯实验中学的一名老师。一天的参观，让我很感动，很幸福！我没有什么送大家的，就送大家一句话吧，这句话是我们学校的校训，叫‘让人们因我的存在而感到幸福’。今天我们因你们而感到幸福，我想今后你们会继续让更多的人因你们而幸福。愿这句话伴随你们终生，给你们的人生带去源源不断的幸福！”

说是“知识竞赛”，其实是什么都有的“大杂烩”：有上午我们看到那种形式的一对一辩论，有汉语辩论，有历史知识、法律知识、科普知识的问答，还有英语对话、现场绘画、小品表演等。让我特别赞赏的是，这样的“知识竞赛”，并非是由各班层层选拔淘汰出“优胜选手”参加的“总决赛”，而是全校每一个学生的轮流展示。这真的就了不起了。

每一项竞赛都有时间限制，时间一到，便有学生按响铃声，然后是评委亮出评分。评委成员有老师有学生，我们也被邀请担任评委。

如果在平时，看到这些孩子们——说“孩子们”其实不准确，因为好多学生都三十多岁了，他们的表情憨厚，言谈木讷，但一到台上，却一个个生龙活虎，充满灵气。他们的辩论是用藏文，我们听不懂，但从他们的表情上，从下面学生不时爆发的笑声，还是能够感到双方的雄辩以及辩论过程的情趣。相比之下，英语辩论我还能够听懂一些单词——当然，就我现在的英语水平，要完全听懂他们说的内容是不可能的，但我从辩论者的发音中，很惊讶地发现，他们英语口语的流畅程度，完全不亚于我所见到的汉族学生。

汉语辩论颇有意思。一个瘦瘦的男生首先发问：“你认为现在是继承传统文化更重要呢，还是学习现代文明更重要？”另一个胖乎乎的小圆脸男孩答：“我认为，是既继承传统文化，又融合现代文明更重要！”他的回答激起掌声。后来，小圆脸又问对方：“你到这里来学习，是你自己的愿望呢，还是父母要你来的？”瘦男生说：“是我自己要来的。”小圆脸追问：“为什么呢？”对方答：“因为到这里能够学到真正的藏族文化。”

接下来的绘画比赛以及各类知识抢答，都很精彩。活动的高潮自然是最后的小品表演。有单人相声式的表演，有几个人一起表演。说的都是藏语，但他们的表情和动作，依然让我们忍俊不禁。有一个节目给我的印象特别深，是一个男生表演的。一件长袍，一顶毡帽，一副墨镜，一下就让这个藏族小伙子成了赵本山，举手投足，都激起全场哄堂大笑。

那一刻，我感到，每周四下午的知识竞赛，其实是一次全校学生的狂欢节。

十五

傍晚，吃饭前，吉美坚赞又领着我们转校园。

路过学生宿舍时，我们随意走进一间，看见里面十分整洁，学生看见我们，都自然地站起身对我们微笑。

在校园里，所到之处，都能够看到一些学生在捧读，他们或边走边读，或蹲在一角，默默诵读，旁若无人。如果看到我们，这些学生都站起来给我们行鞠躬礼。我问吉美坚赞，是不是因为今天有客人，学校要求他们这样做？他愣了一下，可能是没想到我会这样想这样问，然后笑了，觉得我这个问题很好笑："要求什么呀！这都是最起码的礼貌嘛！和你们来不来没有关系。"

看见操场上有学生在打篮球，吉美坚赞走过去，他拿着球，很认真地投篮，结果没中。大家善意地笑了。我说："大方向是正确的。"他不甘心，又投，如是者三，结果依然没中。我说："很好！大方向始终是正确的！"他有些不好意思地憨笑起来。

来到一张乒乓球台前，我和吉美坚赞打起了乒乓球。几个来回，居然和他不分胜负。我的球比较绵，不轻易进攻，但我喜欢左突右推，让对方失误，或者通过发旋球让吉美坚赞接不住——他果然屡屡失分。吉美坚赞比较喜欢进攻，动不动就扣球。虽然好些时候球都平行于桌面飞到我身后，但也有几个球扣得我招架不住。

来到田径场，吉美坚赞指着一大片空地说："我们不缺地啊，有五百多亩呢！可是缺钱啊，所以无法建新房子。我们的教室不够，所以只好把两个班装在一个教室里，所以你们今天看到一个班里有一百多人。唉！"

吉美坚赞的叹息，让我们的心也沉了起来。

十六

吉美坚赞请我们在学校食堂吃晚餐。

菜是非常丰盛的，但更丰盛的是和吉美坚赞聊天时，他给我们提供的精神大餐。明天就要分别了，我们都珍惜这分分秒秒，总想听吉美坚赞多给我们说点什么。

谈到当初办学的初衷，吉美坚赞说："很多僧人对传统藏文化了解很深，却完全不接触现代文明和科学知识；社会上的人倒是被现代文明熏陶，却不了解藏族传统文化。所以，我当初写申请办学，就两个目的，一是让僧人学会现代知识，了解现代科技。二是让藏族的俗人学会藏族传统文化。"

我们都感慨，吉美坚赞这个想法是很深刻的。

"为什么后来要办女校？因为这是人类教育的根本。"吉美坚赞说，"女童的教育是母亲的教育，母亲的教育是人类的根本教育。"

我想到这几天和我同寝室的曾国华老师说，他上午和一位女孩聊了一会儿，那女孩本来是在外地普通高中读书，后来特别转到这艰苦的学校。曾老师问她为什么要转来这里读书，她回答："我不了解自己民族的语言文化，我一生都要后悔的。"

是不是所有的藏族学生都有这样的情怀？

吉美坚赞谈到他培养出来的学生中，已经有四个现在也在藏族聚居区和他一样办学，特别开心，脸上绽放出孩子才有的笑容。

他说："我这个学校，不培养当官的，不培养今后想出人头地的，想当官的想出人头地的别到我这学校来。我就培养好人，教学生学会做人，做一个对社会有用的人！"他反复说："有人以为我这学校是教宗教，不是的，我不教宗教的东西，主要是教人做人。"

这些话平白如水，但在我们听来，却掷地有声。我到过许多学校，听过许多专家报告，开口闭口说"理念"的太多了，动辄就要培养"走向世界的现代中国人"的校长太多了，可这样朴实地说"就培养好人"的校长，太少，太少！

十七

大家都觉得吉美坚赞太累了，尤其是他今天身体本身就不舒服，所以不忍让他多说话，但吉美坚赞好像特别高兴，越说兴致越高。

说到教师的标准，他说："我对老师的要求首先是必须要有高尚的品德。这是最重要的。我们的学习风气为什么这么好？因为学生们都看着老师们无私奉献呢！"

这在我们很多人看来是不可思议的。特别是我们用我们的思维去想，简直就想不通。

吉美坚赞说："一个西宁的女同志，五十多岁，以前在省政府工作，后来主动要求到这里来教书，她来这里工作一段时间后说，她在这里找到了真正的幸福！"

我想到，上午我们一行中的一位校长问学校一位老师："你认为什么是幸福？"这位老师很平静地说："幸福就是知足，就是问心无愧。"

没有豪言壮语，却让我们心灵震荡。

我又想到早晨，我曾问吉美坚赞："老师们大多是志愿者，不领工资，可他们怎么生活？"他说："学校解决吃住呀！"

有饭吃，有住的地方，够了。除此之外，这些志愿者们就没有任何要求了。

我很自然想到前不久我在我博客上转载了王旭明的一篇博文《有一种教师不配过节》。王旭明对教师中个别缺乏师德的教师提出了尖锐的批评，说他们不配被人尊重，不配过教师节。

让我惊讶的是，有不少老师在后面的评论中，居然驳斥王旭明的观点，大意是说王旭明"站着说话不腰疼""教训全国老师"（本来王旭明先生明明说的只是"有一种教师"），质问他"有什么资格站在道德制高点居高临下对一线老师横加指责"，还说"老师也是人，不是神"云云。还有人故作"深刻"以"制度原因"为由推脱自己的责任。

当时我真的目瞪口呆，明明王旭明同时还为"一位 39 岁身高不足 1.2 米、1991 年在河北蔚县做代课教师的郭省"鸣不平，无情地抨击贬损郭老师的前县委书记，呼吁社会要尊重像郭省这样的普通教师，可有些网友偏偏看不到这点，而说王旭明是“站在官方立场教训全国教师”！

明明白白的是非，现在在一些老师头脑中已经颠倒了，而且面不改色心不跳地颠倒。

面对这部分“一线老师”，我没有反驳，因为我知道，只要我反驳，一定被这些“一线教师”群起而攻之，没准会说我“一阔脸就变”“忘本了”等等。但恕我直言——我真为这些老师脸红！（对不起，得罪这些朋友了！）

然而，也有不少同样是一线老师的网友这样评论道——

可以不伟大，但不能不干净，更不能无耻！说得好！

俗话说，林子大了，什么鸟都有。教师队伍里，难免有些缺乏底线的人存在。我们所能做的，只有对得起自己的良心了。

当唯利是图已经腐蚀教师时，这部分教育土壤已经变质，损害的不是某个学生，而是一代人。

教师要干干净净做人，踏踏实实做事，方能培养人才，实现价值。

德高为师，用实际行动捍卫人民教师的崇高。

事在人为，不为，在人！有人说，不收，怎么办？我想，只要你的心够坚决，就没有人会强迫你！教师的底线就是不能够伸手，否则，就不配当！

……

这些留言的作者并非“官方”也非“政府发言人”，他们一样是辛勤在一线讲台的普普通通的老师，因此他们也没有想过要去“教训”谁，或作秀般地显示自己“高尚”，他们只是在说出发自内心的话。我认为，这样的老师才真正代表了千千万万有良知有骨气有底线的一线教师！

今天，面对吉美坚赞，置身于他的学校，看到他学校的老师，我想，难道他们就不是人，而是神？总有一种精神让人泪流满面，总有一种人穿越（不是超越）物质而追求精神！当然不应该强迫每一个老师都像吉美坚赞一样伟大，但是我们可以保持自己的“中间状态”——既非圣人也非小人，而不要堕入小人的境地，并且为小人叫好。我们可以不伟大，但不要嘲笑崇高，更不要为自己的庸俗而找一万条理由以求得心安理得甚至“理直气壮”！

十八

吉美坚赞一直神态淡然，谈吐平和，但我们能够感到他胸中的智慧和灵魂深处的坚韧。

我知道，教育对他来说，已经不是一般意义上的事业，而是一种宗教，是一种真正意义上的信仰。

同样，这里的孩子们对待学习，也不是一般意义上的“刻苦”，同样有宗教背景，有信仰的力量。本来学生中相当一部分人就是僧人，他们对学习继承自己所在的藏民族文化有着神圣的使命感，所以对学习才那么让我们不可思议的投入和沉醉。

他们的课堂上，并不缺乏现代文明气息，英语、计算机等代表现代文明的课程他们一样开设，但这里没有大都市所普遍存在的各种“文明”的侵扰，没有电子游戏的诱惑，没有复杂人际关系的纠结，没有这样或那样名利的挑逗……他们灵魂单纯，所以专注；他们心地善良，所以阳光，他们随时知足，所以幸福；他们语言朴实，所以深刻；他们拥有信仰，所以坚韧。

整整一天，吉美坚赞都陪着我们看，陪着我们转，我们被他们的一切所吸引，所震撼。但我没有听到吉美坚赞说过一句关于“特色”的话。他们现在取得了这么突出的教育成果，也没见他们请专家来归纳这个“理念”那个“模式”。整个校园，我没有看到一句类似于“以人为本”的口号，不，简直就是一个标语都没有！想到不久前我写的《浮躁种种》，批评国内许多学校办学的各式各样浮躁风，在这里一丝一毫都看不到。他们就那么朴素地上课，平和地教书，沉静地学习，淡定地生活……

当然，吉美坚赞因为是私人办学，所以也没有这样“迎检”那样“验收”，他远离了喧嚣，远离了纷扰。包括现在，尽管这所学校已经引起国内外的关注，但这里依然很宁静，平时极少有人来参观学习。因为这里交通实在不便，从西宁过来就要颠簸整整一天，又没有什么风景可看，对于那些以“考察”“学习”为名而旅游的人，到这里来“成本太高”，吉美坚赞所以乐得保持宁静。

我对同行的人说：这里我才看到了真教育！这里的教育真正做到了返璞归真，回到了原点。

有吉美坚赞的藏族教育，我想到我们汉族的教育——我们和他们的差距不是在一流的硬件，不是在豪华的校舍，不是在雄厚的师资，更不是什么“教育理念”“教学模式”之类，而在精神，他们有发自内心的对本民族文化的热爱，以及宗教信仰般的虔诚，还有因此而产生的不可战胜的力量！

而我们没有。

他们培养的是有信仰的人，而我们培养的只是掌握现代科技的“工具”，是没有灵魂的躯壳。

晚餐吃了两个多小时，出来时天已经完全黑了。

我们看到校园里到处都是学生，不少人还在黑暗中背书，或就着路灯看书。

我问：“这里的学生不上自习吗？”

吉美坚赞答：“要上的，但我们的作业很少，几乎没有书面作业，也很少考试。但我们的学生每次考试在州里都名列前茅。”

我不再惊讶，因为学生课堂上那么专注，辩论时那么投入，还有早晚见缝插针地自觉读书背诵，学习成绩哪能不好？哪还需要老师布置什么作业呢？

按我们的习惯思维，自然会想到他们的“教学质量”。除了前面我说到的，该校历届学生参加州里考试，各项指标均名列前茅、令人称奇之外，吉美坚赞给了我一组数据——

截至今年（2011年），共毕业14届学生，共683名。今年毕业的学生去向还未统计，前13届毕业的561名毕业生中，大学深造者207人，其中国外学习者29人；参加工作者193人，其中教师65人、自办学校4人、医生17人、寺院管理79人、经商28人。

一天的见闻，让我有太多的感动。我有一种想为吉美坚赞做点什么的冲动，但我知道我什么也做不了。我临时掏出两千元钱，交给吉美坚赞：“太少，也做不了什么，算是一点心意吧！”

十九

第二天早晨，天刚蒙蒙亮，我们准备返程。

放好行李，正要上车，突然吉美坚赞来了。我们很惊讶，当然也很感动。昨天对他说好今天早晨别送我们了，他也答应了。可今天吉美坚赞还是来了。

一一握手，再次合影，告别。

“再见！”“再见！”我们的车在吉美坚赞善良目光的注视下，启动了。

太阳还没有升起，但霞光已经铺满天空。在霞光的映照下，一弯黄河格外耀眼。

汽车在山路上盘旋，阳光已经洒在远远近近的山巅，天际之间有了一抹辉煌。

站得越高，眼前越开阔，前方也越明亮。

“我这个学校，不培养当官的，不培养今后想出人头地的，想当官的想出人头地的别到我这学校来。我就培养好人，教会学生学会做人，做一个对社会有用的人！”

我们离拉加乡越来越远，但吉美坚赞的这几句话，一直在我耳边响着，直到此刻。

马来西亚印象

2012 年 3 月 11 日　星期日　阴

早晨八点过一点，我开车出门。先到学校拿了几本我的著作塞进我的行李包，然后把车停在小学里，最后请谢华把我送到机场。

本来 12:10 分起飞的飞机，因为早晨机场大雾，延误起飞。等到 13:20，终于通知登机了，我满心欢喜，在心里盘算，估计到广州转机不会耽误的。结果进舱坐定，又接到通知："因流量控制的原因，我们还将等候机场起飞通知，起飞时间待定。"

那一刻，我急得不行。下午从广州去吉隆坡的飞机是 17:20 起飞啊！如果这里耽搁一个小时，那就危险了，如果超过一个小时，今天肯定误机。在等待起飞通知的时候，我心急如焚。到了 14:00 还没消息，我心里直叹"完了完了"。结果刚过几分钟，飞机开始滑动，我心终于定下来。

16 点飞机着陆广州，我刚一出机舱，机场就有小伙子举着条幅"吉隆坡 LIZHENXI"，我赶紧过去报到。小伙子说："时间已经很紧了，我已经把登机牌给你办好了，现在跟我跑！"他转身就跑，我紧追不放。坐中巴，到另一航站楼，然后安检，过境检查……我上气不接下气，总算到了登机口，时间是 16:40，正好是登机时间。可是登机口没人，走近问一工作人员，她说飞机还没到，得等一会儿。我一下觉得刚才白跑了！

但今天肯定能够到吉隆坡，我放心了。一个小时以后，登机坐定。夜色中，飞机朝吉隆坡飞去。

四个小时十分钟的行程，我写了两篇短文，都是写我校老师故事的，一篇是写张瑞莉老师，一篇是写门颖老师。快写完的时候，电脑没电了。我关了电脑，拿出《南渡北归·北归》看了起来……

22:10，飞机着陆吉隆坡机场。我英语不太行，不，不是不太行，而是太不行，所以入境表是请旁边一位小伙子帮我填的。下了飞机，随大流往前走。排了半个小时的队等待办理入境手续。当我把护照和入境表递给那位马来西亚姑娘时，她用英语对我说了几句，我没听懂，她便给我比手势，大意是让我将两个手指在她柜台上的一个什么仪器上摁一下，我心领神会，照着做了，然后放行。

走出机场，张瑞慈女士和她先生前来迎接我。我和张瑞慈算是老朋友了。2009 年春天，我在南京为马来西亚的教育同行做了一场报告，当时张瑞慈女士听了很是感动。她一直想让我到马来西亚来讲学，所以我才有了这一次马来西亚之行。

从机场到市区还得一个小时车程。张瑞慈先生开车，她和我聊天。

我问马来西亚有多少华人学校，她说小学有1292所，中学60多所。我又问华人在马来西亚的数量，她说占整个马来西亚人口的24%。

她说："这次来听您讲座的主要是校长，也有一些老师，都是从马来西亚全国各地赶来的，有的老师比较远，坐车要花七八个小时。"

我很感动。

到达珍苑国际酒店已经是深夜零点了。

2012年3月12日　星期一　阴

上午，张瑞慈女士忙着准备明天的培训会，她老公黄先生陪我去看崇文华小。

车开进一个小巷，旁边是比较陈旧的平房，甚至还堆积着垃圾，我正在想这学校的环境不是太好啊！可一进校门，崭新的运动场便让我眼前一亮。

校长王仕发五十来岁，正在操场边和前来参观的一拨客人合影。见我来了，快步走来和我握手："欢迎欢迎！"然后领着我参观学校。

他指着运动场说："这是我们刚刚建成的。"我看了一下，运动场不大，环形塑胶跑道也比较小。我问："这是两百米跑道吧？"

他说："没有。一百六十米。"

然后他说："这都是学校自己找钱修的啊！"

我想起昨晚张老师对我说的，华人学校的建设都得靠校长去找钱。

我看到学校的教学楼都写着"谭成辉楼""王开荣楼"，我问："这都是捐资者的名字吗？"

他说："是呀！他捐钱给我们，我们就把他的名字留下。你看，那也是。"他指着远处一座亭子，上面写着"林双发轩"。我想到刚才在学校停车场里也有许多柱子上都写着某某捐献，比如"梁水永捐献"。"那也是别人捐赠修建的？"我问王校长。他说："是呀！他捐助我们修一个柱子，我们也给他留名。"

我注意到，修建的运动场实际上是悬空的，运动场的下面就是停车场。

王校长说："我在这里做校长五年多了，已经为学校找了1500万资金了。"语气里既有自豪，也透着点无奈。

我由衷地说："相比之下，我当校长比你幸福，因为我不需要去筹款办学，而你还要操心学校的发展资金。不过，前几年，中国许多学校的校长也是这样的，要四处找钱。"

王校长带我来到"崇文文博馆"，实际上就是校史展览室。走进去，空间不大，也就十来平方米吧，但一件件文物，一张张图片，让我感到一种历史的气息扑面而来。

这样的校史呈现让我共鸣，因为我校明年也将迎来10周年校庆，我也在构思校史陈列室，我一直在想，校史陈列室一定不要简单罗列各级领导视察的照片和一串串升学数字，或者奖状奖杯，而应该突出普通的老师普通的学生，要让实物说话，让历史触手可及。

崇文华小现有学生2372人,48个教学班。学校的校训是"勤，朴，毅，勇"，学校对这四个字的解释是：勤——尽力多做，不断地做；朴——节俭不奢华，不浮夸；毅——坚决持久，毫不犹豫；勇——胆气过人，勇于向前，敢于作为。

他们还制定了"学校宪章"，很简单，就几句话——

1．领导学生迈向教育成功。

2．协助学生解决有关课内与课外的问题。

3．培养负责任守纪律和爱校的品德。

4．与各有关方面成员通力合作以使学生能在融洽的气氛下达致教育功成的目的。

5．塑造一个理想美观整洁和安全的学校环境。

我们来到教师办公室，这是一个极为开阔的空间，整整齐齐地屹立着一排排办公桌。王校长说，他们学校所有老师都在这里办公。我吃了一惊，因为在我校都是分年级一个办公室的。但我看了一下，办公室虽然拥挤，但十分整洁，每一张桌子都收拾得干干净净。这几天正是马来西亚放假期间，所以办公室里没有老师。但可以想象，上课期间，这里是怎样一个紧张而充满生机的景象。

但有一个不大的房间却坐满了几位老师模样的人，王校长说，这是书记办公室，里面的人都是书记。他还说:“放假只是老师放假，校长副校长和书记们都不放假。”

我一愣，“书记们”？随即反应过来:“你们的书记就相当于我们那里行政办公室的干事，相当于文书！”他笑了:“对对，就是文书。呵呵，我知道在中国，书记可不得了！”

来到校长办公室，很狭小，但墙上挂着一张孔子像。

在校长办公室的墙上，贴着全校教师的一览表。我仔细看了看，问:“你们学校共多少教职工？”王校长说:“连我在内，84人。”我心里算了一下，2372个学生，84个教职员工，而我所在的学校小学部1200个学生，60个教职员工……“哇，你们老师的工作量很重啊！”我不禁叹道。

他说:“是呀！在马来西亚，一个小学老师的周课时是33节。”

我惊叹:“我的天！你们一周也上五天课？”

王校长说:“是的。”

“学生几点到几点在学校？”

“学生七点半到校，中午一点放学。”

我再次惊叹:“一点过就放学？”

他说:“全国的小学都是这样。但是下午我们有各种活动。”

我问:“下午的活动学生必须参加吗，还是自愿参加？”

他说:“周三下午必须参加，其余时间自愿。”

我说:“那这些孩子回家后，他们的父母不都还在上班吗？孩子谁管？”

王校长说:“这些学生下午一般都去社会上的各种班啦！”

我看到教师一览表上有几个教师的名字是单独列成一行，便问这怎么回事。王校长解释说:“这几位是特别教师。”

“特别教师？什么意思？”

“就是这些老师是不上专业课的，也不在学校编制里面，是政府额外给学校指派的，由政府给他们支付工资。”

“不上专业课？那他们上什么课？”

“他们负责上心理咨询课、宗教课和特别辅导课。”

心理咨询课和宗教课我明白，但“特别辅导”又是什么意思呢？

王校长给我解释："特别辅导课是专门针对各班特别差的学生上的课。比如，如果有的班有这样的孩子，成绩特别差，表现也很差，于是便把这些学生送到特别辅导老师那里去，让他来辅导。"

我问："这样的孩子多吗？"

他说："大概五六个。"

我又问："他们的父母会不会觉得这是歧视呢？"

他说："不会，这恰恰是对这些孩子的特别关照啊！比如这孩子学习暂时跟不上班里的教学进度，我们就让特别辅导老师给他单独教学，等他补上了落下的知识，再回到原来班上去。"

嗯，差别化对待恰恰是一种教育公平。我想到我学校正在进行的分门别类的因材施教。

在图书馆，我看到墙上贴着马来西亚的"国家教育哲理"——

在马来西亚，教育是一项持续的事业，它致力于全面和综合地发展个人之潜质。在信奉及遵从上苍的基础上，塑造一个在智力、情感、心理与生理方面都能平衡与和谐的人。其目标在于造就具有丰富的知识、积极的态度、崇高的品德、责任感，并有能力达致个人幸福的大马公民，从而为社会与国家的和谐与繁荣做出贡献。

还有他们的教育发展大蓝图六大策略——

1. 建立民族国家
2. 发展人力资本
3. 强化国民学校
4. 拉近教育鸿沟
5. 重振教师专业的威信
6. 把教育机构的卓越水平提升到更高峰

从这些文字中，我感到马来西亚国家对教育的重视。我问王校长："马来西亚的教师找工作难吗？"他说："不难，只要接受了师范培训，国家就已经给你安排好了学校了。”

我又问：“教师的收入怎样？”

他说：“一个本科生刚到学校，一个月是3000马币。”我心里盘算了一下，相当于人民币6000元。但马来西亚的生活消费有多高，我不清楚。

在教室，在阅览室，在走廊，在校园，到处可以看到引导孩子做人的各种提示语——

太阳光大，父母恩大，君子量大，小人气大。

口说好话，心想好意，身行好事。

懈怠者等待机会，用心者抓住机会，聪明者运用机会，努力者把握机会。

脾气嘴巴不好，心地再好也不能算是好人。

做好人不能少我一人，做坏事不能多我一人。

心中常存善解、包容、感恩、知足、惜福。

人生最大的成就就是从失败中站起来。

不要随心所欲，要随心教育自己。

站在半路比走到目标更辛苦。

……

中午，黄先生和王校长请我吃马来西亚小吃，我们来到一个很简朴的路边小馆子。我开始有些担心我不喜欢吃。结果先端上来的是一碟辣椒，我一下就兴奋了。我们吃的是肉骨茶，其实一点茶都没有，就是大大的排骨和豆腐、蘑菇还有一些蔬菜一起煮，似炖非炖，似烧非烧，反正很好吃。

分量太多，我们三个人居然没吃完。他们将剩下的打包。结完账，我问多少钱，王校长说：“70元。”相当于人民币140元。这么便宜！我想到大学毕业生教小学每月工资3000马币，够可以的了！

晚上，在酒店房间修改调整明天的讲座提纲，重新做PPT文件。

2012年3月13日　星期二　阴，傍晚暴雨

上午九点过，我到了会场——其实就在我所住的酒店，才意识到，这

次他们的活动的主题就是“爱心与教育”。

2012 年 3 月，应邀在马来西亚讲学

马来西亚华人有一个相当于政党的组织，叫马来西亚华人公会，简称“马华公会”。多年来，马华公会一直致力于提升华文教育（他们简称“华教”）在马来西亚的地位和品质。2001 年马华公会以 1997 年华小毕业生为对象搞了一个调查，提出了“一个都不能少”报告。报告显示，1997 年华小毕业生辍学或流失率为 24.48%。教育部副部长办事处于是拟定了一系列工作范围，同心协力朝减低华小毕业生辍学率的目标迈进，这个计划被命名为“爱心计划”。2006 年，马华公会正式推出“马华公会教育振兴计划——素质教育，面向未来”。此计划在全国遴选了一些相对比较薄弱的华小——被遴选的学校就叫“爱心教育学校”，希望通过这项教育计划，努力减低华小毕业生辍学率的同时，提高全民教育水平和素质，落实教育振兴的目标。

根据“一个都不能少”调查报告，华小毕业生辍学的主要原因为中学媒介语的转换，使学生跟不上学业进度以及家庭环境与社会风气的影响。针对上述原因，爱心计划的内容有：通过培训课程注入多元活泼的教学方法，注重校园中华文化的熏陶，举办教师与校长心态改变及管理的培训，积极推动校园的阅读风气，等等。我之所以被邀请，就是落实计划中“举办教师与校长心态改变及管理的培训”的一个举措。

会场外面，有来自听课者所在学校展示的各种爱心教育的成果，琳琅满目。

十点整，我开始给来自马来西亚 50 所爱心教育学校的老师讲课，题目是“以心灵赢得心灵”。为我主持的老师是一位名叫郑玉表的美丽老师。

马来西亚的讲学议程和中国的不太一样，我刚讲了半个小时便中断，因为要举行开幕式。我估计是为了等前来出席开幕式的马来西亚教育部副部长魏家祥博士和马华公会总长拿督斯里蔡细历医生吧。蔡细历致开幕词。在致辞中他大谈争取华文教育的权利，他的讲话不时激起老师们的鼓掌。

我注意到，每当发言者开始说“大家好”的时候，下面听课的人自然会呼应：“好！”这个现象，我几年前出席一些海外华人的研讨会就感受到了。而在中国，准确地说是在中国大陆，无论发言者如何热情洋溢地对听众说“大家好”，下面都是一片木然，没有任何反应。如果是领导，他说“大家好”的时候刻意提高音量，那大家就知道是在提醒鼓掌，于是便有掌声。

开幕式结束前，马华公会总会长蔡细历和教育部副部长为各所爱心学校颁奖。我也得到一份感谢状，感谢我“对马来西亚华语教育的贡献”云云。

开幕式结束后，便是午餐。稍微回房间休息了一小会儿，下午两点钟，我继续开讲。

我谈到理解学生，尊重学生，举了一个例子：在中国好多学校的大门口，早晨都站着值周的学生，迎接老师的到来，每进来一个老师，学生们鞠躬问好，可有的老师——不，应该说是不少老师却不理睬给自己鞠躬问候的学生。

下来后，马六甲州督学刘荣禧先生说，为什么学生要到校门口去迎接老师呢？在马来西亚，这是不可能的，因为没有学生便没有老师，所以我们的学校是校长和主任在校门口迎接学生。

不时有许多老师前来和我合影留念。我注意到一些女教师穿着统一的浅绿色旗袍，将身材包裹得格外苗条婀娜，很美。我问她们：“这旗袍是你们统一的职业装吗？”她们含笑点头。

因为参加培训的老师都集中住在这个酒店，所以每次进出电梯都很拥挤，但是人们彼此之间都尽量谦让，点头微笑，让我很自然地想到“彬彬有礼”四个字。再回想中国，住宅小区电梯里所遇本来都是邻居，每个人的表情却那么冷漠。同是华人，修养迥异。又想到昨天黄先生说在中国旅游的遭遇，上厕所中国人不排队，酒店里很晚了两个七十岁的老人吵架……

晚上去离吉隆坡20多公里的叫“巴生”的地方吃饭。这里有一个“椰林园”，据说有极具马来西亚特色的海鲜。因为是下班高峰期，所以路上有些堵。坐了一个多小时的车到了那里，其实他们认为很好吃的东西，我只觉得有特色。不过，比食物更打动我的是主人的热情。

2012 年 3 月 14 日　星期三　阴

早晨去吃早饭，刚进电梯，便又进来了两位女士。她们看到我，自然点头微笑，我赶紧面带笑容回应。她们并不是来听课的老师，是酒店的其他客人。但这种自然而然的彬彬有礼，再次让我感到有一些意外。

上午，继续讲学，讲“教师的幸福源于何处”。我从新教育实验讲起，给马来西亚同行介绍了中国蓬勃兴起的“新教育”实验，讲新教育追求“过一种幸福完整的教育生活”，讲新教育所倡导的六大行动和每月一事，等等。然后我讲了我校老师追求职业幸福的故事：潘玉婷、邹显慧、唐燕、李青青、龚林昀、赵敏敏……老师们都很感动。

课间休息时，一位叫庄月燕的校长过来和我交流，一说话就流泪了：“我觉得我对不起我学校一位老师！”她说她学校有一个年轻女教师，因为患上抑郁症不能上班，不得不回家去，可她的父母却不愿让她去看医生。这个老师非常信任庄校长，常常在网络上和她倾诉内心的想法。庄校长自责的是，自己没办法帮她。我说：“这位老师这种情况，已经属于是病，需要的是科学治疗，而不是简单的爱所能解决的。你已经尽责了，关键是要说服她的爸爸妈妈正视女儿的病情，然后让女儿去就医。”

讲座结束后，主持人郑玉表老师说：“李校长在来马来西亚之前发表在博客上的最后一篇文章是《让中国教育感动马来西亚》，我想问大家感动了吗？”

老师们说：“感动！”然后便是热烈的掌声。

一位女教师站起来走到话筒前向我表达了感谢和敬意。我说：“我才要向你们表示敬意！这次到马来西亚，我深感马来西亚华文同行比中国的教师更艰难，更悲壮，你们是在华文教育被边缘化的背景下从事着华文教育，平均每个教师 33 节周课时，令我敬佩！中国大陆不少人却不重视汉语教育，而更看重英语。有的年轻人的英文水平甚至胜过中文。有一个段子：在一所大学的研究生宿舍，三个学生要外出，准备给另一个同学留纸条说明钥匙放在什么地方，可三个硕士生想了半天，就是想不起钥匙两个字怎么写，最后只好用英文 key 代替！真是悲哀！你们面临重重困难，坚守着华文教育，的确非常了不起，我向你们表示敬意！”

闭幕式上，主持人要我发表感言。我说：“感谢马来西亚同行！我们属于不同的国度，面对不同的学生，也各自面临不尽相同的教育问题，但是我们有一点是共同的，那就是我们都有爱心！我们有教育理想，我们都追求充满人性的教育。我回中国后会想着大家。我希望我们彼此都因为对方的存在而感到幸福！我们一定会再见面的，或者是在马来西亚，或者是在中国！”

活动的最后，播放了南京行知小学校长杨瑞清特意从中国发来的 PPT 格式的致辞，生动的画面配着真诚的话语，十分感人——

向马来西亚教育同行致敬！

两年前，吉隆坡崇文小学精彩呈现的 24 节令鼓仍在耳边回荡……

爱心教育成果展以及孩子们精彩的表演给我们留下了美好的印象……

爱心计划学校同仁们围绕“还能更精彩”主题所展开的热烈讨论还在心中回旋……

昨日收到张瑞慈督学发来的两张照片，她说，李镇西老师讲得真好，爱心计划学校的校长、老师们学习真投入、真开心。她还说，大家想念你……

我也想念大家，行知小学师生都很想念大家。

去年 9 月，行知基地工程已全面竣工，原建设中学搬迁进来并更名为行知中学，幼儿园也启用了新校舍，美丽的行知苑里，1200 多名农家子弟在幸福地成长。

前天，3 月 12 日，是中国的植树节。我们在校园里栽下了数千棵花木，数百棵果树，数十棵参天大树。十年树木，百年树人。我想，马来西亚爱心计划不正是一个伟大的植树工程吗？这次“还能更精彩”嘉年华不就是马来西亚华教植树节吗？

李镇西校长的武侯学校所在的成都，是三国时期刘备统领的蜀国都城；而行知小学所在的南京，是孙权大帝统领的吴国都城。1800 多年前波澜壮阔的历史画卷赋予成都和南京这两座城市丰厚的中华文化底蕴。600 多年前，郑和的宝船从南京开出，在马六甲驻足……

成都—南京—马来西亚，历史的天然的缘分让我们今天的相聚成为传奇。马来西亚50所爱心计划学校，加上南京行知、成都武侯，50+2！让我们并肩携手——

走在行知路上，享受爱心教育，经营和谐校园，创造幸福人生。

热烈祝贺马来西亚爱心教育展和爱心课程圆满成功！

衷心感谢成都武侯李镇西校长爱心奉献，激情分享！

深情祝福马来西亚华教界同仁享受爱心，幸福安康！

这几天，我多次和瑞慈聊起杨瑞清。我说："瑞清这么多年一直扎在他那片土地上默默耕耘，如此硕果累累，却依然朴实、谦逊、低调、内敛，他是真正的君子。"

讲完课我正和听课老师们交流，突然看到陈君宝来了。君宝兄是新加坡行知文教中心的创办人，多年来一直致力于促进华文教育品质的提升和新加坡、马来西亚与中国的华文教育的交流。2010年2月，他曾邀请我前去新加坡讲学。时隔两年，他听说我来马来西亚了，便专程前来看我陪我，让我特别感动。君宝性格温和，面容慈祥，为人朴实。虽然比我年轻，但因为早就花白头发，因此颇具长者风范。

下午四点过，到达马六甲市，住进陈祯街上的富礼客栈。陈祯街是一条百年老街，满街都是中国风格的老房子。走进富礼客栈，中国气派扑面而来，墙上满是国画：美女貂蝉、卷轴山水、水墨葡萄……在总台后面的墙上，是一幅国画，画面上杜甫背着行囊执着地前行，手中还拿着书卷。画面的边沿写着："读万卷书，行万里路。"

晚上，刘荣禧督学、瑞慈督学和陈君宝夫妇陪我坐船游览马六甲河。虽然河面不宽，不到百米，但当年郑和的船队正是在这里上岸的。游船来回四十分钟，沿途有马来村屋、游乐场、旧仓库、鱼市场等等。夜晚的各色灯光打在水面，河面荡漾着五光十色，恍若梦境。

上岸后，我们来到一家小吃店，我一看，这不是成都的"串串香"吗？就是把一串串的蔬菜肉块之类放进锅里烫。只是这里的味道不如成都。

2012 年 3 月 15 日 星期四 晴

早晨七点过，我一个人出了客栈。因为人很少，百年老街显得格外清静。我慢慢走过古代修建而至今保存依然完好的街道。感到历史的气息扑面而来。街道狭窄，屋宇参差。我注意到很多住房的墙上镶着图案精美的瓷砖，瑞狮门扣，镶龙嵌凤，表达着早期华人对生活对未来的美好希望，我也从这些吉祥的图案和字句中感到了一种难以言说的辛酸。

荣禧和瑞慈还有君宝陪我去古城墙，前来陪我的还有一位昨天听了我报告的女校长，很遗憾记不得她的姓名了，但我记得她说她就是马六甲人，在这里长大，只是现在在外地工作。

路过一座高高的观光塔，荣禧说，这观光塔本来是新加坡准备投资建造的，但因为当时每周只有两三天有游客就作罢，后来马六甲把这个创意拿来，建了观光塔。

荣禧指着前面一棵树说：“这就是马六甲树，马六甲就是以这树的名字作为地名的。”然后他给我讲了关于马六甲这个地名的传说，“一位英国王子杀了他的叔叔而逃亡在外，1396 年来到这里。一次他打猎时在一棵树下休息，他的一条猎狗追赶一只鼠鹿，鼠鹿走投无路突然转身将狗赶进河里。王子对鼠鹿的勇气印象深刻，决定在他坐的地方建立一个帝国。他就以在下面休息的这棵树的名字将这里命名为‘马六甲’。”

我们来到古城门。据说在 1511 年，一艘来自葡萄牙的战舰在葡萄牙将军阿布奎的带领下抵达马六甲，并结束了马六甲王朝。为了巩固葡萄牙人在马六甲的地盘，阿布奎把一座城门建在一座山上。那座城门就是现在我们眼前的古城门。

走过古城门，沿山路往上走，我们看到山上一座教堂遗址。荣禧告诉我，这是葡萄牙总督阿伯于 1511 年建立的，是欧洲人在东南亚修建的最古老的教堂。我们看到所谓“教堂”已经不完整，也就是四面的高墙，因为历尽沧桑，所以魅力犹存。

荣禧指着山下一片房屋说，那里面坐落着郑和的塑像。他说：“马六甲是当年郑和经过的地方，曾以马六甲为大本营，建立城墙、排栅和鼓楼、角楼，并建设仓库储存钱粮百货。”

离开了古城门，我们来到马六甲培风第三小学。刚进校门，我就看到一个巨大的条幅从楼顶垂下，仰面看去："让人们因我的存在而感到幸福！"我一下感到特别亲切。瑞慈说这所学校的黄翠玲校长昨天才听了我的报告，所以回来就把我说的那句话写出来了。

黄翠玲校长出来迎接我，说："这话说得太好了，也很适合我们学校。"

我随黄校长来到一块比较宽阔的空地，她说："每天7：30，我们的学生就在这个坝子读《论语》。"我们在一间很大的厅里，看到墙上有孔子像，还有《礼记》的"大道之行也，天下为公……"黄校长说，我们的孩子一入学，便到这里来拜师。

黄校长介绍说，全校有200多个孩子，20多个老师。每个班20多个学生。另有启智班，启智班每班6个孩子。

培风三小校园不大，但环境特别优美，背靠三宝山，终年绿树成荫。"三宝山"，也叫中国山。当年郑和曾驻扎于此山。

学校旁边是墓地，全是早期华人死后葬在这里的，还有明朝的墓。我说，这些墓地对孩子不会有什么不好的影响吧？黄校长说，不会的，我们正是利用这片墓地对孩子进行生命教育，还有我们华人历史的教育。

荣禧补充说，培风三小到现在还过重阳节。他又说，曾经有人想要铲平这座山，移山填海。但我们不同意，因为这些墓地见证了华人的历史。

我说："是呀，没有华人就没有马来西亚的发展。"

荣禧说："对！每个市镇都见证了华人的功劳！"

据荣禧说，现在马来西亚的华人学校分布很不均匀。马六甲方圆十公里就有10所华小，但华人人数却没有增加，所以造成许多微型学校——就是学生少于150人的学校。但许多地方又没有华校，政府又不同意新建，于是现在采取的办法就是迁校。

黄校长问我："李校长发现我们学校的环境有什么特色没有？"

我说："绿色很多啊！"

她说："我们这个学校竹子很多，以前长高了，我们还发愁，现在让它自然生长，这样二楼也可以遮阳了。"我一看，果然，到处都是竹叶掩映。

黄校长还特意带我去看学校门口的一块太湖石："这是专门从中国运来

的呢！”

在一间教室，我惊讶地看到一个白板上写着《好大一棵树》的歌词。田震的歌怎么到这儿了？我说：“这首歌在八十年代很流行呢！”

黄校长说：“我们这里是把这首歌献给老师。每年教师节，孩子们都唱这首歌。”

我问黄校长学校有几位副校长，她说有四个副校长，我很是吃惊，小小学校居然有四个副校长。她说：“因为我们有启智班。”

“什么‘启智班’？”我有些迷惑。

她说：“就是针对智力有些问题的孩子所开设的教学班。”

我一下懂了：“就是智障或者说叫弱智。”

黄校长说：“我们不说智障班，而说启智班。”

我说：“我明白，从积极意义上说‘启智’。启智班，启发智慧。”

她说：“实际上是启我们老师的智慧。”

我们来到启智班的教室，我发现这些教室都非常狭小。黄校长说：“这不仅仅是因为他们人少，一个班只有六个孩子，主要是因为这样可以让孩子精力集中。”

“启智班都开设些什么课程呢？”我问。

黄校长说：“有自理、语文、数学等。孩子们每天在校四小时，其他孩子是五小时。”

我说：“这样的孩子在教学方式上可能更注重孩子的活动吧？”

她点头：“是的，启智班上课很多时候是表演式教学。”她引我到教室外面看墙上的一些图片，图片上启智班的孩子在进行各种活动，十分可爱。

我又问：“这些孩子小学毕业后怎么办呢？”

“他们毕业后，有机会到相应的中学，不过和一般孩子读五年中学相比，他们的中学读八年。”

我们来到“自理课”的教室，在这里，孩子们可以学习一些生活技能，如叠被子、切菜、简单地做饭、摆碗筷等等。

墙上贴着启智班孩子的照片，这些照片都贴在苹果图形里。我发现苹果图形的颜色有区别，便问这有什么特别的含义。黄校长说：“不同深浅的颜色代表孩子的成熟度，比如红苹果代表成熟，浅红代表还不太成熟。这样让老师了解每个孩子的智力发展程度，同时又不伤害孩子。”

荣禧说：“政府每个月还给这些孩子150元生活补贴。家里分配遗产时，国家规定还得向这些孩子倾斜。”

培风三小小巧玲珑，但给我留下极为深刻的印象。临走时，我看到荣禧蹲在校园边的山坡下捡拾着什么，他说：“快来，这里有许多相思豆。”

我蹲下一看，果然，草丛中一颗颗鲜红的豆豆。我从小读古诗就知道“相思豆”，但活了五十多年，而且一直在中国，却从来没见过相思豆，没想到在马来西亚却看到了相思豆！我蹲下来和荣禧一起捡拾。我们一边捡，一边情不自禁地吟诵王维的名诗：“红豆生南国，春来发几枝？劝君多采撷，此物最相思。”

我很惭愧地说，我从来没见过红豆。

荣禧安慰我说：“因为‘红豆生南国’，你们那里没有嘛！”

告别培风三小时，我问黄校长有没有和国外的学校建立联系，她说还没有。我说：“那我就代表中国成都武侯实验中学向马来西亚马六甲培风三小‘求婚’吧！”

黄校长说：“好啊好啊！”

大家都笑了。

离开了培风三小，我们来到培风中学。

走进培风中学，迎面而来的首先是“自力更生”“奋发图强”“多快好省”“力争上游”几个大字。我觉得很滑稽，因为这是中国“大跃进”时期的口号。但我很快便明白了：作为独立中学，培风中学生存是很艰难的，所以他们必须“自力更生奋发图强”。

培风中学现有学生2150人，教职工160人。该校建于1913年，明年便百年校庆了，现在全校都在筹备校庆，所以我们从墙上看到许多老照片。其中有一张是1923年十年校庆时该校学生的照片。我感慨地说：“照片上这些孩子现在可能都不在了。”

校长不在学校，迎接我们的是一个主任。他给我们介绍，学校的目标是办一所优秀有素质大众化的华文中学。他说，培风中学当初反对改制，所以就成了政府不管的民办中学。学校一年运行经费八九百万，其中五六百万从学费来，其余要去筹集。

因为时间关系，我们在培风中学待的时间不长，但培风中学教学楼上宛如从天而降的几列大字让我印象深刻：“培风儿女有情”“培风儿女有义”“培风儿女有礼”“培风儿女有序”。

荣禧说：“培风中学在全国60多所华语学校中，是办得不错的学校之一，是模范学校。”

中午，我们来到一家著名的“和记饭店”吃饭，这里的特色是“鸡饭粒”，就是用鸡油和在饭粒里，然后把饭粒搓成像乒乓球一样的团子。说实话，我觉得不是特别好吃，但也体验了一下这种吃法的特色。

吃了饭，我们来到青云亭。青云亭外观雄伟庄严，建筑结构富有中国传统的艺术性，不但古色古香，而且多姿多彩。不论建筑风格、雕工、图案，都体现的是闽南地区色彩。

荣禧告诉我，现在青云亭只是一个朝拜的地方，但早期这里是华人的行政机构，华人生老病死都管。

下午，回到吉隆坡。

晚上，瑞慈和部分校长请我吃晚饭，再次感受到马来西亚同行的热情。

吃完饭，考虑到我明天就要离开马来西亚回国了，还没有逛过吉隆坡呢，于是瑞慈和她的先生肇平便驱车陪我逛吉隆坡夜晚的街景。吉隆坡著名的双塔直插苍穹，在夜色中玲珑剔透。瑞慈还陪着我进入双塔购买纪念品。

回酒店房间，从窗外看楼下，闹市区十分热闹，霓虹灯光怪陆离。我觉得刚才意犹未尽，便拿着相机出了酒店，沿着附近几条街闲逛。本来我所住的酒店就地处吉隆坡最繁华的商业区，相当于成都的春熙路，因此各种肤色的行人熙熙攘攘。但街边有很多人拿着按摩的照片问我是否需要按摩，让我感到很不舒服。走到一个小巷口，我看见两个穿着暴露甚至爆炸的年轻女子搔首弄姿，顿感不妙，赶紧回到酒店。

本想早点休息，但窗外十分嘈杂喧闹，根本无法入睡，干脆打开电脑写日记。

2012年3月16日 星期五 晴

上午，瑞慈陪我逛云顶山，她爱人黄先生担任我们的司机。

据说不去云顶山，就不算来过吉隆坡。这是离市区50多公里的一座云雾缭绕的山。走进"蓬莱仙境"，的确令人有身在山中犹如置身云上的感受。仰视苍穹，蓝天如洗，环顾四周，山峦重叠满目林木苍翠，心旷神怡。但瑞慈告诉我，好多赌客都不愿意到这里来，因为"蓬莱仙境"谐音"逢来先进"，意思是先来的必然把钱输进别人的腰包。

继续往上，就来到云顶山的一个大型度假村和娱乐场。这是一位叫林梧桐的华人修建的。这里有商场、餐饮、儿童乐园等，但最著名的是赌场。瑞慈和黄先生陪我进赌场看了看，果然里面很是热闹，许多赌客聚精会神在盼望着奇迹出现。黄先生要我玩一玩，但我一点兴趣都没有。我说："我实在是不理解这些赌客的心理！那是一种什么心理啊？"黄先生说："就是一个'贪'字，但贪字多一点就是贫啊！"

我对这里一点兴趣都没有，于是草草走了一圈，我们下山了。

中午，瑞慈特别把我带到路边一个小店，她说这个店不起眼，但菜很好吃。果然这顿饭味道不错，鱼特别好吃。只是我不习惯用叉子，特意让服务员给我一双筷子。最近在马来西亚，我发现这里都不用筷子的，而且也不用碗，米饭都是盛在盘子里。我很不习惯。

吃了午饭，他们陪我去买纪念品，然后送我去机场。想到几天的马来西亚之旅就要结束，还真舍不得这些马来西亚同行。这里，我觉得有必要将几位特别重要的马来西亚朋友特别写几句——

张瑞慈，马来西亚教育部副部长魏家祥的特别助理，这次活动的组织者。以中国人的眼光，她好歹也算是"部领导"了，但她的真诚、平易、亲切，还有她发自内心的善良，给我留下极深的印象。几天来，她一直陪着我。在酒店、商店等需要与人交流的时候，她便是我的翻译。和她聊教育，能够感到她对中华文化发自内心的热爱与忧虑。她没有一点点官员的气息，有的是纯粹的教育情怀。这次活动她忙上忙下，把女儿和先生都动员来帮忙。女儿帮着做活动需要的PPT文件，她先生帮忙做会务杂事，包括陪同我。

说到瑞慈的先生，我要说这是一个非常伟岸英俊的男人，性格温和，内敛，但不乏幽默感。那天他说他是 1963 年生人，我大吃一惊，说："我还以为你是 1973 年的呢！" 他哈哈大笑。他对妻子的工作是全力以赴支持，让瑞慈特别欣慰和自豪。几天的陪伴，我只知道他姓黄，可居然连他名字都不知道，临别时我说："你是活雷锋啊，做了好事不留名，但我还是要你留个名。"瑞慈哈哈大笑，给我说他名"肇平"。

郑玉表，中学华文教师，吉隆坡州华语教师联谊会主席，我做报告时，她担任我的主持。玉表给我的印象是特别纯真，特别善良。她显然在我来马来西亚之前就读过我的文字，包括读我的博客，对我非常尊敬。和她聊天，发现她特别关注中国的文学。她和我聊杜甫和苏东坡的诗词，聊余华的小说《活着》《许三观卖血记》《兄弟》，聊曾经喜欢的余秋雨，还聊韩寒，聊龙应台等作家。我和她都特别喜欢龙应台，我说《野火集》，她说催人泪下的《目送》。她甚至关注王立军和薄熙来。那天她特别心疼地说："听说最近把林徽因故居拆了，为什么啊？"

刘荣禧，马六甲市的教育督导，他俨然是一本厚厚的历史书。我去马六甲，他全程担任解说，一段又一段的史实，一个又一个的典故，他信手拈来，如数家珍。有时候讲起某些历史，绘声绘色，细节鲜活，简直就像是在说他自己的经历。他来自福建，说起华人地位和华文教育，同样忧心忡忡。他出生于 1957 年，长我一岁。我跟他开玩笑："1957 年世界发生了两件大事，先是刘荣禧诞生了，然后是马来西亚独立！" 他哈哈大笑。遗憾的是，我离开马六甲时没能和他告别，因为他的车无法停靠在客栈外面，等我出来时他已经离去了。今天，我在机场特意把一本《我的教育心》交给瑞慈："这是我赠给荣禧的书，已经签名，请你在合适的时候转交给荣禧。"

除了马来西亚同行，还有一位朋友不得不提到，那就是新加坡行知文教中心的陈君宝先生。本来这次还要应他邀请再去新加坡讲学的，但因为我家里有事不能在外面耽搁太多时间，于是便只去马来西亚。君宝夫妇专程赶到马来西亚看我，还陪我去马六甲。君宝脾气甚好，和蔼慈祥，貌如弥勒，和他相处，如沐春风。

和马来西亚的教育同行接触时间不长，但我明显感到他们比中国大陆的同胞要单纯得多，更有修养得多。可瑞慈告诉我："马来人其实比我们单纯，华人要复杂一些。”

下午三点多，瑞慈和肇平把我送到机场，陪我买了口红、香水、巧克力等回家送人的礼物，肇平特别细心地帮我把所有东西都打包封好，办好登机牌和行李托运，然后到处给我找榴梿——那天他听说我没吃过榴梿，几天来一直惦记这件事，但现在并不是吃榴梿的时候，何况机场哪有榴梿？瑞慈说：“我们请您喝咖啡吧！”于是他俩和我坐在了机场一个咖啡厅里，要了两杯咖啡和一杯饮料——瑞慈因为睡眠不好，她并不喝咖啡的。香浓的咖啡喝进嘴里，我感到的是瑞慈和肇平的温馨。

到了安检口，我和瑞慈、肇平握手告别：“再见！欢迎到成都！”他俩说：“我们会再次邀请你来马来西亚！到了成都，我们肯定会去找你的！”

过了安检，我来到登机口，打开了电脑，开始写今天的日记。

18：35，飞机升起，在夜空中向北而翔。

想着几天的马来西亚感受，那天在培训会上马来西亚同行的几句话再次响在耳畔——

我们深信，在爱的黑夜里，一定会有中午的阳光。我们也坚信，树够大了，便能够承受风霜；船够大了，便能穿越巨浪。我们更是笃信，虽然我们不能改变沙滩的潮起潮落，但我们至少可以改变一条被搁浅沙滩垂死鱼儿的命运。

朝鲜纪行

2012年6月1日 星期五 晴

早晨八点半，丹东市教育局李晓玲老师送我到火车站，我加入了赴朝旅行团。

十点十分，火车启动，从丹东火车站开出，缓缓驶过鸭绿江大桥。六十年前战争摧毁了日本人建造的鸭绿江大桥，留下的断桥一直保留到今天。中国一侧的断桥被开发为旅游景点，而朝鲜一侧的断桥则只剩下几个桥墩。

虽然列车驶过断桥只需短短的几分钟，但我却看到了鸭绿江两岸不同的风景：中国一侧的岸边高楼林立，一派繁华；朝鲜一侧的岸边只有田野和杂草。过了断桥，我们便进入朝鲜民主主义人民共和国的新义州。火车停下，因为需换乘朝鲜火车。但我们坐上了朝鲜火车却没有马上走，而是等待检查。上来一群朝鲜人，将我们的行李一一打开，用手一件件物品地检查。问我们有没有带手机、笔记本电脑等电子产品，我们都说没有。我们出发前就被告知，去朝鲜不能带手机、电脑之类，所以早就将这些东西放在国内了。

经过一个来小时的折腾，火车终于启动。

从新义州到平壤有220多公里，但因为电力不足，车速相当慢，估计也就每小时三四十公里。不过，我们因此有了足够的时间看沿途的田园风光。

窗外掠过的田野，倒是一片葱绿。不时会看到有一大群人在田里或地里站着，也有坐着的。他们在干啥呢？原来在干活，不过真正干活的也就那么几个人——或弯腰插秧，或埋头锄地。这种景象还是小时候看过，那时中国的人民公社就是这样的，满地里是人，出力干活的人却不多，大多磨洋工。

一片片农舍很引人注目。房子大多是单门独幢，如同别墅。听说这些都是国家给农民盖的。看来朝鲜的“新农村建设”也不错的。

下午四点过——平壤时间五点过，火车驶入平壤火车站。

下了火车，便上汽车。负责接待我们的朝鲜导游有两位，一位年轻女性，姓韩；一位中年男子，姓李。穿行在平壤大街上，感觉街道还是比较整洁的，不过建筑单调，高楼很多，造型统一，所有高楼都没有装饰，就那么本色地裸露出水泥的颜色。导游告诉我们，这些楼房都是居民住宅，由国家统一修建，然后分给老百姓住。

街上行人不多，衣着朴素，色彩单调，人们表情平静。大街上很是空旷，车辆很少，因此交通通畅，不可能堵车。我发现红绿灯极少，马路上也没有交通线。十字路口都是女交警拿着指挥棒在指挥来往不多的车辆。

导游安排我们来到平壤牡丹峰山脚下的凯旋广场，这里有平壤著名的凯旋门。韩导介绍说，凯旋门建于 1982 年 4 月金日成诞辰 70 周年之时，是为纪念在日本殖民统治下胜利光复朝鲜的金日成凯旋而建立的，是一座纪念碑式的建筑。李导特别自豪地说，这凯旋门由一万五千多块高级花岗岩构成，比巴黎的凯旋门还高出十米。

我们下了车，来到凯旋门下。果然，走近凯旋门才感到它的巍峨雄伟。凯旋门楼台正面上端镂刻着《金日成将军之歌》，北边和南边门柱之间刻有“1925”“1945”字样，导游说这两个年份表明了金日成从走上光复之路至解放全国胜利归来的年代。

凯旋门所在的地方叫凯旋广场，广场远处还有巨大的壁画，表现的是金日成 1945 年凯旋时在这凯旋门附近的一个小操场上（已在原址上建成了现今的金日成体育场），向前来欢迎的朝鲜群众发表了“凯旋讲话”，边上一幅壁画就描述了当时的场景。在壁画前，有许多小学生模样的人在排练什么，导游说，他们在排练《阿里郎》。《阿里郎》从八月份开始演出，演到十月份。上半年便开始排练了。该剧演出人数达十万之众，已经申请了“吉尼斯大全”。

我们又参观了金日成广场、主体思想塔。在金日成广场，我们又看到数千年轻人在训练什么，导游说这些年轻人都是大学生，还是在排练《阿里郎》。小伙子们一遍遍地重复着相同的动作，嘴里呀呀地叫着，我们也不懂他们在叫什么。

除了辉煌的凯旋门，还有大同江畔的主体思想塔。我们来到金日成广场，广场旁边有一条大同江，隔江相望便是耸入云霄的主体思想塔。主体思想塔的塔身由经过研磨的白色花岗石砌成，前后各 18 节，左右各 17 节，合计 70 节，象征金日成七十寿辰。塔身表面面积 6600 平方米，砌石 25550 块，象征 70 年日子的总数。塔身上半部前后各嵌有“主体”两个朝鲜文大字。塔顶火炬高 20 米。

我问导游，“主体思想”怎么回事？她说：“主体思想的意思是人民群众是革命和建设的主人。”

金日成广场靠江边的平台上有不少小学生拿着呼啦圈在排练，我估计也是在排练《阿里郎》，一问，果然是。

初到平壤，感觉所有雄伟的建筑都和金日成有关：凯旋门、金日成广场、主体思想塔……

夜宿大同江畔的羊角岛国际饭店。羊角岛国际饭店是全朝鲜最豪华的两个特级饭店（最高级）之一（相当于国内四星级）。羊角岛国际饭店高170米，共47层，位于大同江江心羊角岛上，四周被水环绕，景色宜人、空气清新。饭店周围没有任何高层建筑，因此孤峰卓立，显得无比巍峨。

外国游客住这里，对朝鲜导游来说，有一个好处，就是此处几乎与世隔绝，让我们无法与普通老百姓接触。导游一再告诫我们，不能单独活动。因此我想，真正的朝鲜我们不可能全部看到。

吃晚饭前，逛餐厅旁的书店。里面尽是歌颂金氏父子的著作，什么《金日成传》《金正日传》之类。随便翻了两页一本关于写金日成的书，上面说金日成是"人类罕见的军事天才"，"一生中打败了两个世界军事强国——日本和美国"云云。

我住26层。入夜，推开窗户，看到平壤市内大部分地区一片漆黑，唯有主体思想塔及其附近的桥梁和高楼灯火辉煌。

2012年6月2日　星期六　晴

次日早晨，我们被安排去看金日成和金正日铜像。在去的路上，我们已经看到了大街上到处都有二金的照片，胖胖的，咧着嘴笑。

快到铜像前的时候，导游告诉我们要肃穆，要怀着憧憬的心情，要我们理解朝鲜人民对"金日成同志"和"金正日同志"的感情，最好能够献花，等等。

两尊铜像实在是伟岸。以前只有金日成的铜像，去年金正日逝世后，立刻又建造了他的铜像。

驱车去妙香山，从平壤至妙香山有160多公里。公路上依然很少有车，但路况不好，因此车跑不快。

和导游聊天，说到朝鲜的住房，韩导说这些房子都不要钱，是按家庭人口分给个人住的。有游客就问，国家哪来的钱呢？税收从何而来呢？韩导说，国家不收税。又问，不收税国家怎么有钱呢？韩导正要继续解释，一直坐着没说话的李导站了起来接过话筒说：“这个问题我来给大家说。”

他拿着话筒想了想，好像是在想怎么才能把这深奥的问题通俗地讲明白，想了一小会儿，他清了清嗓子开口了：“关于这个问题，首先要从我们朝鲜的根本制度说起。我们朝鲜实行的是社会主义制度，我们实行的是计划经济，一切生产都是为了人民的生活。我们提倡集体主义，一个人为了所有人，所有人为了一个人。一切都按人民的需要来安排生产。比如说，有一个人穿 45 号的鞋，但没有，怎么办？他就去登记，然后工厂就专门为他一个人生产 45 号的鞋子。这就是所有人为了一个人的利益。”车窗外的大街上，走着一群一群的人，有军人，有学生，还有机关干部。李导说：“最近我们朝鲜遇到了五十年不遇的大旱，这些人都是去乡下支农的。这就是集体主义精神！”

绕了半天，还没说到税收的问题，但他已经下结论了：“所以我们没有税收。工厂的利润都归国家，国家再用于人民的生活。我们的教育、医疗和住房都是国家提供，我们不花钱的。”

我问：“你一个月的工资大概有多少？”

他说：“工资看起来不高，但我们不用怎么花钱的。”然后他又谈到朝鲜社会主义的优越性，谈劳动党党员的觉悟，等等。他说，曾经有一个南边的军人投奔人民军，后来立了功，退伍之后参加社会主义建设也立了功，金日成主席都表扬他。“我们大家都为社会主义建设而劳动！”他说。

听着听着，我越来越觉得这个导游不简单，简直可以做党校教授了。我身旁的一个游客来自北京，他悄悄对我说：“这可不是一般的导游，明显是政工人员，专门负责给游客进行宣传的。”

两个多小时的颠簸，妙香山到了。韩导介绍说，妙香山是朝鲜著名的旅游胜地，因山势奇妙、神秘，山上侧柏散发着清香而被称为妙香山。车近景点，树木葱茏，满目滴翠。

我们急于下车游山，但韩导把我们带到一座宫殿般的建筑前。她说：“这是国际友谊馆。里面陈列着世界各国赠送给我们的金日成主席、金正日书记和金正恩同志的礼品。”然后在她的带领下，我们进入了“宫殿”。

所谓“国际友谊馆”，就是陈列金日成礼品的一个展览馆，也有部分金正日和少量金正恩的礼品。该馆始建于 1974 年，1978 年 8 月 28 日开馆。展览馆为 6 层楼房，建筑高 43.3 米，总建筑面积为 5 万多平方米。从外表看，友谊馆为多层大型朝式建筑，风格与中国古代的楼阁相似。展览馆按大洲和国家陈列着世界 170 多个国家的政党、国家元首、社会界和政界人士向金日成赠送的礼品，礼品达 22 万多件。

进了展览馆，就像进了迷宫。韩导也反复叮嘱我们不要自己乱走，否则就找不到出来的路了："这里面有 190 多间房屋呢！ 22 万件礼物，如果一件礼物看一分钟，也要花好几年的时间。"

我们随解说员边走边看，虽然是走马观花，但我们还是被一件件精美的礼品震撼了。这些礼物大多是稀世珍宝，而且相当一部分是中国历届领导人送的。每当介绍一件礼品，解说员总会非常幸福地说："这是谁谁谁送给我们的金日成主席的！"

除了接待旅游团——主要也还是中国人，这里基本上没有自由前来的游人。但是，在我们参观的时候，也不时有一队一队的朝鲜人前来参观。我明白，这里对朝鲜来说，就是"爱国主义教育基地"，因此组织一批又一批的人来接受教育也就很自然了。我发现，这些人大都个矮体瘦肤黑，容貌和我这几天看到的解说员更是相差甚远。我这才明白，原来那些从事导游、解说包括酒店服务的美女们，都是经过精心选拔的，因为他们代表了国家形象。

有一个小插曲颇为有趣。当一队队的朝鲜人从我身旁经过的时候，我发现他们都扭过头看着什么，甚至走了很远，脖子还往后歪着。一个人扭头看还不起眼，一队的人都扭过头看，而且那么整齐，就很显眼了。他们在看什么呢？我顺着他们的眼光寻找目标，原来他们的目光都聚焦于我们团队的一个女孩裸露的大腿上！是这样，我们这个旅游团有四个女大学生，青春活泼，穿着自然也很随意，吊带裙，露着酥胸玉臂，还有一位姑娘穿着短裤，展示着她雪白修长的大腿。这些着装在国内实在算不了什么，可这是在朝鲜啊，那双腿就显得格外耀眼，于是便吸引了无数眼光。

展览馆还有两间屋子分别陈列着金日成和他夫人金正淑的蜡像。两尊蜡像均栩栩如生，据说这两尊蜡像是中国赠送的。

快出馆的时候，我碰巧走在解说员和韩导的旁边。解说员问我一句话我没听懂，韩导翻译：“她问你看了这些礼品有什么感受？”

这把我问住了。我能说心里话吗？当然不能。于是，我含糊地说：“我能够感到朝鲜人民对金日成主席、金正日书记、金正恩同志的深厚感情。”

出了大门来到观景台，解说员拿出一个题字簿希望我写几句。这又把我难住了，但人家的热情我不好拒绝。写什么呢？我先在一张纸上写了八个字：“锦绣江山，美不胜收！”我问韩导：“行吗？”她将我写的这八个字给解说员说了，然后两人说了几句我不懂的朝语。韩导对我说：“她希望你为后代写几句有教育意义的话。”

我想了想，便依然在那张纸上写下：“用爱让祖国山河更美丽！”我想如此鲜明的“教育意义”，这下可以吧！

但韩导看了之后，和解说员又叽里呱啦了一会，对我说：“她希望能写和金正恩同志有关的内容。”

我一下愣住了，脸上的苦笑让她也表现出抱歉的表情。

想了想，我直接在正式的题字簿上写下这样的话：“愿金正恩同志把朝鲜带入更加美好的明天！”

我之所以不再练习而直接写，就是怕她又说不行要我重写。

韩导把我写的内容给解说员翻译了，解说员勉强笑了笑，没说什么。我知道，可能她还是不太满意，但又说不出理由来反对。

那就这样了。我已经急出了一身汗。

到妙香山已经快两个小时了，尽在礼品馆里转悠，还没来得及欣赏自然风景呢！置身于观景台，满目苍翠，仿佛连空气都是绿的……

中午，我们在清川江饭店就餐。饭店外面有一面屏风式的墙，上面有金日成、金正淑、金正日的肖像和事迹介绍。朝鲜官方称：“金正淑为朝鲜革命，为民族建立了不可磨灭的革命业绩，作为金日成的亲密战友、抗日女英雄、卓越的政治活动家、伟大的革命母亲永远活在朝鲜人民的心中，在朝鲜现代史上被誉为三大伟人、三大将军、三大英雄之一。”

午餐完毕，我们来到普贤寺。普贤寺建于公元 1014 年，寺前有冷杉、海松、水曲柳等多种树木。寺内主要建筑物有大雄殿、万岁楼、解脱门、天王门以及一座四角的 9 层塔、一座八角的 13 层塔。万岁楼上保存有李朝时期 500 多年的政府日志《李朝实录》，是朝鲜的宝贵史料。普贤寺是朝鲜五大寺院之一，在朝鲜战争时期曾被美国飞机炸毁，现在的寺院是战后重新修建的。

寺内有卖旅游纪念品的小摊，我买了一把铜勺。

然后乘车返程，下午四点过回到平壤。我们参观了一所叫“六九中学”的学校。校长给我们解释这个奇怪校名的由来：“1969 年 6 月 9 日，朝鲜党中央开会，金日成主席提出要建一批模范中学。所以我们这所中学便叫六九中学。”

六九中学有 950 名学生，47 位老师。学校只上半天课，半天自由安排。在这半天时间里，学生可以参加各种课外活动。最近的下午半天时间，大多数学生主要是参加《阿里郎》的排练。

既然是供外国游客参观的学校，那应该是平壤比较好的学校，但该校从外观看，校舍简陋，就两栋三层楼的建筑。大楼外墙已然没有任何装饰材料，不过常青藤爬满墙面，几乎覆盖了窗户，让人感到绿色的生机。教室里的设备也很简单，操场也不是我在国内看到的塑胶，而是泥土路面。飞扬的尘土中，一群男孩正兴致勃勃踢足球。

走廊里有金日成和金正日关心孩子的大幅宣传画——画面上，金日成笑容可掬地抱着一个孩子，旁边是同样笑容可掬的金正日，一大群戴着红领巾的孩子簇拥着他们，一脸的幸福。

我们来到二楼的一个演出厅，孩子们正在表演歌舞。穿着鲜艳，戴着红领巾的孩子们活泼可爱，给我们表演各种节目，唱歌、跳舞、手风琴演奏……

韩导告诉我们，朝鲜实行的是 11 年义务教育，学前教育 1 年，小学 4 年，中学 6 年。从学校出来，导游领我们参观朝中友谊塔。该塔建在平壤市内的牡丹峰中，塔高 30 米，由 1025 块花岗岩石和大理石砌成，据说象征着中国人民志愿军赴朝参战的日子：10 月 25 日。塔的正面刻着一段朝鲜文，李导给我们翻译道：“中国人民志愿军烈士们！你们高举抗美援朝保家卫国的旗帜，同我们一起在这块土地上打败了共同的敌人。你们不朽的功勋和朝中两国人民用鲜血凝成的国际主义友谊，将在这片繁荣的国土上永放光芒。”

塔的底层是一间陈列室，里面保存着志愿军团以上干部阵亡的名单。

2012 年 6 月，我参观朝鲜一学校

我们团里那位白发苍苍的志愿军老战士，用颤巍巍的手捧着名册在找他的战友。室内的墙上，是反映志愿军业绩的大型壁画，但仔细看，我发现还是突出朝鲜人民军，画面上，一个人民军战士在和美国鬼子肉搏，双手掐着对方的脖子，而志愿军战士则在人民军战士的后面跟着冲。

从友谊塔下来，导游又带我们去参观乘坐地铁。平壤的地铁很深，离地面有 100 米，可能是世界上最深的地铁了。地铁站台没有任何广告，只有大幅的宣传画，表现的是金日成和金正日父子如何关心朝鲜人民。我们坐了一站地铁，车厢里也很简陋，但里面金氏父子的肖像画很是醒目。

终于结束了一天的参观项目，时间已是傍晚。我们来到万景台饭店就餐。一听名字，我还以为是金日成故居，结果不是，只是这家饭店叫“万景台饭店”。开饭前，我站在饭店门口看比较冷清的大街。大街上行人不多，大多是刚刚结束排练的学生。大人们表情平静，衣着朴素，色彩单调。孩子们倒是活泼可爱，有的还在人行道上追逐打闹着。

尽管我已经感到这次朝鲜旅游的政治色彩，但和国内参团旅游相比，还是很安全的。我这里说的“安全”，指的是没有任何商业陷阱，不会担心被带去强行购物。只要跟着导游走，什么都不用担心。

2012 年 6 月 3 日　星期日　晴

今天，我们去开城板门店参观。

我们的旅游车穿行在平壤市区，看到大街上成群结队的人朝市区外走去。李导说，这都是下乡支农的城里人。

从平壤到开城有两百公里左右，如果在国内，也就一个多小时，但朝鲜的公路相当颠簸，所以车速很慢。

车到开城，再往南行驶 8 公里，我们便来到了举世闻名的板门店。我们看到一座碑，上面用朝文刻着三个大字，但我只能认得日期“1994.7.7”。李导告诉我们，这是金日成的手迹，那三个字就是“金日成”，日期便是金日成当时签名留下的。李导说：“1994 年 7 月 7 日晚上，我们的伟大领袖金日成主席看完关于祖国统一的文件后，签下了自己的名字，几个小时后，金日成主席就不幸去世了。这成了他的最后的手迹。”

李导还绘声绘色地说：“当时，金日成主席看完文件后，感到胸口一阵疼痛，他用左手按住胸口，忍着疼痛，一字一字地签下了自己的名字。我们的伟大领袖金日成主席为了祖国的统一，献出了自己的一生。”好像他当时就在现场一样。

然后李导继续说：“几个小时后，也就是 7 月 8 日深夜两点左右，天空电闪雷鸣，风雨大作，从来没有这么厉害的大暴雨，如同爆发了战争。后来才知道，就在那时，我们的金日成主席逝世了。我们的金日成主席一直牵挂着祖国统一啊！有一次，金日成主席去视察，在路上碰到一条巨蛇挡道，工作人员劝这巨蛇让一下，可巨蛇根本不动。后来金日成主席下车走到巨蛇前说，请让一下，我现在正在忙着祖国统一的大事，已经晚了几年了，不能再晚了。巨蛇听了之后，慢慢让路了。”

我们来到板门店，在谈判的小屋内，我坐在当年志愿军代表邓华将军坐过的位置，体验着当年的情景。谈判屋的旁边便是著名的停战协议签字的大厅。李导说，当时美国人提出随便搭个棚子签字，但我们的金日成主席不同意。美国人因为是战败者，所以想赶快签了就走，不留下任何痕迹，但金日成主席说，这是我们的胜利，一定要有一个隆重的签字大厅。于是，我们五天便建起了这个木质结构的大厅。美国人看了以后大吃一惊，派了二十多个人去推这个房子，看是不是真的，因为他们不相信我们会这么快就建起这个房子。

李导还说，签字桌上至今还有一面联合国旗，“因为当时美国人急着签了字便走，仓皇之中，竟然连联合国旗也忘记拿了”。

如今的签字大厅，空空荡荡，早已没有半点战争的气息。大厅墙上挂着许多图片，都是突出金日成如何打败美国人的丰功伟绩的。

阳光特别灿烂，照耀着军事分界线两边的韩国和朝鲜的土地，让人感慨万千。虽然人民军战士庄严肃穆地持枪站岗，但游人邀请合影，他们也不拒绝。我和一位英俊的战士合了一张影。

回到平壤，导游又带我们去参观万景台，去的路上看到一队一队戴着红领巾的小学生——这也是社会主义国家特有的景象，导游告诉我们，他们是朝鲜少年团员（相当于中国的少先队员），是去排练什么活动。

万景台是金日成的故居。原来这里是平壤郊外的一处农舍，但现在已经是非常优美的风景区。为了保存金日成那小小的故居，政府把周围的农民都迁走，在此地建了一座无比美丽的花园。

已经是傍晚，导游带领我们来到一家商店，因为不认识朝文，所以不知道这商店叫什么名字。我们进去时，里面一片黑暗，我很吃惊，怎么这么早就关门了呢？正纳闷，几个女服务员赶紧出来开灯，眼前的商店便琳琅满目起来。我一下反应过来，这是专供外宾购物的商店，普通的朝鲜百姓是不可能来这商店的。我想到在车上看到的平壤大街上，几乎没有商店，偶尔有一两家好像是商店，但里面基本上没有什么商品，同一样东西摆满了货架。既然来了，还是要买点东西吧。买什么呢？这里面主要是工艺品，还有首饰之类，都太贵。我看到有糖果，便买了一包，算是纪念。

2012 年 6 月 4 日　星期一　晴

很早便醒来，看时间才五点过，还早，我便离开饭店，出门晨练。

快离开朝鲜了，我竟然有些依依不舍。当然不是对金正恩同志有深厚的感情，而是我还想了解很多情况，比如普通老百姓的生活，比如教育的方方面面，我很想深入普通人中去，和他们聊聊。但是这一切显然是不可能的。现在朝鲜向中国开放旅游团，对他们来说，政治意义大于经济目的，他们没想过靠旅游赚钱，而主要是想通过这种方式让游客们感到朝鲜是多么美好。

可是我心有不甘。于是，我很早出门晨练的用意也不完全是为健身，而是还想以此找机会看看普通的朝鲜人。

我出了饭店大厅，一路小跑穿过花园小道，跑到了大同江边，然后跑过大同江大桥来到对岸继续跑，一直跑到主体思想塔附近的另一座大同江大桥，然后往回跑，回到饭店，我看时间，居然跑了一个多小时。

在我跑步晨练的过程中，沿路看到江边晨练的人不多，看见过几个人在打羽毛球，像我一样跑步的人几乎没有。但不少人在江边钓鱼，除此之外，便是匆匆走过的行人。我不时拿出相机拍照，拍下普通朝鲜人的生活场景。一边跑，时不时又拿出相机拍照，我想也许有朝鲜人觉得我很奇怪吧！果然，当我给大同江中的一位好像是在打捞什么的妇女拍照时，她指着我叽里呱啦地说什么，我也听不懂，便笑着指着远方的主体思想塔，意思是我是在拍主体思想塔。后来我继续往前跑，却有些心虚了，我甚至担心，那个妇女会不会有着很高的阶级斗争警惕性因而去报案呢？当然，这只是我做贼心虚，实际上一直到我跑回饭店，也没见什么人来盘问我。

这趟朝鲜之行，我本来就没有想过游山玩水，主要是想来感受一下这个国家的神秘。这是一次奇特的旅游，能够获得到任何地方旅游都不能有的特殊体验。尽管没有能够走进普通朝鲜老百姓的生活，看到的都是官方给我们安排好的“美好”，但这“不能够”和“美好”本身，不就是一种奇特的“风景”吗？

平壤时间上午十点左右（北京时间九点左右），我们乘火车离开了平壤。我的脑海里不断浮现出这样的问题：朝鲜与韩国，同样的民族，同样的山河，同样的历史，同样的传统，同样的文化……可为什么短短六十年，却在经济上产生如此巨大的差距，人民的生活水平为什么如此悬殊？

五个小时以后，当我看到远处田野尽头那高楼大厦时，我知道丹东到了。

台湾见闻

2013 年 4 月，我参加一个考察团去了一趟台湾，为时九天。向教育局局长请假时，我说，我不要教育局出钱，一分钱也不要，你只需要给我一周的假期就行了。局长同意了。于是，我便有了这次台湾之行。

我们这个年龄的人，是在对国民党的仇恨教育中长大的。一提起台湾，自然会想到“水深火热”“饥寒交迫”“风雨飘摇”“台湾人民盼解放”等短语。这次去台湾，才看到了真正的台湾。

我们是在晚上着陆桃园机场的。

出了机场，便看到一位中年男子迎接我们。他热情地将我们领上了车，他自我介绍：“我姓傅。傅作义的傅，不过在台湾，傅作义的名声可不好，大家都骂他，就是因为他把中华民国的大好河山给丢了。”

大家笑了。我估计他说的是傅作义北平起义那事。其实，那也不能说“他把中华民国的大好河山给丢了”，但是国民党军队大规模集体投诚起义的确是从傅作义开始的。从那以后，国民党军队兵败如山倒，这是事实。

他接着介绍自己的名字，在说自己名字之前，他反复要我们别笑，是这名字太好笑了。我们说不笑不笑，你说吧。他说：“我名字叫俊男，连姓就叫傅俊男。”我们说这名字挺好的呀！

接下来他说：“欢迎各位！你们来到台湾，不是出国，而是到祖国的另一个省。虽然香港、澳门也是中国的领土，但只有台湾最中国。因为这里保留了许多我们中国的传统文化，大陆经过‘文革’，传统文化遭到了破坏。其实，今天你们看到的台湾人与人之间交流所体现出来的文化，六十年前都是从大陆传过来的，但现在大陆这方面却不如台湾了。”

他交代了有关事项，比如如何给大陆亲人打电话，如何兑换台币，还有出门要带伞等等。然后给我们每一个人一张地图，他先打开一张地图给我们介绍台湾的大致地貌特征。他说："我们台湾只能环岛游，不能直接从东到西或从南到北，因为台湾中部都是山区。而这山脉恰似一道屏风，挡住了或者减弱了吹向大陆的台风。台湾真的是宝岛啊！"言语之间透出真诚的自豪。

在去酒店的路上，他指着窗外灯光下的建筑说："这些建筑都有日本风格，大多是日本人留下的。"

次日，考察台北郊外的一所"张校长森林幼儿园"。

去幼儿园的车上，傅导和我们聊天。他说，现在台湾骂共产党的都是民进党，国民党不骂共产党，而说共产党的好话。

他又说，台湾现在的确有很多和大陆不同的地方，比如台湾用的是注音符号，而大陆注音用的是罗马字母拼音。还有度量衡，台湾现在依然是16两为一斤，因此"半斤八两"在台湾还是事实。

看到外面的建筑大多陈旧，他说："因为我们的土地都是私人的，台湾土地私有化，所以要是土地的主人不同意修新房子，谁也不能强迫拆迁的。"

他谈到小时候受到的教育都是大陆同胞水深火热，要随时准备"反攻大陆，解放大陆"。我们说："我们也是受这样的教育，解放台湾之类。"

我问他是不是台湾先住民，他说不是，他是闽南人。他给我们介绍台湾有四大群族：先住民、闽南人、客家人和外省人。

说着说着，张校长森林幼儿园到了。果真是"森林幼儿园"！童话式的房子旁，真的有一片森林：树木茂密，花草斑斓，草丛中还有一些卡通形象。因为刚下了雨，满目的绿色真像刚刚画好的油画。

张校长看上去六七十岁左右，他说他原来是高中校长，本应65岁退休，但他提前退了想做点事，于是便办了这所幼儿园。这所幼儿园已经办了16年了，是在他自己的土地上建的。我问资金从何而来，他说贷款啊，台湾贷款利息很低的。

幼儿园现在有300多个孩子，老师30来位。教师每月工资大概折合人民币七八千左右。

该幼儿园的特色是生态教育。每两周都要带孩子们出去活动一次，到森林里，到海边，到野外，挖花生啊地瓜呀，还有摘玉米，总之让孩子们接触大自然，并体验劳动与收获的快乐。

我们问，带孩子出去，家长没意见吗？他说，也有家长有意见，比如有的家长去给孩子算命，说孩子今年不宜玩水，所以便不能去大海。还有时候，组织孩子们去大庙，信基督的家长就反对。

张校长给我们介绍的时候，态度谦逊，语气平和，不疾不徐。我想到了“温良恭俭让”五个字。

台北“故宫博物院”的展品真是琳琅满目，因为时间关系，我们仅仅看了一个小时，但我已经感觉到，和台北“故宫博物院”相比，北京故宫博物院的展品显然大为逊色。

台北中山纪念馆庄严肃穆。走进纪念馆一楼大厅，迎面就是孙中山先生铜像，中山先生端坐沙发之上，左右有持枪卫兵护卫。铜像高 5.8 米，重达 17 吨。

台座上镌刻着孙文先生题写的《礼记·礼运》上孔子论述“大同”社会的一段话——

大道之行也，天下为公，选贤与能，讲信修睦。故人不独亲其亲，不独子其子，使老有所终，壮有所用，幼有所长，矜（鳏）寡孤独废疾者皆有所养，男有分，女有归。货恶其弃于地也，不必藏于己；力恶其不出于身也，不必为己。是故谋闭而不兴，盗窃乱贼而不作，故外户而不闭，是谓大同。

持枪站在孙中山铜像两边的士兵，雕塑一般地屹立着，一动不动。这里每隔一定时间，会举行三军仪队交接仪式。大厅左右两边，是宽敞、明亮又气派的史迹展东室、西室，东室是以中山先生与中华民国为主题的展览室，西室则是以中山先生与台湾为主题，并有有关台湾历史的介绍。里面收藏有孙中山于民国十三年（1924 年）4 月 12 日手书的《国民政府建国大纲》，简称为《建国大纲》，全文仅二十五条。这是中华民国成立后，孙文针对国家建设所提出的规划方案。还有中华民国临时大总统印玺。

傍晚，我们登上了著名的 101 大楼，在最高层，我们鸟瞰整个台北，云烟朦胧中，台北有一种神秘的美丽。

太鲁阁森林公园本来可以直接坐汽车去的，车程三个小时。但为安全起见，我们乘坐 7：29 的火车从宜兰去崇德，而司机则五点启程独自开车去崇德。九点钟我们的火车到达崇德，和司机会合。

有一个细节久久留在我的脑海里，在宜兰等候火车的时候，傅导和我们聊天，突然他弯下腰捡起一个香烟盒，然后看了看周围，发现一个垃圾桶，便走过去将香烟盒扔了进去。他在做这一系列动作的时候，没有停止和我们聊天，非常自然，显然不是做给我们看的。

太鲁阁森林公园是一个大峡谷，我们参观的线路是当年蒋经国主持修建的东西横贯公路。我们沿公路在悬崖边漫步，欣赏周围的景色。朝上看，几乎九十度的绝壁从天而降，岩层为大理石，极具视觉冲击力，惊心动魄。朝下看，峡谷底部水流湍急，深不可测。山上树木葱茏，经过雨水的洗涤格外爽目。

傅导说，东西横贯公路建造很不容易，之所以修这条公路，当年是为了应对大陆的进攻。因为当年担心“共军”打过来，如果三野四野打过台湾海峡，我们只好朝东边撤退，等待美国人救援。这就必须在崇山峻岭中修建一条撤退的公路。蒋介石当时曾经请美国专家和日本专家来帮助建造，美国人回答说要二十年，日本人回答说要东部的矿产。尽管困难重重，但蒋介石还是决定修，并把这个任务交给了蒋经国。蒋经国用当时撤退到台湾的一万多官兵建造。1956年开始动工，历时三年半艰苦卓绝的施工，有 212 名筑路者献出了生命，其中包括段长靳珩。在燕子口景区，我看到了靳珩的

台湾太鲁阁森林公园。当年蒋经国在这里主持修建了东西横贯公路

纪念碑，这是蒋经国为靳珩立的碑。碑文由著名历史学家、国学大师钱穆撰写——

人类个别生命必有限，唯社会公共之事业能无限，而事业必创造于生命。故唯能熔铸其生命于事业者，其生命亦无穷也。中国古人以立德、立功、立言为三不朽，其意义即在此。台湾省东西横贯公路凿山川之奇险，开天地之清灵，极工程之艰巨，成人文之伟绩。而靳珩段长乃不幸于此殉难，今者康庄即辟，光景改观，行旅过此，往昔之奇险艰巨乃如云烟经眼，渺不复睹。而俯仰流连之间，靳故段长之精英必有洋洋乎如在其上，如在其左右者。此乃宇宙之至理，人生之大教。抑不唯靳故段长一人之不朽而已，也爰为立碑以识焉。其详别有碑此不著。

纪念碑上还有靳珩意气风发的雕像。就在靳珩纪念碑不远，还有一座横跨峡谷的桥，桥的名字叫“靳珩桥”。人们不仅仅记住了靳珩，还记住了所有为修路献出生命的人。在不远处的长春祠内供奉着因修筑中横公路而殉职的 212 位筑路者。

百度这样介绍东西横贯公路——

“东西横贯公路”位于台湾岛的中部，从台湾的东海岸花莲县向西穿过中央山脉经南投县直到台湾的西海岸台中县。全长 194 公里，1956 年开始动工，1960 年竣工。由一万多大陆去台湾的国民党士兵使用铁锤钢钎和炸药艰难打通。这项工程用时四年，共牺牲了 212 人，伤 702 人。为了纪念死难的施工人员，在苍翠的山谷峭壁上建造了一座红墙黄瓦的“长春祠”以兹纪念。

说起这条公路，不得不提到蒋经国先生。为了修这条路，他多次拄着手杖行走在崎岖山路上，亲临现场勘探考察，并激励一万多筑路者。他说：“摔跤了，爬起来；再摔跤，再爬起来！”1958 年，蒋经国探勘横贯公路时甚至自己生火炊饭。对于走进台湾深山的体验，他曾写道：“进入山的深处，没有人烟，只有鸟啼兽迹，前人没有给我们留下足迹，只有对准方向，往高处爬，越过高山，又降到谷底，再爬高，再前进，我们和刺骨的寒风搏斗，无惧于毒蛇与蜂螯的困扰，披荆斩棘……”

下午，我们乘车沿苏花公路向台东进发。右边，悬崖峭壁，秀色可餐；左边浩瀚的太平洋从天边扑面而来，惊涛拍岸。

两天中，我感到台湾人有些说法特别有趣。比如他们把洗手间称作“化妆间”。坐了小半天车，傅导会问大家：“要不要补个妆？”意思就是需不需要上厕所。

在一个阿美人的居住地，一群阿美人姑娘和小伙子为我们表演民族歌舞。一段歌舞结束了，他们走上来邀请我们参与。我正想躲避，想走到后面去，一姑娘拉着我的手走到了中间。在我莫名其妙的时候，他们已经把民族服装套在我身上了，然后把我引到一位年轻姑娘面前，要我跪下，媒婆还拿着鞭子在我屁股上重重地打了三下。还真打呢！好痛！我才意识到，原来要我假扮新郎，和身边这位小姑娘举行“婚礼”。于是，我稀里糊涂地跟着鞠躬，跟着喝交杯酒，然后还背着新娘绕场一周。全场都笑了。同伴打趣我，说我在台湾有“艳遇”。

在高雄，我们逛了一下市容，晚上坐了一会儿船。有几件小事，让我对台湾普通人的修养印象很深。

同行的刘晓莉老师去小摊买鱼子饼，摊主自然很热情。临走她特意切了一块糕点给刘老师，说是亲戚给她送来的，要刘老师“尝尝”。其实，这糕她并不卖，她也知道刘老师是大陆游客，不可能是“回头客”。但她就那么淳朴真诚。

大家对此议论了很久，都认为在大陆人与人之间都互不信任，互相防备。我说：“都说中国人讲人情，其实只是在熟人之间才讲人情，陌生人之间是很冷漠的。”

去坐地铁，我们不知道我们所在的酒店应该在哪里下。一位正在做清洁的中年女性赶了过来，专门很耐心地告诉我们怎么走，又教我们如何买地铁票，真是耐心得让我们都过意不去。

回到酒店，我才想起和我同住一屋的人还在外面玩，而房钥匙在他那里。怎么办？难道我就在大厅等他？根据以往的经验，他一般都要玩到12点左右才回来。于是我想试着去总台说说，让他们给我开房门。可是，第一，我记不清房间号了；第二，我没有任何东西证明我是住这个酒店，我只知道导游姓傅。

但是我还是鼓起勇气来到总台，问一位工作人员。我说明了情况，她问我哪个房间，我说记不清了，但我知道我的导游姓傅。我又说，我是三人房，你看看傅导游那个团队的三人房，就是我住的房间。

这时我做好了她拒绝的准备，也想好了如何应对，比如我可以对她说："你请一位服务员陪我上去，然后她去看看房间里是否有一个黑色箱包，衣柜里是否有一件西装。"这些都可以证明我是住这个房间的。

然而，她听我说了之后，马上翻开一个登记本查了起来，很快她说："嗯，是14楼，1406房间。"然后转身对一位年轻的服务员说："你去帮这位客人开一下房间。"

就这么简单，我简直不理解她为什么这么信任我。

我们在日月潭待了半天。阴雨绵绵中的日月潭朦朦胧胧，确有一番韵味，但远不及想象的美，也许晴天要好些吧。坐着游艇转了一圈，了却了一个夙愿。

分别参观南投县私立普台高级中学、普台初中和普台小学。这三个学校都是中台禅寺开山方丈上惟下觉大和尚创办的。

小学部于2004年落成开学，初中部自2006年开始招收七年级学生并上课，普台高中于2009年8月落成开学。虽然办学时间并不长，但短短几年，普台教育成绩颇丰，受到学生及其家长的好评，社会影响渐渐显现。许多赴台的大陆教育者往往都被安排考察普台教育。

三个学校的统一校训是：对上以敬，对下以慈，对人以和，对事以真。

"对上以敬"，即用恭敬心去除骄慢心，培养谦虚好学、恭敬有礼的品德；"对下以慈"，即老师对学生，学长对学弟妹，乃至鸟兽虫蚁等，皆能包容、关照、爱护、教导，以长养慈悲，化除瞋恚；"对人以和"，即同侪朋友之间相处，和谐圆融，去除粗暴言行，达到互信、互谅、合作、分享，便能为校园、社会、世界带来祥和与安定；"对事以真"，即用真诚心去除懈怠、虚伪，培养直下承担的责任感，才能实实在在成就个人学业与事业。

“敬、慈、和、真”是普台全体师生在生活中待人处世、应对进退的准则。其精神深植于孩子们的心里，更实践于日常生活之中。

普台教育的校政旨纲为十六个字：“长程教育，永续经营，教学成果，走向国际。”

长程教育：普台教育小学、初中和高中，提供长远的一贯教育。为鼓励普台学子精进向学，特别设立“硕士、博士助学方案”，资助毕业校友继续深造，以丰厚学养，贡献社会。

永续经营：普台由合法立案的“财团法人中台山佛教基金会”捐资兴学，设有“财团法人南投私立小学董事会”暨“财团法人南投县私立普台高级中学董事会”，具备完善的财务体系与规章制度，非一般盈利、暂时的团体，乃永续经营、长远负责之教育机构。

教学成果：普台设计之课程多远而适性，深度与广度并重，小学、初中、高中“三学一贯”，课程之规划具衔接性，以落实普台教育全人教育的理念，使每位学子具备优良的品格、丰富的知识与精湛的技能，圆满的教学成果，必能利益社会，造福人群。

走向国际：学习外语是站上国际舞台的第一步。普台设有英、日、法、西四国外语课程，除了教导外语听、说、读、写的学习之外，还注重该国历史文化与社会风俗民情的认知与了解，更透过参与暑期海外游学之交流，培养学生胸怀世界的广阔胸襟。

我们分别参观了普台高级中学、普台初中和普台小学。无论中学还是小学，给我们的第一印象都是校园开阔，建筑宏伟，绿树繁茂葱茏，文化气息浓郁。

普台高中和初中在同一校园内，学生共两千人。站在校园里，周边群山环绕，绿树成荫。整个校区占地22公顷，共有8座建筑，分别是天文馆、国学中心、语言大楼、图书资源中心、体育活动中心、艺术专科教室、自然实验室和学生宿舍。

图书资源中心是一座圆形的四层建筑，面积两千多平方米，有十万多册的藏书。从一层到三层都是开放式阅览室。阅览室宽敞透亮，阅览桌依次摆放在临窗的位置，白天不开灯，也有充足的光线供人阅读。整个阅览室给我的感觉是清爽有序，宁静雅致。想象着孩子们在这里捧一本自己喜欢的书静读，该是多么惬意！

普台高中的语言大楼是专为学生学习日语、法语和西班牙语三门外语所建造的，并为每种语言分设了学习教室和情景教室。学习教室用来授课，情景教室用来体验。同学们可以在异国情景中用这门语言与他人交流，练习口语，达到最好的学习效果。

普台小学在离初中并不远的另一个校园，有六百多学生。普台教育既有着浓郁的宗教背景，这体现为非常重视对孩子真善美的教育，又有着开阔的国际视野，这体现在他们的外语教学和国际课程方面，他们甚至有专门的外语学习情景室。除此之外，他们还特别注重人文艺术教育和国学教育。这在小学尤为突出。

他们的人文艺术教育课程有书画、音乐、美术、陶艺、围棋等等。在小学，有 52 间专门的练琴房，其中有 32 台钢琴，还有其他乐器。钢琴由学校提供，其他乐器由学生自带。680 名学生全部住校，所以教师配备也较充裕，有 200 名教师。

校园里到处张贴着学生音乐会的招贴画。音乐会的演出者和观众当然都是学生。

我们来到国学中心，这里专门设有孩子们学习传统文化的几间教室，叫“明伦堂”。室内陈设宛如古代书院。除了《论语》《孟子》的内容，还有古代礼仪、乐器等知识的传授。在“礼乐器库房”，陈列着古代的各种乐器。

我们提出看看学生上课，接待我们的老师婉言谢绝了。她说：“为了让孩子们有一个安静的学习环境，我们都不让来宾参观课堂。”

这才是真正的“以人为本”。

在车上，傅导聊起台湾的医疗制度很是自豪，他说在台湾哪怕就是一个社区医院，条件都非常好，民众看病也不贵，而且方便。他曾经做过一个比较大的手术，也就花了 400 台币。的确便宜。甚至在许多医院还专门有人弹钢琴，举行音乐会，让病人享受。“这在祖国恐怕没有吧？”他问。

我们都说没有没有。但他用“祖国”这个词我一直感觉不爽。

一路上，傅导说到大陆总是用“祖国”这个词，我总觉得不妥。我问他："难道台湾不是祖国的一部分吗？你说大陆是祖国，给人感觉台湾是和祖国相对的一部分，不在祖国之内。你本来是想拉近大陆游客和你的距离，但至少对我来说，适得其反。"

他问："那该怎么说？"

我说："应该说大陆。大陆才是和台湾相对的一个概念。"

他说："有的大陆人就喜欢我说祖国，而不是大陆。"

我没反驳他，但心里想，那是你一厢情愿的看法。

参观了忠烈祠，令人震撼。

忠烈祠建筑庄严肃穆，让每一个来到这里的人无不升起崇敬之心。当然，忠烈祠入祀对象，反映国民党政府对于历史诠释的观点。入祀者除国民革命各次起义烈士外，包含讨袁、护法、东征、北伐、"剿匪"、"讨逆"、抗战及"戡乱"等，各次战役阵亡或殉职者。整体而言涵盖下列数种——

中华民国开国革命烈士：兴中会、同盟会会员，其中以黄花岗之役牺牲烈士为代表。如秋瑾、林觉民等人。

抗日战争牺牲将士：如张自忠、谢晋元、高志航等人。

台湾抗荷、抗日志士：抗荷志士中，郑成功、郭怀一皆在其中；抗日烈士则以苗栗事件、西来庵事件、雾社事件为代表。

国共内战牺牲将士：如张灵甫、王生明等人。

此外，还有台海战役阵亡将士、殉难警察、消防、民防、义勇消防人员或依法执行公务，具忠烈事迹者；还有殉难人民，与敌方斗争，协助军方，具忠贞事迹者。

每一位烈士都有一个牌位。其中著名的烈士还有雕像、照片和具体事迹的文字。像秋瑾、林觉民、张自忠、谢晋元几位，都是国共两党共同尊崇的烈士。

另外有一些"烈士"则相反，国民党看来是"烈士"，在共产党这边则是"败类"。比如熊其佬，还有李宏达。

在我看来，熊其佬和李宏达很难激起我半点"敬意"。而吉星文和张灵甫则比较复杂一些。那首著名的《大刀进行曲》，歌唱的就是吉星文和他的战友们挥舞大刀痛杀鬼子的壮烈。吉星文当年因此而名闻中外。他所砍杀日本鬼子的大刀至今还陈列于“台北国民革命军博物馆”。但很遗憾的是，他最后竟阵亡于五十年代海峡两岸的金门炮战。

极具悲剧性的还有张灵甫，抗日战争中，他英勇善战，激战中他腿部负伤，但他拖着伤腿坚持战斗，获得了“跛腿将军”的美誉。后来国共内战期间，和陈毅粟裕较量于山东孟良崮，最后弹尽粮绝，留下遗书后饮弹自尽。

午后参观“总统府”。这里曾经是台湾地区领导人办公的地方。“总统府”前面是一条宽阔的大街，当年浩大的阅兵式都在这里举行。我从相关视频中看见过，蒋介石和蒋经国曾在这里面对海洋般的民众挥舞双手。

今天，台湾已经从威权主义的统治中走了出来，一党专制成为历史。在“总统府”对面有一座“白色恐怖政治受难者纪念碑”。简洁、庄重而大气的碑文由中英文两种文字镌刻。

读着碑文，我想了很多很多。

然后去中正纪念堂。纪念堂里的蒋中正眉目慈祥，俨然一个忠厚长者，与我们从小看到的“蒋光头”完全是两种形象。

中正纪念堂里面的墙上镌刻着蒋中正的话。我反复看着壁上蒋介石的话，同时想，说得都很好听，也很在理。但对政治家，切莫只看他说什么，而要看他做什么。几乎所有的政治家，其语录都是非常精辟的，谁也不会说他会反民主、反人民、反人类，也没有谁会告诫人民做一个坏人。如果把所有政治家的言论罗列出来，都可以做道德名言，但我们显然不会把这些话用来作为对他们本人的评价。

中正纪念堂里换岗仪式的庄严吸引了众多的游客，但我觉得其为旅游而表演色彩大于实际所包含的内容。

我们要从酒店去重庆南路的书店，却不知在哪里坐地铁，也不知坐到哪个站，自然一路问过去。凡是被问的路人——有年轻人，有老年人，有地铁出口的匆匆行人，有地铁里面的清洁工人……没有一个不是停下来，很耐心地给我们解释，如果也不太熟悉的，就拿过我们的地图，仔细地帮我们分析，直到找到正确答案而且我们又明白了为止。记得我们在地铁站台问一位步履匆匆的姑娘：“请问我们从这里去重庆南路怎么坐地铁？”她本来也好像是急着赶路，听到我们的发问，马上停下来，说：“我们这里是台北桥站，你们先坐到民权西路，然后再转乘另一路地铁到台北火车站。然后出了地铁往前面走……”我们谢谢她。她问：“你们是游客吗？”我说：“我们是从大陆来的。”她说：“哦，自由行！”我说：“也不是，我们跟团的，只是今晚上我们自由行！”她笑了。我们朝着她说的方向走去。过了一会儿，也许她看到我们走错了，又走过来对我们说：“跟我走吧！”让我们跟着她，直到我们走到站口。

地铁里有不少电动扶梯。我发现所有站在扶梯上的人一律靠右，这样便于急于赶路的人从左边朝前疾走。这个细节，让我感慨，我对同行的杨蓉说：“在大陆的机场，人们使用电动扶梯很少有这个意识，一上去就站在中间，又不往前走，后面要赶路的人过不去，干着急。”

我又说：“我见到的台湾人，都是‘温良恭俭让’的最好注释！每一个人都那么彬彬有礼，素不相识的人之间那么亲切。可是想想大陆，陌生人之间总是互相提防，同住一个小区的住户，彼此都很冷漠的。几十年来，大陆不断推出那么多的道德英雄，学雷锋学了五十多年，可现在道德沦丧，令人心痛！台湾没听说过学雷锋，但大家都自然而然地为别人着想，为别人服务。因为他们一直注重中华传统礼仪，传统美德，讲修养。这些已经融入了他们的日常生活和人与人之间的关系。”

要离开台湾了，又来到桃园机场，遇到许多大陆游客，令人心堵。

在登机口，我找了一个座位坐下。刘晓莉老师也过来了。我看我右边位子没人坐，但位子上放着一个包，便问旁边坐着的一位大爷：“请问这里有人坐吗？”他看都不看我，眼睛朝着远方，冷漠地说：“有人！”刘老师只好另找位子。但后来直到登机，我旁边这个位子都是空着的。真不理解，这个大爷为什么要一个人占两个位子。

通知登机了，大家赶紧一窝蜂朝登机口拥。值班人员招呼大家：“请排好队，大家请排好队！”但居然有五六个大陆游客硬是毫不脸红地朝前面走去插队，而且还大呼小叫的。有四五个老太婆，弯腰从护栏下面钻进队列，把护栏都挤垮了。工作人员无奈地走过去，把护栏重新整理好。她也许在心里想，这大陆人怎么这么糟糕！

排在我前面的刘老师转过头来问我："这些人是哪里的人？"

我说："我不好意思说。"

她不解。

我只好悄悄地说："四川人，听口音好像是四川人。真是给四川人丢脸啊，给大陆丢脸！"

几个小时后，我回到了大陆，飞机在成都双流机场着陆。我又回到了我熟悉的环境中，互不信任，高声喧哗，堵电动扶梯……只是过去习惯了这些，而现在我特别不舒服。

第二天，我乘坐公交车。上车后，车下一个小伙子问司机："师傅，是不是 35 路公交车取消了？我等了好久都没来。"

师傅看着他，没好气地说："你说呢！你说会不会取消？你说嘛！"

小伙子被问住了，说："我也不知道是不是取消了，但我等了很久了。"

师傅继续追问："那站牌上写没写 35 路？"

小伙子说："有的。"

师傅火气似乎更大了，提高声音说："既然有，咋个会取消呢？你说，咋个会取消嘛！"

小伙子赶紧说："好嘛，我继续等。"

车开了，师傅还在自言自语地骂："神经病！"

我当时心里特别难受。人家好好问你，你就好好答取消或没取消就可以了。为什么那么大的火气？好像在这之前，他俩认识而且刚吵过架。

如果在台湾，我想师傅多半会说："没取消，您再等等吧，会来的。好吗？"

这样回答不很好吗？

为什么在大陆，陌生人之间总有那么多莫名的仇恨？

我想到几年前一位朋友从台湾回来，我去双流机场接她。她一上车便对我说："我从台湾回大陆，一下飞机接触到周围的人，就感觉大陆真的'沦陷'了！"

这句话当然很偏激，但我理解这位朋友的心情。

去了一趟草原

我以前去过鄂尔多斯草原和呼伦贝尔草原，但都没有这次去乌兰布统草原让我魂魄激荡，心灵飞扬。

“蓝蓝的天上马儿跑，马儿下面白云飘。”如果不高歌一曲，我真觉得对不住这蓝天白云。

朋友纠正说：“唱错了唱错了，应该是‘蓝蓝的天上白云飘，白云下面马儿跑’。”我没唱错，的确是“天上马儿跑”，“草原白云飘”。大朵大朵的云真的像一匹匹白色的骏马，而原野上的羊群，宛如缓缓移动的白云。

天蓝得那么清澈而深邃，人们常说“蓝天如洗”，只有到了草原，才知道这句话的含义。仰望蓝天，凝视着，凝视着，头上好像是蓝色的海洋，自己好像也要融进那无边的海水中。

阳光瀑布一般倾泻在草原上，草啊花啊，还有牛啊羊啊，当然还有我们，都被阳光沐浴着。极目望去，草原真的无边，如绿色的毯子，从我们脚下一直铺到天际。草不是太高，大概齐小腿肚或膝盖，离“风吹草低见牛羊”的境界还远，但已经让我们非常兴奋了。

草原并不是一直平坦，而是起起伏伏，舒缓有致。远处看去，蓝天白云之下，有一座座山坡——我不知道该叫“山”还是“坡”，反正就那么从容不迫地起伏着，让草原显出了动人的曲线美。我还是想到了海洋——对不起，面对草原，我的想象力太贫乏，词汇也不够用。草原是凝固的海洋，海是激荡的草原。一样的波澜壮阔，一样的一望无际，一样的生机勃勃，一样的天地（球）浑然，不一样的是，海洋让人情思沸腾燃烧，催人飞翔；而草原则让人心胸舒展淡定，归于平和。

草丛里的花特别美。蓝色的，紫色的，红色的，黄色的……没有什么花卉展能够比得上这草原天然的花毯。“野花遍地是：杂样儿，有名字的，没名字的，散在草丛里，像眼睛，像星星，还眨呀眨的。”第一眼看到草原上散落的那么多的花儿，我首先想到的就是朱自清的这几句。说实话，对于《春》之类的文字，我并不是特别喜欢，总觉得语言太雕琢，甚至做作。但是置身于草原花海，我第一次感到，这几句描写是那么的自然贴切。我第一次看到了山丹丹、狼毒花——这些过去只是在歌里和电视剧里知道的花名，现在就这么蓬勃而灿烂地在我面前绽放。

我和《班主任》杂志的赵福江、李爱丽躺在花草中，面对神秘的蓝天发呆。然后又坐在高高的坡上，任阳光从上而下扑打在脸上，任草原的清风鼓荡着我们的心。我们漫天聊着：教育、社会、良知、童心……然后，我对着无尽的远方扯着嗓子高歌：“骏马啊，奔驰在辽阔的草原——”真感到，如果不吼几句就对不起这草原。一个多小时过去，真不想走啊！我说：“来到这里，可以任凭自己的心在蓝天下袒露。什么烦恼都可以随风而出。我也不是什么‘教育专家’什么‘特级教师’了，所有面具统统卸下，想说就说，想笑就笑，想吼就吼，总之，‘不要脸’了！我们就是蓝天之下的纯粹的人！”

“不要脸”三个字，让大家忍俊不禁，大家一致决定，把这山坡命名为“不要脸山”，说着大家又哈哈大笑起来。

迎面而来的风把我们的笑声送到天边。

杂谈

日本大地震有感

最近的日本大地震，震撼了全世界，也震撼了刚刚经历汶川大地震不久的中国人的心。在大自然面前，尤其是面对大自然的灾难，我们只有一个共同的身份——“人”。

看着电视上那些以前只在灾难片中只有用特技手段表现才能出来的可怖场景，我的心阵阵抽搐。那一刻，我几乎忘记了遭受灭顶之灾的是日本人，我只觉得是整个人类在受难。

但是，在网上，在我的周围，为数不少的人——而且是很有“民族气节”的“爱国者”，对日本大地震幸灾乐祸：“哈哈，小日本呀，你也有这一天！”“报应！”“活该！”……

今天傍晚，我郊游归来去理发，邻座一个年轻人正在兴奋地说着日本大地震：“唉，才死几百人啊！都应该把日本人都震死！”“还跟我们争钓鱼岛，哼哼，总算遭报应了。”我有点听不下去了，便说：“两码事恐怕得分开。钓鱼岛是钓鱼岛，地震是地震。”

他一愣，不说话了。正在我头上操作的胥师傅说：“对头，人家日本人也是人，我们要有点起码的同情心嘛！”

我继续说：“日本不但当年侵略中国，而且至今还做了一些对不起中国的事，但这不能成为我们对他们遭遇大地震幸灾乐祸的理由。那年汶川大地震，日本救援队是最早到达中国地震灾区的外国救援队之一。”

我说这话的时候，眼前还浮现出三年前那张感人的照片：日本救援队细心地包裹好中国受难者的尸体后，全体肃立，向死难者致敬。

但是，这次面对日本的九级地震，少数中国人却幸灾乐祸。尽管只是少数中国人，但整个中国在丢脸！

甚至可以说，这一次，我们，或者说，至少某些具有“民族精神”的中国人，其实又输给日本人了。

从现在媒体的报道上，我看到了日本和我们一样的表现：一样的教师保护学生，一样的“人民子弟兵”英勇抢险救灾（我以前认为只有我们社会主义国家的人民军队才这样做呢）……同时，通过许多国家的媒体，我还知道了日本和我们“不一样”的表现。这些“不一样”真让中国人羞愧——

一个华媒记者和许多日本人一起从八楼撤下来后，写道：“公司在八层，摇晃非常厉害，大家互相紧随其后，鱼贯而下。整个撤离过程并没有人出现过度惊恐的状态，甚至记忆中都没有人大声喊叫。”

每个电话亭前都站着向家人报平安的人，让我感动的是，他们没有争先恐后，哪怕是成百上千人，大家都安静地排着长队，没有一个人扰乱秩序。

公交车站前，S 形的长龙蜿蜒了数百米，没有人知道队伍最后在哪。没有工作人员维持、没有任何提示的情况下，人们仍然如此自觉地排队。

地震发生后，日本三得利公司立即宣布所有贩售机免费供应，在街上渴了只要在自动贩售机上按键即出饮料；饿了，日本的 711 全部免费提供食品；累了，大超市开放给你避难；需要报平安，公众电话免费；听不懂日语，日本 NHK 电视台轮流用日语、英语、中文、韩语等五个语种，发布有关最新震情和可能发生海啸的地区并教你怎么避难；街上的一些下水道在震后马上开通，立即变成了简易的厕所。无微不至的一些细节都让你感到只要我们一起，地震也没有那么可怕。

几百人在广场避震，结束之后整个过程无一人抽烟；服务员拿来一些毯子、热水、饼干，所有男人帮助女人，跑回大楼为女人拿东西。接来电线放收音机，3 个小时后，人散，地上没有一片垃圾，一点垃圾也没有留下。

躲在各种避难所的人们，都是坐在楼梯两侧，确保中间畅通。在大街上避难的行人也都井然有序地站在道路两侧尽量不阻碍交通。

NHK 报道国内自然灾害导致的伤亡事件，从来不会在电视上播放血淋淋的场面。国外的灾害新闻中如果包含这样的画面，播放时要经过决策层讨论。在报道遇难者时，遇难时的惨状绝不出现，采用的照片总是微笑的画面。

……

类似的文明细节，还有很多很多。这不是我杜撰的。只要上网搜索一下，这些内容都可以看到。

对于日本侵华历史，我至今铭记在心。对于为数不少的日本人至今否认侵华历史，而且老在钓鱼岛问题上有些小动作，我当然也无比愤慨。但是，我不得不承认，日本现在有些方面的确比我们有优势——而且远不仅仅是经济方面。

多次给学生讲《一碗清汤荞麦面》，我总要说这样一句话："一个民族真正的自信，恰恰在于要勇于向自己的对手学习！日本民族为什么能够在二战废墟上迅速崛起？这篇小说告诉了我们答案。"同样，从上面我列举的那些文明细节上，我感到了我们的对手依然强大的原因。

一百年前鲁迅所说的"改造国民性"，远远没有完成。

致某报主编

贵报标榜"以宣传教育服务教师为宗旨"，可实际上是这样的吗？

应该说，十多年前，早期的贵报还是做得不错的——思想敏锐，经验鲜活，文风清新，我所接触的编辑们都朴实敬业。我记得当时央视的《朝闻天下》栏目有一个读报板块，还隔三岔五地摘引贵报的内容。我也是在那时和贵报合作，应邀写文章，开专栏。

但慢慢地，恕我直言，贵报变味了，变得富有铜臭味了。比如，给学校打电话，希望宣传学校的"经验"，但实际上是有偿宣传；以各种主题向老师们"征文"编书，实际上盯着还是老师们的钱袋子；办各种名目的会议，会议费贵得惊人——办会收费当然理所应当，但不能太离谱；还有编撰各种"大辞典""文集""风采录"之类，入选者自然都要交一笔不菲的审稿费，然后"自愿购买"若干本——当然了，如果不"自愿购买"，文章当然不能

“入选”，等等。

昨天又接到贵报某编辑——但愿这位编辑是冒名——的电话，说是贵报最近要在北京隆重举行“中国教育家大会”，邀请我参加。我一听就乐了，我说，我还不知道你们的意图吗？你们这冠冕堂皇下面的玩意儿，我太清楚了！我好几年前就抨击过这种浮躁的现象。你们去看看我的杂文《遍地“教育家”》吧！

第一，居然可以开“教育家大会”了，中国真的有这么多“教育家”吗？第二，会务费高昂得令人不敢相信，主办者的意图已经昭然若揭。其实，我可以斗胆地说，你们这样做，也是在为腐败提供机会——几千元的会务费，是普通老师承担得起的吗？那么出席“教育家大会”的大多是校长局长，他们的会务费是自掏腰包吗？显然不是，肯定是公款报销。这不是腐败是什么？

听前几年参加过“教育家大会”的人回来说，只要交个几万元，就可以买一个“中国教育杰出人物”的牌子。据说，现场很是火爆，人们都蜂拥上台领牌子呢！

我想起一次应邀到某中学讲课，校长看时间还早，便请我到他办公室坐坐。一进门，我就看到墙上挂着一块金光闪闪的牌子：“中国教育杰出人物”。

我当即就笑了。

这里，我想重复一遍前几年我说过的话——

当成百上千的“教育家”们济济一堂于庄严的人民大会堂时，整个民族在丢脸！

如此大张旗鼓地搞什么“教育家大会”，我敢说，中国不可能诞生真正的教育家。

而你，主编大人，作为如此“壮举”的策划者，也在丢脸，丢的是贵报曾经有过的良好声誉的脸，丢的是中国教育的脸！

亲爱的主编先生，报刊走市场化运作没错，但要走正道，不要走歪路。在发行营销方面有些商业运作也可以理解，但不应该过分商业化。无论如何，做教育媒体的人，应该心里装着教师。希望我们所有的教育报刊都远离浮躁与华丽，回归宁静与朴素，尤其要挺起中国教育的脊梁！

请给教育留一点良知，请给教师留一点风骨，请给教育家留一点尊严。

关于饭局

我对饭局一向很恐惧。

不光是因为我不会喝酒，更主要的是我感到把一个多小时甚至更多的时间花在一顿饭上，是生命的浪费。

不就是吃饭吗？稀里呼噜，三下五除二，吃饱完事，然后干正事儿，多利索，多爽快！

我知道，饭局也是一种文化，一种交流感情的方式。醉翁之意不在酒，在乎勾兑之间。但是，在饭局上，那种客套，那种强加于人的“敬意”——别人不喝酒，非要让人喝，而且还必须多喝，这多为难人家啊！还有，喝得半醉不醉的时候，面对领导，说一些诸如“没有你就没有我的今天”之类肉麻的话，我听起来浑身鸡皮疙瘩饱满绽放，也难受。

人的一生，为什么要花那么多时间在吃饭上呢？无论多么丰盛豪华的饭，都要说“只是吃一顿便饭”——我无法想象，如果不是“便饭”将会怎样的奢华。还有，吃饭喝酒居然还和工作扯上了关系，和利益扯上了关系，和升迁扯上了关系……哎呀呀，真是搞不懂！

如果是来了好朋友，一起吃饭，聊聊天，叙叙旧，那很开心的，我很愿意。还有我们学校每个月给老师们的生日晚宴，那我每次都必须参加的，我也很乐意参加。

我上面说的饭局显然不是指朋友之间的正常聚会，而是带有工作性质的觥筹交错，或者说带有利益关系的吹拍勾兑。所以，我以前对这样的饭局，一向敬而远之。

但现在当了校长，说实话，有时候有的饭局似乎非去不可，但我也尽量不去。因为我校有一位专职书记，他不但帮我处理学校许多事务，而且也替我吃饭。我对他说："饭局对我来说是灾难。贵党党章规定，共产党人吃苦在前，享受在后。那么，面对灾难，是我这个群众上呢，还是你这个党员上？"他苦笑："那我去吧！"说真话，书记身体并不好，也不喜欢喝酒，但为了我，更是为了学校工作，他硬是一次次喝下苦涩的酒。写到这里，除了对他表示敬佩和感谢，我还觉得自己很自私。

还有一种尴尬，我无法躲避。那就是我外出讲学时，主人对我的热情款待。平时在学校，如果遇到类似的场面，我有时也去，但绝对提前离去，很少一直坐到最后散席。但出去讲学，人家那么热情，你怎么好意思提前走？我之所以感到为难，是因为人家作为主人的确是出于对我的真诚尊敬，觉得不把饭菜弄丰盛些，会对不住我，他们会过意不去。可是，我坐在席上，真的度日如年。很多时候，他们在饭桌上说话说的是方言，我听不懂。有时候知道他们说什么，可他们的话题我又不感兴趣。一坐就是一个多小时，这一个多小时比我做半天报告还累。唉！

所以，最近出去讲学，我总是提前给对方说好："吃饭越简单越快捷越好！"我还具体说："最好一上桌就把饭端上来，最多半个小时解决战斗。千万不要请很多领导作陪，吃饭的人越少越好！"对方也答应，可到了那里，依然是一大桌菜和各级领导，我的天！后来我才明白，他们以为我的关于吃饭简单快捷的要求是客气，而他们对我又"不客气"！

作为客人，应该尊重主人的真诚礼貌；作为主人，也应该理解客人的难言苦衷。我想，主人所做的一切，不就是让客人高兴吗？那主随客便（而不是"客随主便"）恐怕是对客人最好的尊重。

对不起啦！

也说“会风”

——学习中共“十八大”精神的点滴体会

说到中共“十八大”精神，也许人们更多的是看到“五位一体”“小康社会”“科学发展观”等宏大词汇，但我今天只就一个似乎是很“微观”的问题谈谈我的体会。

前总书记胡锦涛的政治报告第十二部分，论述的是党建，题目是“全面提高党的建设科学化水平”，在这部分中，有这么几句好像不起眼的话：“下决心改进文风会风，着力整治慵懒散奢等不良风气，坚决克服形式主义、官僚主义，以优良党风凝聚党心民心、带动政风民风。”

“改进文风会风”的说法一点都不新鲜，甚至是老生常谈了，但很快中共便将这几句话变成了行动。在 11 月 15 日中共新任总书记习近平率新一届政治局常委和媒体见面的讲话颇受好评，英国广播公司（BBC）报道评论说，习近平的此次讲话体现了新的风格，没有提到大的政治口号，使用语言非常平实和通俗。国内媒体也好评如潮：“朴素平易”“没有套话”云云。

接下来，另外两位中共中央政治局常委李克强和王岐山也以行动诠释了什么叫“改进文风会风”——

11 月 21 日，李克强在主持召开全国综合配套改革试点工作座谈会时，也要求“不念稿”。李克强还说，你们的发言稿我都已经看过，不用再念了，我们既然是座谈会，就应该多谈试点过程出现的具体问题、谈谈你们在推进改革过程中的需求。

11 月 30 日，王岐山在京主持召开座谈会，听取专家学者对党风廉政建设和反腐败工作的意见和建议。第一位发言的专家开头提到“尊敬的王书记”，话没说完，就被王岐山打断，他请在场专家少说客套话，言简意赅。王岐山说：“参加王某人的会，不准念发言稿，要学会深刻思考。”

12 月 4 日，中共中央政治局召开会议，出台了《改进工作作风、密切联系群众的八项规定》。八项规定中，第二条是“切实改进会风”，第三条为“切实改进文风”。请看第二条：“要精简会议活动，切实改进会风，严格控制以中央名义召开的各类全国性会议和举行的重大活动，不开泛泛部署工作和提要求的会，未经中央批准一律不出席各类剪彩、奠基活动和庆祝会、纪念会、表彰会、博览会、研讨会及各类论坛；提高会议实效，开短会、讲短话，力戒空话、套话。”

我发自内心地拥护中共中央这个规定，因为多年来，我对种种“会风”早就十分反感。除了中共中央八项规定中所列举的那些不良会风，我觉得还有这样一些“会风”也需纠正——

第一，缺乏平等精神，领导优先。

每一年劳动节表彰劳模，在会场上坐主席台的均是各位领导，而劳模们则坐下面，而且是靠边。我当时就想，今天是劳动节，主人应该是劳模，而不是领导。但领导坐主席台，似乎天经地义。如果是党代会，或什么工作会议，领导坐主席台那很正常，但这是劳动节的表彰会呀，理应让劳动者的光荣代表居于显赫的位置才是。

前不久我出席了一个市级的工作会，与会者有领导，有普通劳动者。但我发现，领导讲话时，端坐在主席台中央讲，而劳动者代表讲话则是在主席台一侧的讲话席站着讲。这情况绝非个别。同样是讲话，领导坐着，百姓站着。关键是大家已经习以为常。但我印象中，温家宝总理做政府工作报告是站着讲的，蒋巨峰省长做政府工作报告也是站着讲的，美国总统奥巴马讲话从来都是站着讲的。为什么我们一个小小的科长讲话却要坐着讲呢？

“尊敬的各位领导……”在学校，这样的发言开头我们也非常熟悉。可是说这话的时候，所谓“尊敬的各位领导”就那么几位，而出席会的绝大多数都是我们的孩子，我们却把他们放在最后称呼“各位同学”，有时候连提都不提。这叫什么“一切为了学生”？

以上种种现象，背后无一不是等级观念作祟。我们常常把“平等”“尊重”“以人为本”挂在嘴边，但在行动上依然习惯于“官本位”。

第二，缺乏真话品质，套话连篇。

我们实在是太习惯这样的语言方式了:“为了贯彻落实谁谁谁在最近什么什么工作会上的重要指示精神……”我想,难道领导不发话,我们就不知道干什么了吗?所以,这次王岐山打断那位开口就说“尊敬的王书记”的专家,实在是让我拍手称快。因为这种套话实在是没有必要。

有时候大会发言也不看对象,明明是小学生集会,发言也是外交式成人式的风格,给小朋友介绍来宾居然是某某“先生”或“女士”,而不是某某“叔叔”或“阿姨”。

我出席过不少重要会议,并被安排发言,每次的发言稿审查让我头疼不已。稍微有点真情实感的话,统统被磨平,一会说这个提法与那个领导的思想不符合,一会说那个用语不合那个领导的口径。是我要发言,不是你要发言,你审查我稿子干什么?如果你对我不放心,为什么要安排我发言?这次李克强和王岐山主持的会议,出席者畅所欲言,自由表达,想说什么就说什么,这就是我期盼的会风。

我已经总结出了一些领导的讲话套路:“我只强调几点,第一,统一思想,提高认识;第二,狠抓落实,重在执行……”这些话放在什么时候都是可以的。还有无论在什么时候,最后总结时都会说:“同志们,当今世界,正在发生着极为深刻的变化……”或者“同志们,今年是……非常重要的一年……”至于“金风送爽,丹桂飘香”“我们怀着激动的心情迎来了……”之类的套话,简直已经深入我们大大小小每一个会议了!

还有很滑稽的,是每当专家报告或领导讲话,主持人开头的话和总结的话,都是事先准备好的稿子。专家或领导连话都还没说,主持人的稿子已经写好了:“刚才某某的精彩讲话,高屋建瓴……”人家说都还没说,你怎么就知道“精彩”,而且还“高屋建瓴”?真是好笑。

说真话,是人最基本的品质,也是我们多年的呼唤。可是,一到现实生活中,真话就那么难,取代真话的自然就是上面说的那些大话、套话、假话、空话。

第三,缺乏时间观念,上下有别。

有一年我在北京参加一个表彰会,头天晚上被一再提醒“八点半准时到,千万不要迟到”,第二天代表们无一例外准时到会场坐好,却不见领导。一直等到九点半,领导才笑容满面地走进会场,工作人员还抢在领导进门之前给一边比画一边给我们说："快，鼓掌，鼓掌！热烈些！"我实在想不通，领导迟到了，我们还得热烈鼓掌！凭什么？有人说，领导晚些到是因为领导时间宝贵，那我们的时间就不宝贵吗？

这种情况也不少见，每次开会，一把手领导或与会者最高级别的领导总是最后一个讲，而且一讲就滔滔不绝。别人讲话有时间限制，他讲话则信马由缰，讲到哪里算哪里，好不容易终于要结束讲话了，他还说："今天因为时间关系，我就不展开讲了！"但是，无论领导讲的是什么，最后主持人总结时，都一定要说领导的是"重要讲话"，要大家"下去后认真领会并落到实处"，而且提议："让我们再一次以热烈的掌声表示感谢。"

鲁迅说："浪费别人的时间，无异于谋财害命。"而我们现在常常被这样"谋"着"害"着。这次的八项规定要求"讲短话，力戒空话、套话"，实在是太好了。

第四，缺乏实效意识，爱走形式。

"不开泛泛部署工作和提要求的会"，也是这次八项规定提出的。的确，我们现在"泛泛部署工作和提要求的会"的确太多了。随便一个领导人讲几句话，下面的人都要开一个"学习某某某讲话精神"的座谈会。其实大家说的大多是套话，但却说得一本正经，媒体还纷纷报道。我很怀疑这样的会有什么实际意义。说得不客气点，这样的会，"意义"就在于媒体宣传，表示下面的人对领导讲话"很重视"。仅此而已。

还有，现在随便搞个什么有意义的活动，就要弄个什么"启动仪式"，又是排练，又是演习，还要请那么多的领导和媒体，搞得轰轰烈烈，使得承办学校不堪其累，最后就是为了媒体报道和年终总结写上一笔"我们隆重举行了什么什么活动"，有这个必要吗？

很多年前，就有民谣讥讽缺乏实效的会议是"以会议落实会议，用文件贯彻文件"，现在这种荒唐的现象应该终止了。

上面我列举了种种不良会风和文风。其实，最可怕的不是这些现象的存在，而是大家都认为这些现象是正常的。但胡锦涛认为不正常，习近平认为不正常，李克强认为不正常，王岐山认为不正常，中共中央认为不正常，所以才有"十八大"报告中"切实改进会风"六个字，所以才有李克强、王岐山打断发言者的举动和"不要念稿子"的要求，所以才有中共中央的

《八项规定》。

中共“十八大”精神，内容丰富，博大精深，但在我看来，胡锦涛在“十八大”报告中的“切实改进会风”六个字，同样是很重要的“十八大”精神。其后新一届中共中央政治局推出的《改进工作作风、密切联系群众的八项规定》，正是落实这一精神的具体措施。我全身心地拥护这一精神和措施，并期盼着我上面所说的种种不良会风和文风在这次能够得以彻底根除。

说韩寒谈民主

最近有朋友一直“追”着我要我谈谈对最近韩寒的看法。其实，关于去年年底以来的韩寒，我一直在关注，而且非常仔细地读了相关文章。在春节前就写了一些文字。春节前后，韩寒的事情有了发展，特别是最近几天更是沸沸扬扬，我也一直在看。

不过，我不打算多说他和方舟子的“掐架”。在我看来，所谓“代笔”之说很荒唐，不值得韩寒费那么多的精力去“自证清白”。所以我认为韩寒这次这么认真地对待一个根本就不讲道理的人（仅指在这件事上），实在不值得。而韩寒在前一段时间的有关博文中，一些语言过于刻薄，我认为他有失风度。

对方舟子，我一直对他打假精神和勇气表示钦佩，他过去也有一些至少让我心悦诚服的打假成果（比如和肖传国的较量，我曾写过文章旗帜鲜明地支持他）。但他很多时候有些钻牛角尖，有些走火入魔，甚至让人匪夷所思。不是说谁就应该免于被质疑，问题是质疑要有大家公认的一些行为规范、语言规范——实际上是逻辑思维规范。如果你用一套火星人的思维，那我们谁都无法和你严肃讨论或争论。比如这次对韩寒的“质疑”，我觉得他是不是病了，他最开始的理由是韩寒不可能一个人同时做那么多事，既要这样又要那样，那他哪还有时间写书？如果写了，那肯定就是有人“代笔”了。我当时就乐了，心想，如果按方舟子的思维，我可以“质疑”郭沫若——你既会考古，又搞历史研究，还会书法，还研究甲骨文，还写诗，还写那么多剧本，还从事那么多的社会活动，我们随便算算你一天 24 小时的精力，你都不可能做这么多的事，那你那么多的所谓成就里面肯定有人“代劳”。哈哈！总之，我觉得方舟子居然那么“严谨”地去论证韩寒的“代笔”“作弊”，哎呀呀，太无聊了。对他的反驳，我认为韩寒最新一篇文章已经说得很清楚了。我不打算评论他和方的事了。现在既然打算通过司法解决，那我们就拭目以待吧！请朋友不要再叫我对此发表看法了。拜托！

韩寒我一直很欣赏，曾写下博文《为韩寒喝彩》。去年年末，他写下一组谈民主、说革命、论自由的文章（有人将其俗称为“韩三篇”），惹恼了一大批“专业”的自由主义知识分子。说韩寒“变了”，说韩寒“书读得太少了”，说韩寒不具备谈论民主自由的“专业素养”。同时，某些“极左分子”很高兴韩寒的“转向”，急忙将韩寒视为“迷途知返”的“失足青年”，甚至引以为“同志”，大有“革命不分先后”的胸襟。

可惜韩寒都不买账，依然我行我素，他特别嘲讽“极左分子”们“会错了意”，是“一厢情愿”。

在“专业自由民主人士”来看，韩寒的观点并不新鲜。我认真研读了“韩三篇”，他的观点的确不新鲜，但无论“新鲜”与否，这是韩寒经过自己思考的话。在一个真正倡导人格独立、思想自由的社会，韩寒是应该受到尊重的。除非他的文章中有造谣诽谤、人身攻击。

一些自以为正统的极“左”分子的“欢呼”我觉得挺可笑，为这场争论平添了许多喜剧色彩，这里不多说了。我想说的是，为数不少的甚至其中有的是我素来敬重其文章的“自由主义知识分子”的态度，让我不安。也许他们曾经“寄希望”于韩寒，现在因为韩寒的文章让他们失望，于是有点控制不住自己的情绪和涵养了，对韩寒讽刺挖苦，恶意攻击。昨天捧韩寒的是他们，今天谩骂韩寒的还是他们。所谓“民主”“自由”的声誉就是这样被他们败坏的。我看过网上一些极“左”分子对持不同观点者的“文革”式的谩骂，可在这一点上，表面上和他们势不两立的“自由主义知识分子”其实和他们一样，党同伐异，一点不逊色。

有一种酸溜溜的言论似乎很专业：“要谈论民主自由革命这样的宏大话

题，韩寒的学养显然不足。而要认真讨论这样的话题，不读一些书，不具备一些专业知识，是不行的。”这种居高临下的言论，让人不得不认为，民主自由是靠专业素养很深厚的人搞成功的，如果不具备这些“素养”，连谈论的资格都没有！

不是思想自由吗？不是讲宽容吗？

几年前，我在网上接触过一些口口声声叫喊“民主”“自由”的所谓“新生代教师”，他们的行为充满霸气，而且居高临下地看不起普通老师。某位俨然如饱学之士的年轻教师曾经断言：“中国大多数中小学文科教师都是白痴！”我还为此和他争论，并写下《民主的真义》一文。但只要不同意他们的观点，他们便疯狂攻击，完全没有一点点民主的气息。

我想到最近几年我常常思考的一个问题：是否越在口头上标榜民主自由人权的某些知识分子，实际上却越缺乏真正的民主胸襟？民主的默认前提是人道主义情怀，是对人发自内心的尊重。然而，最近几年我所认识的好些知名的“自由主义知识分子”的做派才是真正让我恶心！某位非常知名的“自由主义知识分子”，同时也是一位著名的教育理论家，他在一线老师中拥有相当多的崇拜者，许多人以读他的书和他的文章为达到了某种品位的标志。然而，我有一次和他讲学，和他住一个房间，在几天的日常相处中，我感到他的傲慢，他的缺乏修养，他对人的不尊重。他一方面与我大谈中国的民主改革，一方面同时大骂一线老师“简直就是榆木脑袋”“不可救药”“蠢猪”（原话）！当时我想，如果我们的一线老师知道他们在他们所崇拜的人心目中是如此形象，该做何感想？我从此和他断绝了交往！我非常厌恶这种自以为读了几本哈耶克、哈维尔的书便目空一切的所谓“民主人士”！我认为这样的人，其民主意识还不如农村里一些目不识丁的老大妈！那些老大妈对人的真诚善良朴实，能够感染任何一个人的心；而作为一种生活方式，民主的要义之一恰恰是对人的尊重。在现代中国，可能没有人会比鲁迅揭露国民性弱点更尖锐的了，但鲁迅始终对我们的民族我们的百姓怀有深深的爱，哪怕他在“哀其不幸，怒其不争”的时候，也能为一个车夫的“一件小事”而感动而自责，而仰视那位普通的车夫！

最近读到一篇纪念胡适先生逝世五十周年的文章，说到胡适最喜欢的一句格言：“容忍比自由更重要。”

说到容忍，我们往往去要求当政者容忍异见者，却很少扪心自问：我是否能够容忍不同的观点？没有一个公民的民主胸襟，就不可能有真正的民主社会。我愿意不厌其烦地重复这个观点：民主是一种生活方式，其核心是尊重、宽容、平等……

遗憾的是，现在具有这种生活方式的人很少。我曾有过许多朋友，写文谈自由引经据典，头头是道，但实际上对人几乎缺乏起码的民主胸襟。他们的许多言行，被极“左”分子抓住当作把柄，作为民主自由之“虚伪”的证据。令人心痛！

我还说过，在我的视野中，有些人是用生活行动、用为人处世的细节在展示民主情怀。我见过李锐、邵燕祥、流沙河、钱理群、谢泳……他们待人平等尊重，处世谦逊宽厚，代表了一种真正的民主风范。被“自由主义知识分子”所推崇的胡适也正是这样的一个人。

不同观点完全可以讨论乃至碰撞争鸣——这次我也看到了不少这样真诚严肃地和韩寒商榷的文章，但因为观点不同，就恶意讽刺搞人身攻击，这距离民主自由理念不止十万八千里了。

请有点人味儿

在北京参观798艺术街区的半天时间里，我一直沉浸在艺术的氛围中。阳光特别亮，天空特别蓝，心情特别舒服，也特别舒展。但是，下午快五点的时候，我正要离开798，突然迎面冲来一个拎包的中年男子，神色紧张，从我身边擦过，差点和我撞着。我惊异地四下看，发现不远处有一群身穿淡蓝色制服的城管，正在围堵一些小摊贩。

我刚走出一个小巷口，就听见一个女人柔弱的声音：“求求你们，求求你们……”循声看去，一个身穿绿色连衣裙的三十多岁的女子正弓着身子死死拽住手中的一个口袋，而她的对手是五六个壮汉。这些壮汉围着她，其中一个汉子正伸出两只粗粗的手臂，关节粗大的手也抓住那口袋死死地往外拖，口中吼道：“你还敢犟？松开！松开！松不松开？”另外几个汉子也粗暴地呵斥道：“松开！松开！再不松开，把你带走！”可怜那女子依然顽强地拽着口袋，后来实在没力气了，她便将整个身子扑在口袋上，于是她几乎是趴在地上了，好像那口袋里面装着的，是她全部的生命。她继续哀求着：“放了我吧！求求你们……”在林立的壮汉中间，她显得那么弱小，那么无助，那么可怜。最后，她终于抵不过强悍的城管们，口袋被城管抢走了，里面的东西撒了一地，都是些小饰品——就是各旅游景点常见的廉价的手镯呀、项链呀、小镜子呀，等等。我想，这口袋里所有的小玩意，价值也不过几十元吧！

但这几十元也许就是这女人及其一家几天的生活费呀！

城管们骂骂咧咧地扬长而去，把这女人留在街边一角，她哭泣着，无声地流泪。然后整理了一下衣服和头发，擦干了眼泪，走了。阳光下，她的身影特别孤独。

以前我只在报上见过城管如何恶劣的报道，后来又有人说“其实城管也不容易”，还有人呼吁“不要妖魔化城管”。那天我是第一次现场目睹城管的作为。无需谁“妖魔化”，这次我看到的城管，的确就是“妖魔”！也许他们只是千千万万城管人员中极个别的少数，我也相信官方所说，我们城管队伍的“主流”还是很好的。但我只就事论事，我看到的这件事，我看到的这一群城管，让我恶心，让我难受，让我愤怒！而对这柔弱的女人来说，这一群城管给她带来的，就是百分之百的打击！

有一点我至今弄不明白，为什么要驱赶小贩们？是影响了市容？是扰乱了秩序？我不认为他们是城市美好生活的妨碍者，相反我觉得他们极大地方便了我们的生活。买个小商品呀，修个鞋呀，吃个烤红薯呀，出门就有，这多方便！不是“以人为本”吗？这里的“人”既包括生活在城市的居民，也包括从乡下来讨点生活的小商贩。把他们撵得鸡飞狗跳，驱除得干干净净，居民生活不方便了，这样城市再干净也没有意义！

就算应该规范小商小贩的经营行为，我们的城管人员能不能注意一下方式？你们那么身强力壮，高大魁梧，面对一个弱女子耀武扬威甚至动粗，算什么男子汉？还几个对一个，你们真还好意思啊？如果她是你的姐妹，是你的亲戚，你们会这样横吗？人心都是肉长的，你们想想，如果你下岗了，你的妻子上街做点小生意，每天就挣那么几十元钱，却被撵得鸡飞狗跳，甚至被骂被打，你做何感想？这女子一没偷窃，二没抢劫，三没卖淫，四没贩毒……不过就是摆个小摊糊口罢了，我看不出她对这个社会的任何一个人构成任何一丝威胁，你们非要把她逼成“杨佳”才罢休吗？

说实话，798 那么大的地盘，游客熙熙攘攘，几个摆地摊的根本就算不上什么显赫的“扰乱秩序者”，他们没那么大的能耐，他们和游客和谐相处，平和地交易买卖，妨碍谁呢？相反，那天本来阳光下的 798 是那么祥和，却是你们的凶神恶煞与横冲直撞，严重扰乱了 798 的平静与祥和，你们才是和谐生活最大的破坏者！

我们这个国家的国名叫“中华人民共和国”，60 多年来，“人民”二字在我们国家使用得最频繁：“人民政府”“人民法院”“人民医院”“人民邮电”“人民警察”“人民铁路”“人民公安”……但“人民”在哪里？其实，人民就在我们的身边，商店的营业员，餐厅的服务员，扫马路的环卫工人，送快递的小伙子，还有千千万万普通的劳动者，当然，也包括我目睹的那位被城管夺走小商品的女子。

我无意以偏概全地谴责所有城管人员，我只是希望我们的城管人员在面对每一个弱小的小摊贩时，有一点人味儿。

写给 50 年以后的孩子们

2061 年的孩子们：你们好！

为纪念“5 · 12”大地震三周年，《成都晚报》搞了一个“写给 50 年以后的孩子们”征文活动。我应邀征文，于是便有了这封写给你们的信。

今天，我在电脑前写这封信时，你们还很遥远。再过 50 年，我多半已经不在人世，但我今天依然郑重地写下这封信，写下我对这个时代的感受，让50年后的你们能够通过我今天的眼睛，看到你所在中国曾经的模样。

“5·12”对你们来说，可能只是历史书上需要背下来的一个历史事件名词，但对我来说，却是人生的一段经历。空前的灾难给无数人无数家庭带来无数不幸。但从某种意义上说，我又是“有幸”的，因为我见证了一个民族面对灾难所迸发出的人性光芒。

我所在的武侯实验中学并不处于地震中心，但依然震感强烈。地动山摇的那一刻，我校三千师生仅用了三分钟，便迅速而有序地从五层教学大楼疏散到大操场。在这惊心动魄的三分钟之内，平时普通平凡的老师们，一下成了孩子们眼中的英雄。事后一个学生这样回忆道：“5月12日下午的第一节课，无情的地震向同学们袭来，从来没有经历过地震的我们，吓得不知所措，脑子一片空白，尖叫和哭声杂然一片。这时，正在为我们上英语课的徐全芬老师，像指挥作战的总司令一样叫道：‘安静，镇定！有序快速撤离，到操场上去。快！每个同学不准推拉拥挤！’说完她站在门口，护送我们下楼。不少同学都喊：‘徐老师，你也走呀！’她毅然回答道：‘你们先走。’就这样，徐老师被挤到人流之后，我们非常担心徐老师，因为她的身体一直很糟，她有胃病，经常带病坚持上课，身体也很虚弱，我们担心，又无奈。我们爱徐全芬老师，就像我们爱自己妈妈一样。”

你们也许已经从教科书上知道了为救孩子而献身的一大批老师的英雄事迹：谭千秋、袁文婷、向倩、许念华、张米亚……其实，还有无数没有献出生命的老师同样表现出了献身的精神。坦率地说，50年前的中国，教师的社会形象并不太好，但2008年5月12日的那一刻，中国教师的人性之光在无数废墟上闪烁，穿越灾难的夜空，不但挽回了教师的尊严，也为中华民族的伟大精神赢得了光荣，让世界泪如雨下！

又哪里只是教师才感动了世界？面对大自然的灾难，无数素不相识的人彼此成了骨肉亲人。在成都通往都江堰灾区的路上，穿行着一千多辆出租车，没有人统一组织，更没有所谓“报酬”，是共同的善良人性，让的哥们不约而同驾车火速向西，向西……短短两三年，废墟上便屹立起了一座座新的村庄，新的集镇，新的城市。中国人用爱与智慧创造了人类的奇迹，而且是非常时期面对灾难的奇迹。

对的，我特别强调这是“非常时期面对灾难的奇迹”。因为当灾难退去，我们回到平常的日子，空气又变得沉闷起来，人们之间又恢复了隔膜。这封信我不想只说这个时代好的一面，我也想说它不好的一面。我希望你们能够通过我的眼睛了解50年前一个真实的中国。

抗震救灾期间，我们每天都在被感动，被震撼，心潮起伏，热泪盈眶。因为每天都有那么多超越亲情的爱和真诚，让我们不可思议。地震发生后几天，我曾在博客上写道——

5月12日，和大地震一起迸发的，还有每个普通人的人性之美，然后，善良温暖着善良，希望孕育出希望。平时模糊的东西在短短的一瞬间变得那样清晰，它让我们重新认识了“我”，重新认识了“他”，也重新认识了“我们”，也重新认识了——中国。

问题是，当生活回到常态，清晰的东西又变得模糊了，善良渐渐冷却，希望最终并没有孕育出希望。寂寞者依旧寂寞，“店内外充满了快活的空气”。我们又习惯着早已习惯的一切：麻木四处弥散，真诚遭遇尴尬，人人戴着面具，彼此漠然相对，欺诈无处不在，善良默默流泪……

我和我周围的人每天都在担心，担心什么呢？好像说不上来，但又好像处处都令人担心。这是我从今天的媒体上读到的提醒：国家药监局下发紧急通知，严打食品非法添加剂，要求自制火锅底料必须公开其配方；重庆警方近日查获上万斤含有害物质的毒花椒，部分已经制成火锅底料；国家质检总局公布14种不合格婴幼儿服装，问题涉及甲醛、pH值等项目未过关；陕西251名学生喝完牛奶出现不适症状。苏丹红、三聚氰胺、罗丹明B……本来这些专业的化学名词对大多数老百姓来说十分生僻，现在却进入了我们的日常生活。

1998年，葡萄牙作家萨拉马戈在获得诺贝尔文学奖后的感言仿佛说的就是今天的中国：“不公正在增加，不平等在恶化，无知在成长，悲剧在扩大！能把复杂工具送到另外一个星球去研究岩石结构的精神分裂的人类，却可以对数百万人因饥饿而死亡无动于衷。”我们当然没有数百万人的饥饿，但我们能够成功地将载人航天器发射到遥远的太空，却对身边餐桌上的“地沟油”束手无策。萨拉马戈他还感叹人与人之间的日益陌生：“去火星仿佛比拜访自己的邻居更容易！”

萨拉马戈这里说到了“邻居”，可我想，我们现在还有邻居吗？每天早晨7点过，在小区电梯里，满满地站着匆匆上班上学的人，不都是自己的邻居吗？可大家好像互相不认识，表情木然，也不说一句话，彼此之间防备着，警惕着。躯体紧紧挨挤着，心却相隔十万八千里。虽然是春天，我却感到冬天的寒冷：邻居已经从我们生活中消失了。

本来是讴歌“主旋律”的信，写到这里却有些令人丧气。其实，这就是今天真实的中国。说中国人人雷锋，肯定不是事实，但说中国遍地都是骗子，显然也是胡说；中国政坛固然有过胡长清、成克杰这样道貌岸然的伪君子，但也有温家宝这样血管里流淌着道德血液的人民公仆；药家鑫先撞人后杀人令人发指，傅蔚冈发起“激情捐款”帮助受害人张妙的两岁孩子让人温馨；我们看到太多黑心建筑商拖欠甚至拒付工资，但同时我们也听到了哥哥孙水林车祸致死后弟弟孙东林赶在大年三十之前将33.6万元工资发到60名民工手上的信义故事……

我想到了英国作家狄更斯名作《双城记》的绝妙的开头——

那是最美好的时代，那是最糟糕的时代；那是智慧的年头，那是愚昧的年头；那是信仰的时期，那是怀疑的时期；那是光明的季节，那是黑暗的季节；那是希望的春天，那是失望的冬天；我们全都在直奔天堂，我们全都在直奔相反的方向——简而言之，那时跟现在非常相像，某些最喧嚣的权威坚持要用形容词的最高级来形容它。说它好，是最高级的；说它不好，也是最高级的。

为什么只有面对突然的灾难，人们才能够变得纯净起来呢？真希望大地震期间陌生人之间的亲切、温馨和信任，能够弥漫于平常的每一个日子。学者们用“转型期”来解释中国现在种种矛盾而复杂的现象。我宁愿相信，这一切都是进步必须付出的代价。但愿！

“5·12”抢险期间，有一张著名的照片至今还印在我脑海中：一群医务人员、战士和志愿者合力抬举着一副躺着危重伤员的担架，在山坡上吃力而顽强地攀登，所有人的身姿向上前倾。这正是当今中国的形象。中华民族正在负重爬坡，我们每一个人正在咬牙前行。

我希望我们今天的“负重”与“咬牙”，能够给50年后的后代送去一份礼物——真正繁荣、文明、和谐的民主中国！

50年后的孩子们，你们收到这份“礼物”了吗？

成都一名中学教师　李镇西

2011年4月30日

这些年被我们败坏的词语

近几十年，改革改变了许多东西。一些美好词语的败坏是其中最触目惊心的“改变”。

请允许我信手说几例——

“小姐”：这原本是过去有钱人家仆人对主人女儿的称呼，或者对年轻女子的称呼。这个称呼意味着一种举止优雅的教养，一种知书达理的修养，一种由内而外的美丽（注意，是“美丽”，而不只是“漂亮”）。当然，1949年后因为“阶级论”的原因，“小姐”一词曾经长期在生活中消失，而只存在于旧小说或电影戏剧中。“文革”中，“小姐”一词往往和“养尊处优”“娇滴滴”“寄生虫”相联系。但随着新时期的拨乱反正，小姐这个词又回到了我们的生活，只是它再也不是有钱人家仆人对主人女儿的称呼了，而只是人们对年轻女子的称呼，其本来的含义——“教养”和“修养”得以恢复。然而好景不长，仅仅过了几年，从上世纪九十年代初开始（在沿海一带可能还更早），这个优雅的词竟成了“风尘女子”的代称。在比较开放的东部和南方，你如果不小心随便叫哪位年轻女子为“小姐”，保不准该小姐会以为你在侮辱她，因而招来一顿臭骂。

“理想”：这个词的高贵与神圣不言而喻。尽管“文革”中，这个词被赋予云端空想的内涵，但我认为“理想”本身是人之为“人”的精神特质之一，正是理想把我们与猪猡区别开来了。也许是“理想”这个词曾经被“伪圣化”，作为对它的反动，便是“理想”一词一落千丈的贬值，乃至被奚落。现在，如果我们周围有人说他“有理想”，人们多半会一愣：“这人有病，而且病得不轻！”因此，如今这个词几乎只存在于中小学生的作文中。而在生活中，“理想”一词差不多和“矫情”“假大空”同义，人们唯恐避之不及。如果非要表达“理想”的意思，那宁肯说“梦想”。

“家教”：这个词的原意是家长对孩子进行关于道德、礼仪的教育，是“家庭教育”的简称。而这里的“家庭教育”当然特指做人的教育，让孩子有教养讲文明懂礼仪，并不必然包括智力开发和知识传授——以前，一个乡村农人家的孩子可能会很有家教，因为其父母虽然并不识字，却很会教孩子做人，比如善良，比如勤劳。写到这里，我想到的是曾先后担任北京大学副校长和中国农业大学校长的著名科学家陈章良，他自述父母都是文盲，却教会了他善良与勤劳。我小时候，“没家教”或“少家教”是很厉害的骂人话。如果谁被骂“缺家教”，被骂者多半会跳起来反骂：“你才缺家教！”因为这样骂人，已经不仅仅是骂对方，而且还包含着骂对方的父母。可是如果现在问问年轻人：“什么叫家教？”对方多半会说：“就是家庭教师啊！”的确，现在满大街所贴的小广告中的“家教”，都指的是请去家里给孩子补习数学英语之类功课的“家庭教师”，这样的“教师”显然多半不是去给人家的孩子讲道德和礼仪的。我刚刚比较翻阅了1979年版本的《现代汉语词典》和2005年版本的《现代汉语词典》。前者对“家教”的词义解释只有一种，就是“家长对子女的教育”，而后者除了保持第一个含义之外，还增加第二个含义：“家庭教师的简称”。但这两种含义的并存也只是在词典中，生活中的“家教”显然只有“家庭教师”的含义了。当然，严格意义上说，“家教”一词还不能说是“被败坏”，但从“家教”含义的演变——实际上是窄化，我们看到了人们对教育理解的日益偏狭和功利。从这个意义上说，被败坏的显然不是词语，而是教育。

“大师”：又是一个曾经多么神圣的称呼！在我小时候，这个词是和“鲁迅”“贝多芬”“毕加索”“梅兰芳”等人联系在一起的。但现在，“大师”因满天飞舞而大大贬值，因自吹自擂而成了讽刺，甚至也成了骂人的话。曾经有人开玩笑叫我“大师”，我却一本正经厉声说：“请别给我开这种玩笑！你才是大师！”当然，也有人乐于接受这个称呼，据说余秋雨在接受“大师”这个称呼时说：“我想，比‘大’字等级更高的是‘老’字，一个人先成‘大人’才能成为‘老人’，那么，既然我已经做了大半辈子的‘老师’，那就后退一步叫叫‘大师’也可以吧。”他还说：“这个年头连街头算命的都呼为大师，因此没必要对‘大师’这个有泛滥倾向的头衔如此敏感。”但是，现在“大师”一词已经被败坏，而不再有原来沉甸甸的文化分量和人品厚重，这已经是不争的事实。

“诗人”：曾经是激情、幻想、浪漫、唯美、才情……的代称。实话实说，少年的我最崇拜的就是诗人——古代的李白、杜甫，还有当代的贺敬之、李瑛、徐刚（对不起，那时是“文革”后期的七十年代，当时的文坛正活跃着这几位诗人）。读大学时，我所崇拜的北岛、舒婷、顾城等诗人，可以说也是一代年轻人的偶像，他们是那个时代精神的象征。但现在，我们这个时代早已没有了诗意，我们个人也早已没有了诗情，一切都物质化，诗人自然成了“无病呻吟”的代名词，成了“精神病”的另一个说法。“你才是诗人！你全家都是诗人！你祖祖辈辈都是诗人！”也就成了最恶毒的骂人的话。

“专家”：学识渊博，具有权威性和公信力，这本来是“专家”的意义。可是，现在它已经被写作“砖家”。砖头显然没有什么含金量的。这个词的被败坏更多是由于专家本身貌似客观权威实则胡说八道的表演。我现在只要一听收音机里的“专家评论”，就忍不住发笑——什么都是“要理性对待”，什么都是“不要盲目跟风”，这还要你说啊！更可怕的还不是这些废话和套话，还有些所谓“专家”信口开河的评论与预测，最后都成笑话。所以，前不久网上流传一个段子，说地震的前兆有三,一是水位上涨，二是动物异常，三是专家辟谣。

“教授”：该称呼被败坏的原因和专家类似。以前一提起“教授”，我就会无条件地想到“学问”“教养”“彬彬有礼”“德高望重”等词。三十多年前，我读大学时所接触的教授们正是如此。但现在，如果有陌生人给我递上印有“教授”的名片，我心里真不敢轻易尊敬他，因为我不知道他这教授是怎么得来的。我知道现在高校的论文抄袭、职称造价、学术腐败已经令人目瞪口呆。当然，“不能以偏概全”的道理我也懂，也有很多博学而正直的教授，可我现在对不认识的“教授”的确很难轻易尊重。何况，现在一些“教授”少有书卷气，而多有烟酒气和铜臭气。顺便说一下，在外讲学，常常有人介绍我为“教授”，甚至也有人称我“教授”，我总是说：“我不是教授，我是中学教师。”我明白对方的好意，他们认为叫我“教授”比称我“老师”更显得尊敬我。但在我看来，一个洁净的中学教师远比一个肮脏的大学教授更高贵。

“公知”：即“公共知识分子”，这也曾经是一个在我看来可以用“伟大”做定语的称呼。因为“公共知识分子”，用康德的话来说，是在一切公共领域运用理性的人（不是原话，但大意不会差）。被称作俄国第一个知识分子的拉吉舍夫有一句名言：“我的心中充满人类的苦难。”因此，公共知识分子超越个人利益而心怀天下，他们是为世界意义而战斗的真正的理想主义者，而不是特定现实政治经济利益的代表。公共知识分子最杰出的代表就是爱因斯坦——这就是我说公共知识分子可以用“伟大”做定语的原因。爱因斯坦赢得了人类广泛的尊敬并不是因为他的物理学更不是因为他的“相对论”——其实懂“相对论”的人很少很少，而是因为他热爱和平的反战立场——第一次世界大战时，他和其他知名度较高的科学家起草了反战宣言；第二次世界大战时，他致信罗斯福，要求禁用原子武器。所以，公共知识分子应该是一个社会的良心。但现在，“公知”一词也成了一个充满讽刺的称谓。这固然有个别知识分子的言行玷污了这个称号的原因，但这个短语的被败坏，我认为主要还是因为某些极“左”分子刻意丑化抹黑的结果。

“老军医”：过去一说“老军医”，我们都会想到医术高明，和一些绝招和真正的祖传秘方之类。但可能因为号称“老军医”的冒牌者太多了，现在，一提起“老军医”，人们就会想到“江湖骗子”，久而久之，这两个词已经合而为一。

“干爹”：这是一个本来散发着一层浓浓人情味的词，体现着一种慈爱的温度，可现在，由于很多腐败很多绯闻都和“干爹”相联系，“干爹”它的含义已经很暧昧很暧昧，甚至很龌龊！

“菊花”：本来就指一种花，而在中国传统文化中，菊花被赋予特定的精神品格——高洁、长寿、隐逸、君子之风，等等。关于菊花的古典诗句流传千年，不胜枚举，我这里就不赘述了。我想说的是，这个词现在也被严重地败坏了。尤其是在网络——其实还不仅仅是在网络，它成了人身体上某个隐秘部位的代称。由此还衍生出一个很恶心的词："舔菊"。不多说了。

不，还不得不说一个词："校长"。就在我写这篇随笔的时候，"校长"一词也因"开房"而开始沉沦了。身为一名中学校长，我真是无语。我为校长队伍中的某些败类而羞愧。

如果仔细罗列，这些年来被败坏的词语还可以写出很多很多。好了，暂且打住吧。

不过有一个词"同志"，我犹豫再三，还是列出来说说。这曾经是一个非常庄严的称谓，其含义就是"志同道合"。在很长一段时间里，"同志"是我们社会最广泛的称呼。直到现在，因为从小养成的语言习惯，每逢我在大街上问路，都还忍不住问："同志，请问……"而且"文革"中，普通老百姓常常通过报上某人是否还被称为"同志"来判断这人是不是"死定了"。比如当"刘少奇"后面不再有"同志"后缀而是直呼其名时，我们都认为刘少奇这家伙算是完蛋了。当然，"同志"称谓的泛化的确也有问题——那么多的人，我凭什么知道对方是不是我的"志同道合"者？因此，改革开放后，这一称呼的指向逐步缩小范围，我觉得是应该的。但是现在，这一称呼至少在民间有时是用来代指"同性恋"。这谈不上是"败坏"，只是我有时候在表达"志同道合"意思的时候用"同志"，已不像过去那么理直气壮，生怕引起别人误解，所以总有些心虚。

词义的演变，其实是社会的演变，更是人心的演变。与一些词语被败坏相反，近年来也有一些词语在"升值"，有的"由贬为褒"，比如"老板"一词，在 1949 年后的相当一段时期里是贬义，意味着"剥削""精明""奸诈""心狠手辣""不劳而获"等等。这当然是在极"左"时代的一种不全面而且过于丑化的一种理解。但改革开放以来，这个词突然吃香了，成了一种尊称。甚至突破商界而蔓延到其他领域，比如，有的单位的领导就被称为"老板"，被称者大多乐于接受。还有的博导，也被其学生称作"老板"。这也是商业气息肆意弥漫的结果吧！

还有的词"由暗而明"，就是过去不能明说，最多私下朋友间在口语里面说说的词，现在也堂而皇之地登上公共平台。比如"屌丝"和"牛逼"（包括“傻逼”），现在无论男女，都喜欢大大方方地自称“屌丝”，或理直气壮地说“牛逼”。包括电视台的主持人，我不止一次看到电视里主持人毫无羞赧地谈“屌丝”说“牛逼”。冯小刚曾对“屌丝”一词提出异议，却招来众多“屌丝”群起而攻之，骂冯小刚“把自己划分为精英文化的行列，所以才会对‘屌丝’一词持有偏见”，更有人认为“屌丝”一词“代表了草根性，迟早会登记入册”云云。听了这些高见，我真是开了“耳界”了。

现在人们最热衷于谈的是“文化”，喜欢说中华文化是如何灿烂而优雅。可是从一些词语的败坏中，我看不到中华文化有半点“灿烂优雅”之处。

我真不知道说什么好了。